MARIANN EDGAR BUDDE

MUTIG SEIN

Aus dem Englischen von
Anja Lerz, Oliver Lingner,
Elsbeth Ranke und Karin Schuler

S. FISCHER

MIX
Papier | Fördert gute Waldnutzung
FSC® C083411

Erschienen bei S. FISCHER

Die amerikanische Originalausgabe erschien 2023 unter dem Titel:
»How We Learn To Be Brave. Decisive Moments in Life and Faith«
im Verlag Avery, an imprint of Penguin Random House LLC

Satz: Dörlemann Satz, Lemförde
Druck und Bindung: CPI books GmbH, Leck
ISBN 978-3-10-397735-6

Kontaktadresse nach EU-Produktsicherheitsverordnung:
produktsicherheit@fischerverlage.de

Für meine Mutter, Ann,
und meine Schwester, Christine,
zwei der mutigsten Frauen, die ich kenne,

und für Paul,
dessen stille Stärke uns allen Halt gibt

Gib uns Weisheit, gib uns Mut,
uns dieser Stunde zu stellen.

Harry Emerson Fosdick[1]

Inhalt

Vorwort

Der Anlass für diese Ausgabe von *Mutig sein* war ein erstaunlich ähnliches Ereignis wie das, das mich ursprünglich dazu brachte, das Buch zu schreiben.

Ich hatte nie die Absicht oder den Wunsch, vor allem für meine Worte an oder über Präsident Donald J. Trump bekannt zu werden. Als Bischöfin verbringe ich meine Zeit hauptsächlich an der Seite der Priester und Gemeinden, für die ich zuständig bin, und das weitab der öffentlichen Aufmerksamkeit. Doch als Christen haben wir auch einen gesellschaftlichen Auftrag, denn bei unserer Taufe geloben wir, »um Gerechtigkeit und Frieden zu ringen und die Würde jedes Menschen zu achten«.[1] Besondere Bedeutung erhält dieser Auftrag in den Gemeinden in der Hauptstadt unseres Landes, in deren Dienst ich stehe. Schauplatz des ersten Ereignisses, das mich in den Blick der Öffentlichkeit rückte, war denn auch die St. John's Episcopal Church Lafayette Square, direkt gegenüber dem Weißen Haus. Das zweite Ereignis erfolgte in der Washington National Cathedral, in der seit den 1930er Jahren die Gottesdienste zur Amtseinführung der amerikanischen Präsidenten abgehalten werden.

Das Buch *Mutig sein* schrieb ich, nachdem Präsident Trump sich vor St. John's Lafayette Square mit einer Bibel in der Hand fotografieren ließ und damit weltweit Aufsehen erregte. Es waren die stürmischen Tage im Juni 2020, als der von einem Polizisten verübte Mord an George Floyd in

Minneapolis landesweit Proteste der *Black Lives Matter*-Bewegung befeuerte. In meiner Reaktion auf Trumps Inszenierung hatte ich mich gegen die unzulässige Aneignung sakraler Symbole – der Bibel und der Kirche – und gegen die Anordnung gewendet, Hunderte friedlicher Protestierender gewaltsam aus dem Lafayette Square Park zu entfernen, um Platz für den Fototermin des Präsidenten zu machen.

Beim Schreiben des Buches ging es mir nicht um diesen einzelnen Moment, sondern ich wollte ihn in einen größeren Zusammenhang stellen und anhand vieler entscheidender Lebenssituationen zeigen, wie wir alle lernen können, mutig zu sein.

Fünf Jahre später, am 21. Januar 2025, predigte ich bei einem interreligiösen Gottesdienst in der Washington National Cathedral, einen Tag nach der Rückkehr von Donald Trump ins Weiße Haus als 47. Präsident der Vereinigten Staaten. Nach einem ausgesprochen verletzenden und spaltenden Wahlkampf wollten wir in der Kathedrale für Heilung beten und Gott um seinen Beistand dafür bitten, unser Land zu einen. Bereits im Sommer vor der Wahl war angekündigt worden, dass der Gottesdienst unabhängig vom Wahlausgang in gleicher Form stattfinden würde und dass ich als Bischöfin der Diözese Washington die Predigt halten würde.

Meine Aufgabe war klar definiert, und ich hatte reichlich Zeit zur Vorbereitung. Im Zentrum der Predigt sollte die Einheit stehen. Doch was ist eigentlich Einheit, und wie lässt sie sich schaffen? Als Seelsorgerin stand ich vor einem echten Dilemma: Wie sollte ich über Einheit sprechen und dafür beten, während wir als Nation gerade aktiv die Fundamente aushöhlten, auf denen Einheit beruht?

Politisch gesehen haben Präsident Trump und die Republikaner ein eindeutiges Mandat für den Wandel, denn sie verfügen in allen wichtigen Organen über eine Mehrheit, und mit ihren Stimmen haben Amerikaner unterschiedlichster Ausrichtung ihre Unterstützung für Trumps Agenda zum Ausdruck gebracht. Während der Feierlichkeiten zur Amtseinführung standen an der Seite von Präsident Trump Geistliche, die im Dankgebet sagten, Gott habe »sein Leben gerettet und ihn mit Stärke und Macht erhöht«.[2] In seiner Antrittsrede bekannte der Präsident selbst, er sei »von Gott gerettet worden, um Amerika wieder groß zu machen«, als er während des Wahlkampfs den Schuss eines Attentäters überlebte. Damit beanspruchte er für sich selbst die Position eines Einigers und Friedensstifters.

Meine Entscheidung, über die unverzichtbaren Fundamente der nationalen Einheit zu sprechen – also Achtung der Würde, die jedem Menschen innewohnt, Ehrlichkeit sowie eine aus Selbsterkenntnis gespeiste Demut –, war ein Versuch, mit allem Respekt in Worte zu fassen, woran es zur Zeit eher mangelt. Die zunehmende Kultur der Verachtung führt dazu, dass Herabsetzung, Dehumanisierung und durch Gewalt geprägte Sprache immer normaler werden und die Gesellschaft nicht nur in unserem Land, sondern weltweit zu zerstören drohen. Zudem sind Millionen Menschen von der Vision eines wiederaufstrebenden Amerikas ganz einfach ausgeschlossen. Ich bat den Präsidenten um Erbarmen mit den Menschen in unserem Land, die allen Grund haben, sich zu ängstigen.

Die Reaktionen auf meine Worte ließen nicht lange auf sich warten, sie fielen sehr heftig aus und spiegelten in ihrer Gegensätzlichkeit, wo wir als Nation heute stehen. Die einen verlangten erbost eine Entschuldigung und forderten meinen Rücktritt, ja sogar meine Ausweisung aus dem Land. Andere äußerten überschwänglichen Dank für meinen Mut. Viele beschrieben die Predigt als prophetische Rede, als mutiges Beispiel dafür, die Macht mit der Wahrheit zu konfrontieren.

Aus meiner Sicht war der Kontext zwar fraglos politisch, doch meine Worte waren die einer aufrichtigen Seelsorgerin. Eine der wichtigsten Erkenntnisse von uns Priesterinnen und Priestern lautet, dass es Momente gibt, in denen wir zum Wohle aller nicht umhinkommen, den sprichwörtlichen Elefanten im Raum anzusprechen. Bei Beerdigungen zum Beispiel, wenn die Versuchung groß ist, den Verstorbenen nur im besten Licht darzustellen, gibt eine leise Bemerkung von der Kanzel, die die Komplexität der menschlichen Beziehungen anerkennt, den Menschen Raum für alle Emotionen der Trauer, also auch für Groll oder nicht ausgeräumte Schuld. Auch wenn bei Hochzeiten alle Angehörigen zusammenkommen, herrscht oft enormer Druck; ein freundliches Wort über die Herausforderungen der Liebe kann dann helfen, die unausweichlichen Spannungen und die Sorgen, die ein so freudiges Ereignis begleiten, zu akzeptieren.

Bei der Vorbereitung für meine Worte in diesem Gottesdienst rang ich unter anderem damit, wie ich sagen konnte, was gesagt werden musste. Natürlich überlegte ich, was Gott uns in diesem Moment wohl zu sagen hätte, und ich suchte Rat in der Heiligen Schrift. Wie konnte ich eine leise, aber deutliche Warnung aussprechen, dass Gebete um Einheit bedeutungslos sind, wenn unser Handeln auf Verachtung für die beruht, die die Welt mit anderen Augen sehen? Und genauso wichtig: Wie konnte ich denen, die in pauschalen, abfälligen Verallgemeinerungen herabgesetzt wurden, ein menschliches Gesicht geben und mit aller Ruhe und allem Respekt, den ich aufbringen konnte, um Barmherzigkeit für sie bitten?

Die Reaktionen auf diese Predigt gingen über das gewöhnliche Maß weit hinaus, obwohl ihr Inhalt im Grunde relativ schlicht war – der Versuch nämlich, biblische Wahrheiten auf einen bestimmten Moment anzuwenden, wobei die angesprochenen Glaubensfragen sich nicht erheblich von dem unterschieden, was weltweit jeden Sonntag in der Kirche gepredigt wird. Dass ich mich entschieden habe, auch nach dem 22. Januar 2025 weiterhin in der Öffentlichkeit zu bleiben, hat vor allem einen Grund: Ich möchte Zeugnis ablegen für eine Form des Christseins, die anerkennt, dass alle Menschen nach dem Bilde Gottes geschaffen sind, und die sich darum bemüht, Jesus nachzufolgen auf seinem Weg der Liebe, der Demut und des Mitgefühls.

Für manche markierte die Predigt einen entscheidenden Moment für uns Menschen, hier in den Vereinigten Staaten, aber auch darüber hinaus. Ob das stimmt, wird sich zeigen. Für mich als Christin ist es aber nie eine Option, die Hoffnung aufzugeben. Ich wage zu glauben, dass Gott auch uns nie aufgeben wird und dass wir mit Gottes Hilfe den Herausforderungen, vor denen wir stehen, gerecht werden können. Gemeinsam können wir mit Gottes Hilfe für das Gute in dieser Welt arbeiten. Gemeinsam können wir mit Gottes Hilfe lernen, mutig zu sein.

Predigt im Bittgottesdienst für die Nation

21. Januar 2025
Washington National Cathedral,
Bischöfin Mariann Edgar Budde

Jesus sprach: »Wer diese meine Worte hört und sich nach ihnen richtet, wird am Ende dastehen wie ein kluger Mann, der sein Haus auf felsigen Grund baute. Als dann die Regenflut kam, die Flüsse über die Ufer traten und der Sturm tobte und an dem Haus rüttelte, stürzte es nicht ein, weil es auf Fels gebaut war. Wer dagegen diese meine Worte hört und sich nicht nach ihnen richtet, wird am Ende wie ein Dummkopf dastehen, der sein Haus auf Sand baute. Als dann die Regenflut kam, die Flüsse über die Ufer traten, der Sturm tobte und an dem Haus rüttelte, fiel es in sich zusammen und alles lag in Trümmern.«
Als Jesus seine Rede beendet hatte, waren alle von seinen Worten tief beeindruckt. Denn er lehrte wie einer, der Vollmacht von Gott hat – ganz anders als ihre Gesetzeslehrer.[1]

Gemeinsam mit vielen Menschen in den Vereinigten Staaten sind wir heute Morgen versammelt, um als Nation um Einheit zu beten – nicht um politisches oder sonstiges Einvernehmen, sondern um jene Art von Einheit, die über Differenz und Spaltung hinweg Gemeinschaft stiftet, eine Einheit, die dem gemeinsamen Wohl der Gesellschaft dient.

In diesem Sinn ist Einheit die Mindestvoraussetzung, damit Menschen in einer freien Gesellschaft zusammenleben können, sie ist, wie Jesus sagt, der felsige Grund, auf dem in diesem Fall eine Nation gebaut ist. Diese Einheit ist nicht Konformität. Sie ist nicht der Sieg der einen über die anderen. Sie ist nicht lustlose Höflichkeit oder resignierte Passivität. Einheit ist nicht parteiisch.

Nein, Einheit ist eine Form des Zusammenlebens, die Unterschiede einschließt und respektiert, die uns lehrt, unterschiedlichen Einschätzungen und Lebenserfahrungen Gültigkeit und Respekt zu gewähren; die uns in unseren Gemeinden und in den Sphären der Macht befähigt, wirklich füreinander da zu sein, auch wenn wir unterschiedlicher Meinung sind. Diejenigen von unseren Landsleuten, die von Berufs wegen oder als Freiwillige in Zeiten von Naturkatastrophen anderen helfen und sich dabei häufig selbst in große Gefahr bringen, fragen nie, für wen die, denen sie helfen, bei der letzten Wahl gestimmt haben oder was sie über ein bestimmtes Problem denken. Wir zeigen uns von unserer besten Seite, wenn wir ihrem Beispiel folgen.

Manchmal verlangt Einheit Opfer, so wie auch die Liebe verlangt, dass wir uns zum Wohl eines anderen ein gutes Stück opfern. In der Bergpredigt ruft Jesus von Nazareth uns auf, nicht nur unsere Mitmenschen zu lieben, sondern auch unsere Feinde zu lieben und für die zu beten, die uns verfolgen; barmherzig zu sein, so wie Gott barmherzig ist, und anderen zu vergeben, so wie Gott uns vergibt. Jesus setzte sich offen dafür ein, die willkommen zu heißen, die in seiner Gesellschaft als Geächtete galten.

Zugegeben, Einheit in diesem umfassenden Sinn ist ein sehr ehrgeiziges Ziel, und die Bitte darum ist keine Kleinigkeit – eine große Bitte an unseren Gott, die auch uns unser Bestes abverlangt. Allerdings werden unsere Gebete nicht viel bewirken, wenn unser Handeln die Gräben zwischen uns immer weiter vertieft. Die Heilige Schrift gibt klar zu verstehen, dass Gott sich von Gebeten niemals beeindrucken lässt, wenn die Taten nicht von ihnen durchdrungen sind. Auch verschont Gott uns nicht mit den Folgen unserer Taten: Auf sie kommt es letzten Endes mehr an als auf die Worte, die wir beten.

Alle, die wir in dieser Kathedrale versammelt sind, machen uns keine Illusionen über die Realitäten der Politik. Wenn Macht, Reichtum und konkurrierende Interessen im Spiel sind; wenn Meinungen über die Vision für Amerika miteinander in Konflikt stehen; wenn es angesichts einer Vielfalt von Möglichkeiten kompromisslose Überzeugungen und sehr unterschiedliche Einschätzungen darüber gibt, welches Vorgehen das richtige ist, dann gibt es auch Gewinner und Verlierer, wenn Stimmen ausgezählt oder Entscheidungen getroffen werden, die über den Lauf der Politik und die Priorisierung von Ressourcen bestimmen. Es versteht sich von selbst, dass in einer Demokratie die persönlichen Hoffnungen und Träume jedes Einzelnen nicht in einer Legislaturperiode, im Lauf einer Präsidentschaft, ja nicht einmal innerhalb einer Generation erfüllt werden. Und die persönlichen Gebete jedes Einzelnen – für die von uns, die beten – werden nicht alle so erhört werden, wie wir es uns wünschen. Doch es gibt Menschen, für die der Verlust ihrer Hoffnungen und Träume weit mehr darstellt als eine politische Niederlage, nämlich den Verlust von Gleichheit, Würde und Existenzgrundlage.

Ist unter diesen Umständen wahre Einheit unter uns überhaupt möglich? Und warum eigentlich sollte sie uns am Herzen liegen?

Nun, ich hoffe, dass sie uns am Herzen liegt, denn die Kultur der Verachtung, die in unserem Land zur Normalität geworden ist, droht uns zu zerstören.[2] Täglich werden wir alle bombardiert mit Nachrichten aus einem Komplex, den Soziologen neuerdings als »Empörungsindustrie«[3] bezeichnen; diese wird zum Teil von Kräften befördert, denen eine Spaltung Amerikas sehr gelegen kommt. Verachtung befeuert unsere politischen Kampagnen und die Sozialen Medien, und davon profitieren viele. Doch es ist gefährlich, auf dieser Grundlage ein Land zu führen.

Ich bin ein gläubiger Mensch, und ich glaube, dass Einheit in diesem Land mit Gottes Hilfe möglich ist – nicht etwa vollkommene Einheit, denn wir sind unvollkommene Menschen und eine unvollkommene Gemeinschaft –, aber genügend Einheit, damit wir weiterhin an die Ideale der Vereinigten Staaten von Amerika glauben und an ihrer Verwirklichung arbeiten können. Nachzulesen sind diese Ideale in der Unabhängigkeitserklärung, die von der von Geburt an gegebenen Gleichheit und Würde der Menschen spricht.

Und wir tun gut daran, auf der Suche nach Einheit um Gottes Hilfe zu bitten, denn die brauchen wir – vorausgesetzt freilich, wir sind selbst bereit, die Fundamente zu pflegen, von denen Einheit abhängt. Jesus spricht im Gleichnis davon, ein Haus des Glaubens auf dem felsigen Grund seiner

Lehre zu bauen und nicht etwa auf Sand; genauso muss das Fundament, das wir für die Einheit brauchen, stabil genug sein, damit sie den vielen Unwettern standhalten kann, denen sie ausgesetzt ist.

Doch welches sind die Fundamente der Einheit? Mit Bezug auf unsere geistlichen Traditionen und Texte sehe ich mindestens drei.

Das erste Fundament der Einheit ist die **Achtung der Würde, die jedem Menschen innewohnt**, das heißt, und darin sind sich alle hier vertretenen Glaubensrichtungen einig, des Geburtsrechts aller Menschen als Kinder des einen Gottes. Im öffentlichen Diskurs bedeutet Achtung der Menschenwürde, dass man sich weigert, Andersdenkende zu verhöhnen, abzuwerten oder zu dämonisieren, und stattdessen ganz bewusst über unsere Differenzen hinweg respektvoll das Gespräch und wo immer möglich Übereinstimmung sucht. Wo Übereinstimmung nicht möglich ist, verlangt die Würde, dass wir unseren Überzeugungen treu bleiben, ohne die zu verachten, die an ihren eigenen Überzeugungen festhalten.

Ein zweites Fundament für Einheit ist **Ehrlichkeit** sowohl im privaten Gespräch als auch im öffentlichen Diskurs. Wenn wir zu Ehrlichkeit nicht bereit sind, ist es zwecklos, um Einheit zu bitten, weil unsere Taten dann der Bitte selbst zuwiderhandeln. Eine Zeitlang mögen wir dann den fälschlichen Eindruck von Einheit in einer Gruppe haben, nicht aber die stabile, umfassende Einheit, die wir brauchen, um uns den Herausforderungen, vor denen wir stehen, zu stellen.

Offen gesagt, wir wissen nicht immer, wo die Wahrheit liegt, und heutzutage stellen sich der Wahrheit bestürzend viele Widerstände entgegen. Wenn wir aber wissen, was wahr ist, dann müssen wir diese Wahrheit auch aussprechen, selbst wenn – und besonders wenn – es uns Überwindung kostet.

Eine dritte Grundlage für Einheit ist **Demut**, die wir alle brauchen, weil wir alle fehlbare Menschen sind. Wir machen Fehler. Wir sagen und tun Dinge, die wir später bereuen. Wir haben unsere blinden Flecken und Vorurteile, und am gefährlichsten für uns selbst und andere sind wir vielleicht, wenn wir ohne einen Hauch von Zweifel überzeugt sind, dass wir *absolut recht* haben und jemand anderes *absolut unrecht*. Dann nämlich stehen wir ganz kurz davor, uns selbst als die Guten zu bezeichnen und die anderen als die Bösen.

Denn wir sind alle Menschen und damit zum Guten genauso befähigt wie zum Bösen. Alexander Solschenizyn beobachtete messerscharf, dass »die Linie, die Gut und Böse trennt, nicht zwischen Staaten, nicht zwischen Klassen und nicht zwischen Parteien verläuft, sondern quer durch jedes Menschenherz«.[4]

Je klarer wir uns das machen, desto mehr schaffen wir in uns einen Raum für Demut und Offenheit über unsere Differenzen hinweg; denn im Grunde sind wir einander ähnlicher, als wir es uns klarmachen, und wir brauchen einander.

Es ist vergleichsweise einfach, zu feierlichen Anlässen um Einheit zu bitten. Sehr viel schwieriger ist, sie zu verwirklichen, wenn wir in der Öffentlichkeit mit wirklichen Differenzen zu tun haben. Doch ohne Einheit bauen wir das Haus unserer Nation auf Sand.

Mit einem Engagement für die Einheit, die Differenzen überbrückt und Spaltung überwindet, mit den stabilen Fundamenten von Würde, Ehrlichkeit und Demut, die solche Einheit erfordert, können wir in unseren Zeiten unseren Beitrag dazu leisten, dass die Ideale und der Traum Amerikas Wirklichkeit werden.

Lassen Sie mich, Herr Präsident, eine letzte Bitte formulieren. Millionen haben jüngst ihr Vertrauen auf Sie gesetzt. Wie Sie der Nation gestern sagten, haben Sie die schützende Hand eines liebenden Gottes über sich gespürt. Im Namen unseres Gottes bitte ich Sie um Erbarmen für die Menschen in unserem Land, die jetzt in Furcht leben. Es leben schwule, lesbische und transgeschlechtliche Kinder in republikanischen, demokratischen und unabhängigen Familien, und manche von ihnen fürchten um ihr Leben.

Und die Menschen, die unsere Ernten einholen und unsere Büros putzen, die in unseren Geflügelfarmen und in der fleischverarbeitenden Industrie arbeiten, die das Geschirr spülen, von dem wir im Restaurant gegessen haben, und im Krankenhaus die Nachtschicht übernehmen – sie sind vielleicht keine Staatsbürger oder besitzen nicht die richtigen Papiere, aber die große Mehrheit der Immigranten sind keine Kriminellen. Sie zahlen Steuern, sind gute Nachbarn. Sie sind gläubige Mitglieder unserer Kirchen, Moscheen und Synagogen, Gurdwaras und Tempel.

Haben Sie Erbarmen, Herr Präsident, mit den Menschen in unseren Städten, deren Kinder fürchten, dass ihnen die Eltern genommen werden. Helfen Sie denen, die aus Kriegsgebieten und vor Verfolgung in ihren Heimatländern fliehen, um hier Mitgefühl und Aufnahme zu finden. Unser Gott lehrt uns, dass wir den Fremden Barmherzigkeit erweisen sollen, denn einst waren wir alle Fremde in diesem Land.

Möge Gott uns die Kraft und den Mut geben, die Würde jedes Menschen zu respektieren, in Liebe die Wahrheit zu sprechen und in Demut zu leben, miteinander und mit unserem Gott, zum Wohl aller Menschen in diesem Land und in aller Welt.

Lafayette Square, 1. Juni 2020

Ich bin der Präsident von Recht und Ordnung.

Der 45. Präsident der Vereinigten Staaten von Amerika[1]

Am Montag, den 1. Juni 2020 um 19:06 Uhr schritt der Präsident der Vereinigten Staaten trotzig durch den Lafayette Park in Washington, D. C., ein Gefolge aus Assistenten, Secret-Service-Agenten, seiner Tochter Ivanka, dem Justizminister und Amerikas führenden Militärs, darunter der Verteidigungsminister und der Vorsitzende der Joint Chiefs of Staff[2] im Schlepptau, um sich mit einer Bibel in der Hand vor der St. John's Church fotografieren zu lassen. Das Gemeindehaus der Kirche, Ashburton House, war bei den Protesten am Vorabend leicht beschädigt worden.

Zuvor hatte der Präsident im Rosengarten des Weißen Hauses eine Pressekonferenz über den Stellenwert von »Recht und Ordnung« gegeben. Dabei drohte er damit, militärische Gewalt gegen amerikanische Bürgerinnen und Bürger einzusetzen, die sich nach der Tötung von George Floyd durch die Polizei in Minneapolis den Protesten im ganzen Land angeschlossen hatten.

Um dem Präsidenten den Weg durch den Lafayette Park freizumachen, ordnete der Generalstaatsanwalt an, noch vor der für 19 Uhr angekündigten stadtweiten Ausgangssperre alle Demonstrierenden gewaltsam daraus zu entfernen. Während die Bundespolizei die Demonstrierenden mit

Tränengas und Schlagstöcken auseinandertrieb, betrat der *Leader of the Free World* den Platz vor der historischen Episkopalkirche. Diese war nach dem Krieg von 1812 erbaut worden, in dessen Verlauf das Weiße Haus selbst in Brand gesteckt worden war.[3]

Vor dem Eingang der »Church of the Presidents«[4], die seit James Madison von allen Obersten Richtern und Richterinnen besucht wurde, wandte sich der Präsident den Fernsehkameras zu und hielt eine Bibel verkehrt herum in die Höhe. »Dies ist ein großartiges Land«, erklärte er. Nach einigen Fotos drehte er sich um und ging, ohne mit jemandem gesprochen zu haben.

Den ganzen Abend über bemühte ich in Interviews mit Print- und Fernsehjournalisten jedes Quäntchen Autorität, das ich als Bischöfin der Episkopalkirche von Washington beanspruchen konnte. »Präsident Trump spricht nicht im Namen von St. John's«, teilte ich der *Washington Post* mit. »Wir distanzieren uns von den Botschaften dieses Präsidenten und stellen uns auf die Seite derjenigen, die sich um Gerechtigkeit für George Floyd und unzählige andere bemühen.«

Auf CNN sagte ich:

> Lassen Sie es mich ganz klar sagen: Der Präsident benutzte soeben die Bibel, den heiligsten Text der jüdisch-christlichen Tradition, und eine der Kirchen in meiner Diözese ohne Erlaubnis als Requisit und Kulisse für eine Botschaft, die völlig im Gegensatz zu den Lehren Jesu steht. Was er gesagt und getan hat, zielt samt und sonders auf Gewalt ab. Was wir eigentlich brauchen, ist moralische Führung, er dagegen setzt alles daran, uns zu spalten.[5]

In den darauffolgenden Tagen wurden wiederholt Mikrophone und Kameras auf mich gerichtet, und ich wiederholte immer wieder: Das Verhalten des Präsidenten war frevelhaft. Weil in dieser Stunde der landesweiten Auseinandersetzung mit dem Thema Rassismus so viele Menschen enormes Entsetzen und große Trauer verspürten, fanden meine Worte für kurze Zeit weite Verbreitung. Bedeutend waren sie aber nicht wegen der St. John's Church oder meinetwegen, sondern weil in ihnen zum Ausdruck kam, was in diesem für unser Land entscheidenden Moment Tausende Menschen brauchten.

Einleitung

> Für jeden Menschen und jede Nation kommt
> einst der Moment, sich zu entscheiden …
>
> *James Russell Lowell, 1845*[1]

Jeder will mutig sein, wenn es zählt, also die Person sein, die aufsteht, sich einsetzt und das Richtige tut, wenn es darauf ankommt. Wenn die Reihe an uns kommt, wollen wir uns von unserer besten Seite zeigen und in einer entscheidenden Situation klar und überzeugend auftreten.

In diesem Buch geht es um solche entscheidenden Momente, Wendepunkte, in denen es an uns ist, mutig zu handeln, und in denen wir das zu unserem eigenen Erstaunen auch tun.

Auch wenn es uns häufig so vorkommt, als würden wir von besonders spektakulären Situationen überrascht, zeigt der Blick auf die Lebensgeschichte insgesamt, dass die mutigen Taten, über die wir nicht selten selbst staunen, nicht isoliert auftreten. In diesem Buch betrachte ich das Leben aus dieser weiteren Perspektive, in der Hoffnung, dass Sie, liebe Leserin und lieber Leser, erkennen, dass Ihnen das ganze nötige Rüstzeug zur Verfügung steht, um in den Entscheidungsmomenten, die sich Ihnen bieten, mutig und entschlossen zu handeln.

Entscheidungsmomente sind einprägsame Ereignisse. Sie bleiben uns im Gedächtnis, und auch andere erinnern sich oft vor allem genau daran, wenn sie an uns denken. Wir empfinden einen Adrenalinstoß, durch den uns bewusst wird, dass da gerade etwas Besonderes passiert. Wir fühlen uns lebendig – so sehr, dass uns unser restliches Leben im Vergleich dazu womöglich langweilig und einfallslos vorkommt. Doch Entscheidungsmomenten gehen fast immer Zeiten der Vorbereitung voraus, und danach gibt es eine ebenso wichtige Phase der Neuausrichtung, in der wir lernen, das, was sie in Gang gesetzt haben, in unser Leben zu integrieren. Unsere Fähigkeit, Entscheidungsmomente zu meistern, richtet sich danach, wie wir uns auf sie vorbereiten, und ihre Bedeutsamkeit wird letztendlich dadurch bestimmt, wie wir in ihrem Lichte weiterleben.

In meinem Leben hat es schon viele entscheidende Momente gegeben, aber nur wenige waren in dem Maße öffentlich wie die Ereignisse des 1. Juni 2020. Offen gesagt, blieb mir gar keine Zeit zum Nachdenken. Angespornt von entsetzten Amtskollegen, die den Gang des Präsidenten zur St. John's Church live im Fernsehen verfolgt hatten und mir so viele SMS schickten, dass mein Telefon leuchtete wie ein Weihnachtsbaum, gelang es mir, meine Stimme zu finden und mich zu äußern.

Das Vorgehen des Präsidenten traf einen gesellschaftlichen Nerv, genauso wie meine Äußerungen dagegen. Anderen kam es vor, als sei ich sehr mutig gewesen. Tatsächlich hatte ich selbst eher den Eindruck, dazu aufgefordert worden zu sein, meinen Platz neben anderen Mutigen einzunehmen. Es musste einfach etwas gesagt werden, und zwar nicht nur zu diesem Ereignis, sondern auch zu der Situation, in der wir uns als Nation befanden. Wir beklagten die Ermordung von George Floyd, erlebten, wie landesweit Menschenmassen auf die Straßen strömten, und sahen uns wieder einmal mit der Notwendigkeit einer Auseinandersetzung mit dem Thema Rassismus konfrontiert. Aufgrund meiner Position hatte ich die Möglichkeit, mich zu äußern und Gehör zu finden.

Die Fähigkeit, in einer solchen Situation spontan zu handeln, kommt nicht von ungefähr, und ihre Bedeutung lässt sich auch nicht an der Medienberichterstattung einer Woche messen. Ihnen voraus gehen Zeiten, in denen wir uns vorbereiten, üben und absichtsvoll handeln, in denen wir täglich zahllose Entscheidungen treffen, die uns schließlich befähigen, mutig zu reagieren, wenn wir uns dazu berufen fühlen oder unfreiwillig dazu herangezogen werden. Welche Bedeutung ein solcher Moment letztlich hat, hängt davon ab, wie wir danach weiterleben.

Der für mich persönlich noch entscheidendere Moment in dieser dramatischen Woche ereignete sich ein paar Tage nach Präsident Trumps berühmt-berüchtigtem Fototermin. Wieder stand ich auf dem inzwischen Black Lives Matter Plaza genannten Vorplatz der St. John's Church und lauschte den Worten von Reverend Dr. William J. Barber II. Bischof Barber ist Co-Vorsitzender der Poor People's Campaign, einer breit angelegten Initiative, die Menschen mit geringem Einkommen aller Ethnien und deren Unterstützer mobilisieren will, um eine gerechtere Gesellschaft zu schaffen. Bischof Barber ließ seinen Blick über die wunderbar vielfältige, mehrere Ethnien und Generationen umfassende Menge schweifen, die sich an diesem Sonntagnachmittag versammelt hatte, und sagte:

> Lassen Sie sich von niemandem einreden, dies sei das erste Mal, dass Menschen unterschiedlicher Herkunft, Schichten und Bildungsbiographien zusammenkommen, um für eine gemeinsame Sache zu kämpfen. Schon immer war es ein solcher Zusammenschluss von Gläubigen, der in diesem Land Veränderungen herbeigeführt hat – Schwarze, Weiße und Braune, Reiche und Arme, Junge und Alte. Jeder wird gebraucht, jeder hat eine Rolle zu spielen und etwas beizusteuern.[2]

Bei seinen Worten fiel mir die Last von den Schultern, die ich die ganze Woche über mit mir herumgeschleppt hatte. In diesem Moment wurde mir klar, wo mein Platz in diesem Kampf für Gerechtigkeit sein sollte. Und ich hörte mich selbst zu Gott und dem Universum sagen: »Zu diesem Zusammenschluss der Gläubigen will ich auch gehören. Ich will zu denen gehören, die sich für den nötigen Wandel einsetzen.« An dieser Entscheidung muss ich mein Leben jeden Tag ausrichten. Neu war dieser Gedanke für mich zwar nicht, aber ich habe ihn auf eine neue Weise empfunden. Nicht immer wird er sich so in mein Herz brennen wie in jener Woche, aber ich will ihn nicht vergessen. Wie alle anderen auch, brauche ich Gnade, Mut und Ausdauer, um meinem Entscheidungsmoment treu zu bleiben, wenn die Leidenschaft nachlässt.

Doch so entscheidend diese Woche für viele Menschen in den USA und so prägend diese Ereignisse für uns als Nation auch waren: Es wäre falsch, deswegen anzunehmen, alle Entscheidungsmomente seien derart öffentlich. Die meisten wirklich einschneidenden Erlebnisse machen nämlich nie Schlagzeilen. Deshalb ist es extrem wichtig, sich in solchen

Fällen nicht an die Aufmerksamkeit des Publikums zu gewöhnen und die kurzlebige Beachtung nicht mit dem Wandel zu verwechseln, zu dem unsere Entscheidungsmomente uns einladen. Die meisten Entscheidungsmomente sind persönlich, manche vertraulich, doch sie alle geben unserem Leben seine besondere Gestalt und machen uns zu dem Menschen, der wir sind und der wir Gottes Berufung nach werden sollen.

Zu solchen Wendepunkten gehört eine bewusste Wahl. Ihre Bedeutung wird uns unmittelbar bewusst, weil wir mit voller Absicht einen bestimmten Weg samt seinen möglichen Konsequenzen einschlagen. Egal, wie wir an diesen Punkt gelangt sind: In einem Entscheidungsmoment erleben wir uns nicht mehr als Opfer des Schicksals, sondern als handelnde Personen. Wir laufen nicht auf Autopilot, und wir handeln nicht halbherzig. Wir sind, wie man so schön sagt, »all in«, unseres Schicksals Schmied und Mitschöpfer an Gottes Seite. Denn wie das Wort selbst schon sagt, treffen wir in einem Entscheidungsmoment eine Entscheidung.

In diesem Buch wollen wir mehrere Entscheidungsmomente im Leben miteinander betrachten, um ihre Bedeutung besser zu verstehen, zu lernen, was sie uns lehren können, und zu erkennen, wie wir im Lichte dessen leben können, was sie uns vermitteln. Als gläubiger Mensch bin ich überzeugt, dass Gott in solchen Situationen am Werk ist – und auch davor und danach. Anhand von Beispielen aus meinem eigenen Leben, aus der Heiligen Schrift und aus Geschichte und Kultur will ich sowohl die Universalität dieser Erfahrungen als auch den besonderen Ruf hervorheben, auf den jeder von uns reagieren muss, wenn es so weit ist.

Ich bin überzeugt, dass wir alle unabhängig von unseren

Lebensumständen über die Fähigkeit verfügen, Heldin oder Held einer großen Abenteuergeschichte zu sein. Um sich den Mut anzueignen, wenn es darauf ankommt, couragiert zu handeln, sind viele kleine Entscheidungen im Laufe des Lebens erforderlich. Diese führen uns auf einen Weg der Selbsterkenntnis, der Aufmerksamkeit und der Bereitschaft, Misserfolge für unsere Überzeugungen zu riskieren. Dabei handelt es sich auch um eine zutiefst spirituelle Erfahrung, bei der wir uns als Teil von etwas fühlen, das über uns persönlich hinausgeht, und gewissermaßen von einem größeren Geist geleitet werden, der in der Welt und in uns am Werk ist. Entscheidungsmomente machen aus jedem Menschen einen Gläubigen, denn egal, wie wir das Ganze nennen: Die unerklärliche, unverdiente Erfahrung, dass da eine Macht durch uns wirkt, die über uns selbst hinausgeht, ist echt. Die kühne Wahrheit ist doch: Wir tragen ganz wesentlich zur Verwirklichung dessen bei, was gut, edel und wahr ist. Und ich möchte unser Verständnis davon erweitern, was Entscheidungsmomente ausmacht, weil sie ganz unterschiedlich daherkommen und eine breite Palette an Entscheidungen voraussetzen, die gleichermaßen wichtig sind, auch wenn sie in puncto Energie und Ergebnis variieren.

Auf diesen Seiten würdige ich auch die Zeiten im Leben, in denen scheinbar nichts Entscheidendes passiert, und beschäftige mich damit, wie das Leben nach einem Entscheidungsmoment aussieht, wenn wir mit den Folgen zurechtkommen müssen. Dazu gehört die Akzeptanz der völlig vorhersehbaren, erschütternden Erfahrung der Leere danach. In dieser Zeit lernen wir, die Intensität einer bestimmten Situation im Rahmen eines ganzen Lebens einzuordnen und darauf zu vertrauen, dass sich das Leben zum Großteil aus kleineren integren Handlungen zusammensetzt. Nur so gelingt es uns, die verborgene Tugend der Beharrlichkeit zu kultivieren und auch in schwierigen Zeiten nicht aufzugeben.

In gewisser Weise ist jeder Augenblick von entscheidender Bedeutung, Teil des einen Lebens, das uns geschenkt wurde. Ebbe und Flut des Lebens zu erkennen, hilft uns, uns auf diejenigen Momente vorzubereiten, in denen etwas Wichtiges auf dem Spiel steht. »Alles, was auf der Erde geschieht, hat seine von Gott bestimmte Zeit«, lehrt uns die Bibel.[3] Um das Leben, das uns gegeben wurde, anzunehmen und ganz auszukosten, braucht es Mut.

Im ersten Kapitel untersuche ich den wohl spektakulärsten und am besten zu beobachtenden Entscheidungsmoment: den Moment, in dem wir uns *entscheiden zu gehen*, einen bestimmten Ort oder unsere bisherige Lebensweise aufzugeben und uns neu zu orientieren. Das ist der Stoff, aus dem Heldenreisen und Selbstdifferenzierung gemacht sind. Im zweiten Kapitel wende ich mich dem entgegengesetzten Ende des Erfahrungsspektrums zu und beschäftige mich mit dem ebenso heldenhaften, aber unbemerkten Moment, in dem wir uns *entscheiden zu bleiben*, in dem wir beschließen, unseren Verpflichtungen noch besser nachkommen zu wollen. Im Mittelpunkt des dritten Kapitels steht der Moment, in dem wir uns *entscheiden, etwas anzufangen* – einen langen Prozess zu beginnen oder auf eine Vision hinzuarbeiten, deren Verwirklichung Jahre dauern wird. Die Vision ist der Ansporn für uns, anzufangen, die ersten Schritte zu wagen, und sie hilft uns, weiter an der Verwirklichung eines Traums zu arbeiten.

Im vierten Kapitel befasse ich mich mit Entscheidungsmomenten, die aus dem Leiden geboren werden. Es geht darum, dass wir uns entscheiden, das zu *akzeptieren, was wir nicht selbst gewählt haben*, und durch aufopfernde Liebe persönliche Veränderung erfahren. Im fünften Kapitel geht es um Momente, die sich uns scheinbar aus dem Blauen heraus als eine Gelegenheit oder Berufung präsentieren und in denen wir uns entschließen, *in den Ring zu steigen*, egal, ob wir uns darauf vorbereitet fühlen oder nicht. Die Kapitel sechs und sieben befassen sich mit dem emotionalen Terrain, in das Entscheidungsmomente eingebettet sind: Es geht um *die unvermeidliche Enttäuschung danach* und *die Wichtigkeit des Durchhaltevermögens*. Ohne Durchhaltevermögen und Beharrlichkeit würde ihnen nämlich keine große Kraft zur Veränderung innewohnen.

In manchen Entscheidungsmomenten ist Handeln gefragt, in anderen Akzeptanz. Manche sind spektakulär und für alle Welt sichtbar, andere vollziehen sich im Inneren, und nur wir selbst und Gott wissen davon. Im Grunde genommen möchte ich in diesem Buch vermitteln, dass jedem Menschen Heldenhaftes möglich ist, dass die unerklärliche, unverdiente Erfahrung des Wirkens von Gottes Macht durch uns Realität ist und dass wir bei der Verwirklichung von allem, was gut, edel und wahr ist, eine wichtige Rolle spielen. Wir können lernen, mutig zu sein.

KAPITEL 1

Die Entscheidung zu gehen

Da sagte der HERR zu Abram: »Verlass deine Heimat, deine Sippe und die Familie deines Vaters und zieh in das Land, das ich dir zeigen werde!«

1. Mose 12,1

Wer wir sind und wo in der Welt unser Platz ist, lernen wir aus Geschichten. Und keine Geschichte ist vertrauter oder beliebter als die Heldenreise, die Erzählung von einem, der Mut fasst und sich aufmacht ins Unbekannte. Diese universelle Erzählung umspannt Zeiten und Kulturen.[1] Doch wie beobachtete einst der geistliche Schriftsteller Henri Nouwen: »Das Persönlichste ist das Universellste, das Verborgenste ist das Öffentlichste, und das Einsamste ist das Einendste.«[2] Wenn wir von der mutigen Reise eines anderen hören, können wir nicht anders, als unsere eigene in den Blick zu nehmen.

Wenn wir selbst uns zum Gehen aufgefordert fühlen, brennt sich diese Erfahrung in unser Bewusstsein ein und markiert einen entscheidenden Moment in unserer Lebensgeschichte. Verständlich, wenn wir zögern, denn die Entscheidung zum Gehen impliziert zwangsläufig, dass wir einen Ort verlassen zugunsten eines anderen, dass wir vertraute Beziehungen lösen zugunsten von unbekannten neuen, und das alles im Dienst einer überwältigenden Aufgabe, die nur wir allein zu erfüllen haben. Es gibt viele Risiken, und der Preis ist hoch. Doch aus irgendeinem Grund sind wir überzeugt, dass dieses persönliche Opfer notwendig ist, um eine Bestimmung zu erfüllen, auch wenn wir sie nicht absehen können.

Die Reise beginnt, lange bevor wir den ersten Schritt gehen, mit einer inneren Erregung, einem auslösenden Ereignis oder einer Einladung, die uns völlig unvorbereitet trifft. Wir fühlen uns aufgefordert, über die Grenzen unseres altbekannten Lebens hinauszugehen. Fast immer gibt es dabei Widerstand, wenn nicht aus uns selbst, dann von denen, die wollen, dass wir bleiben. Uneingeschränkte Aufbruchsbereitschaft ist selten. Wie Jungvögel, die aus dem Nest geschubst werden müssen, wissen auch wir oft nicht, dass wir Flügel haben, bis wir zum Fliegen gezwungen werden.

In meinem vorletzten Highschool-Jahr zerbrach meine Familie. Besonders stabil war sie nie gewesen, und innerlich wusste ich schon, dass ihr Zerfall bevorstand. Aber ich hatte gelernt, mit meinen Gefühlen zu haushalten und das alles durchziehende Gefühl der Angst unter Kontrolle zu halten. Ich war vertraut mit der ständigen Sorge um Geld, fehlender Zuneigung und wiederkehrendem Streit, gefolgt von Phasen gespannter Ruhe, in denen ich meine Energie auf anderes richten konnte.

Dann kam der Tag, an dem mein Vater mich zur Seite nahm und mir eröffnete, er werde meine Stiefmutter verlassen. Er sagte, ich könne mit ihm kommen, und bestimmt erwartete er, dass ich Ja sagte. Meinen jüngeren Halbbruder Jim, der damals acht Jahre alt war, erwähnte er mit keinem Wort. Mich wunderte das nicht. In dem meist stummen Krieg zwischen unseren Eltern sah mein Vater mich als seine

Verbündete, während meine Stiefmutter sich entschlossen an ihren Sohn klammerte. Er ging von meinem Einverständnis aus und bat mich, seinen Plan für mich zu behalten. Widerstrebend stimmte ich zu, ohne zu wissen, dass er bereits die Möbelpacker bestellt hatte. Meine Stiefmutter erfuhr von seiner Entscheidung erst Tage später, als sie nach der Arbeit in ein halb leeres Haus kam.

Ich weiß nicht mehr, wie ich es ihm gesagt habe, aber es kam für mich nicht in Frage, mit meinem Vater allein irgendwo hinzugehen. Ich wusste damals nichts über Depression oder Alkoholismus, aber ich hatte die Symptome von beidem an ihm erlebt. Die von ihm angenommene Vertrautheit mit mir war ein Hirngespinst und ziemlich beängstigend. Bei meiner Stiefmutter zu bleiben, war für mich auch nicht denkbar, obwohl ich glaube, dass sie davon ausging. Doch ich hatte fast mein Leben lang in Angst vor ihrer Ablehnung gelebt. Mit 17 hatte ich den Versuch aufgegeben, ihr zu gefallen, was ihre Zuneigung zu mir nicht steigerte. Als ich ihr sagte, dass ich nicht bei ihr bleiben würde, bestand sie darauf, dass ich auf der Stelle auszog, was ich gerne tat. Die Aussicht, nicht mehr unter ihrem Dach leben zu müssen, überstrahlte meinen Kummer darüber, dass ich meinen Bruder zurücklassen würde.

Ich wusste, dass ich gehen musste, und ich wusste, wohin.

Meine Mutter lebte in New Jersey, wo sie meine ältere Schwester Christine und mich aufgezogen hatte, bis wir zu unserem Vater und unserer Stiefmutter nach Colorado zogen. Die Geschichte der Scheidung unserer Eltern, als ich ein Kleinkind war, und der darauffolgende Krieg um das Sorgerecht, als ich elf war, ist schmerzvoll und chaotisch, woran ich nicht ganz unschuldig war. Als unser Vater kurz davor war, das Sorgerecht für Christine zu erhalten, wollte ich nicht allein zurückbleiben. Bei einem Treffen in der Kanzlei eines Familienrichters war sie ungewöhnlich still, während ich übertrieben von unserem Leben in New Jersey erzählte – ich dachte, das würde unserem Vater gefallen. Tatsächlich war er froh, als ihm das Sorgerecht für uns beide zugesprochen wurde; meine Aussage, so der Richter, habe für seine Entscheidung den Ausschlag gegeben. Unsere Mutter war am Boden zerstört, wie schon vor Jahren wegen der Scheidung.

Im Rückblick bin ich verblüfft über meine Grausamkeit. Warum habe ich all diese Dinge erzählt, die meine Mutter verletzten? Ich wusste, dass sie uns liebte. Deutlich erinnere ich mich an meine Panik, als Christine davon sprach, nach Colorado zu ziehen. Ich war es leid, durchs Fenster zu anderen Familien hineinzuschauen und mich zu fragen, wie es wäre, zu ihnen zu gehören. Unsere Mutter war viel außer Haus, sie arbeitete in Vollzeit und machte gleichzeitig Fortbildungen, um als Physiotherapeutin zugelassen zu werden. Erst später wurde mir klar, wie viel sie dafür tat, uns über Wasser zu halten, und wie allein sie in ihrer Trauer war. In einer Zeit, in der all meine Freundinnen in äußerlich intakten Familien lebten, hasste ich dieses Wort, das ich selbst kaum verstand und doch dauernd erklären musste – *geschieden*. Unser Vater, seine neue Frau und das kleine Brüderchen schienen die Normalität zu bieten, nach der ich mich sehnte.

Doch ich täuschte mich. Unsere Zeit in Colorado war von Anfang an schwierig. Innerhalb weniger Monate geriet Christines Leben außer Kontrolle, und nach zwei turbulenten Jahren verließ sie das Haus. Unser Vater probierte mehrere Geschäftsideen aus, scheiterte aber bei allen, erklärte irgendwann Insolvenz und tröstete sich mit Whisky, während unsere Stiefmutter verzweifelt versuchte, uns durchzubekommen und ihren Sohn zu schützen. Auch ihre Ehe ging den Bach hinunter.

Am Ende der zehnten Klasse hatte ich mich aus diesem Drama ausgeklinkt und mir mit einem kleinen Freundeskreis eine Ersatzfamilie geschaffen. Sie waren Christen, und zu meiner stillen Verwunderung gehörte ich dazu. Gemeinsam gingen wir zu Young Life, einer christlichen Jugendorganisation, die sich wöchentlich im Haus unserer Musiklehrerin traf. Auf Einladung dieser Lehrerin traten wir einem Chor bei, der auch auswärts auftrat, und einige von uns fingen an, in die Kirche zu gehen, zu dem er gehörte. Außerhalb meiner Familie ging es mir kontinuierlich besser. Der Nachbarsjunge, den ich mehr als heimlich anbetete, nahm endlich Notiz von mir. Ich fand eine zweite Heimat im Musikzweig meiner Highschool, und im Herbst meines vorletzten Schuljahrs wurde ich ausgewählt, um in unserer Highschool-Produktion des Broadway-Musicals *George M!* die weibliche Hauptrolle zu spielen. Endlich wusste ich, wie es sich anfühlte, dazuzugehören.

Als meine Familie in Colorado zerfiel, brach mir das Herz bei dem Gedanken, alles das zu verlassen, was meinem Leben Bedeutung verlieh. Ich war dankbar, dass ich eine Mutter hatte, zu der ich zurückkehren konnte; trotzdem fühlte ich mich wie am Rand eines Abgrunds. Ich spürte das Gewicht der Entscheidung, die ich gerade traf, und dass ich sie allein treffen musste. Gleichzeitig hatte ich das Gefühl, dass die Entscheidung für mich getroffen wurde – allerdings nicht durch eine der Autoritäten in meinem Leben. Die wollten mir fast alle helfen, die Highschool in Colorado abzuschließen, so auch der Pastor meiner Kirche und seine Frau, die mich einluden, bei ihnen zu wohnen. Es war das erste Mal, dass ich die Stimme Gottes hörte, die direkt zu meinem Herzen sprach, obwohl mein Herz sich sehnlichst etwas anderes wünschte.

Ich kümmerte mich um meinen Weggang selbst: Ich blieb so lange in Colorado, dass ich im Musical auftreten und meine Freunde verabschieden konnte, von denen einige bereits am College waren. Ich nahm die Einladung des Pastors an und zog für zwei Monate in seine Familie, was selbst zu einer Erfahrung fürs Leben wurde. Und schließlich vollendete ich sogar noch das Herbstsemester.

Der Abschied kam schneller, als ich bereit war. Das Musical war vorüber. Meine Freunde und ich verbrachten unsere letzten gemeinsamen Tage und schworen einander eine Treue, von der ich wusste, dass sie nicht halten würde. Als ich mich von meiner Stiefmutter und meinem Bruder verabschiedete, ließ Jim nicht zu, dass ich ihn umarmte. Mein Vater lud mich zum Abendessen in seine Kellerwohnung ein, wo wir seine damalige Spezialität aßen – Hörnchennudeln mit Velveeta-Schmelzkäse und Hotdogs. Am Abend vor meinem Abflug saßen mein Freund und ich einander in einem Restaurant gegenüber, das wir uns beide nicht leisten konnten, und versuchten, optimistisch zu sein. Am nächsten Morgen brachten meine Freunde mich zum Flughafen. Sie begleiteten mich ans Gate und bis aufs Flugfeld, überreichten mir einen Blumenstrauß und winkten, als ich die Gangway hinaufstieg. Von meinem Fensterplatz aus sah ich zu, wie sie sich entfernten, und weinte den ganzen Flug bis New Jersey.

Damals kannte ich noch nicht Eleanor Roosevelts Definition für Mut: *zu tun, wovon man meint, man kann es nicht.* Doch genau das tat ich, und ich bildete mir nicht ein, dass das, was vor mir lag, einfach werden würde. Ich fühlte mich vollständig allein, und zugleich doch nicht allein, sondern geführt in der Entscheidung, die nicht vollständig meine war, die aber trotzdem ich getroffen hatte. Es fühlte sich so ähnlich an wie eine lebensrettende Amputation – mir wurde ein geliebter Teil abgeschnitten, damit ich überlebte.

Die Rückkehr zu meiner Mutter war voller Unwägbarkeiten. Mein Pastor in Colorado machte sich Sorgen, ich würde abtrünnig werden, wenn ich in die Episkopalkirche meiner Kindheit zurückging, aber mich kümmerte das nicht. Eigentlich war ich erleichtert, mich aus einer Form des Christentums zu lösen, die ich insgeheim zunehmend in Frage gestellt hatte.

Im Rückblick ist leicht zu erkennen, dass das, was sich anfühlte wie eine einzige dramatische Entscheidung, sich seit einiger Zeit angebahnt hatte. Der mühsame Prozess der emotionalen Loslösung von meinem Vater und meiner Stiefmutter befähigte mich in diesem kritischen Moment, für mich selbst einzustehen. Die ehrliche Zuneigung, die ich von meinen Freunden erfuhr, tat mir gut und machte mir Mut, doch ich wusste, dass ich nicht für immer zu ihnen gehörte.

Genauso bedeutsam war, dass meine Mutter zu einer wichtigen Stütze geworden war. Seit unserer Trennung in meinen frühen Mittelschuljahren hatte sie jeden Sonntagabend angerufen. Jahrelang waren unsere Gespräche kurz und unbeholfen, sie aber blieb beständig in ihrer Liebe. Ich hörte ihr an, dass sie selbstsicherer wurde, entspannter, und dass sie Fuß fasste in ihrem Beruf und in ihrem Glauben. Sie war immer stärker eingebunden in der Episkopalkirche, in die wir gemeinsam gegangen waren; dort fand sie Inspiration und Gemeinschaft. Ich weiß nicht mehr, wie ich sie fragte, ob ich zu ihr zurückkommen könnte, sondern nur, dass das Thema, als es einmal zur Sprache gekommen war, zwischen uns schnell geklärt war.

Die beste Vorbereitung für diesen entscheidenden Moment war im Grunde mein wachsendes Unbehagen gegenüber dem christlichen Glauben. Nie bezweifelte ich die Wirklichkeit Gottes oder die Gegenwart Jesu in meinem Leben. Ich bezweifelte nicht die Aufrichtigkeit der Menschen in meiner Gemeinde. Sie waren gutmütig, liebevoll und ihrem Herrn ergeben. Zu kämpfen hatte ich dagegen mit der Starrheit ihres Glaubenssystems und mit ihrer Gewissheit, dass Gottes bedingungslose Liebe nur denen galt, die Jesus als ihren persönlichen Retter genau in der Form akzeptierten wie sie. Es gab keinen Raum für abweichende Erfahrungen oder ein anderes Verständnis. Auch keinen Raum für das Eingeständnis, dass der Kampf der menschlichen Sünde und Zerrissenheit auch nach der Errettung andauerte. Und ganz bestimmt keinen Raum für Zweifel.

Ich bin nicht sicher, wie ich dieses Unbehagen aufgelöst hätte, wenn ich in Colorado geblieben wäre. Wie mit meiner Familie fühlte ich mich auch mit den geistlichen Autoritäten in meinem Leben zunehmend unwohl. Die Gemeinde, die mich so umhegt hatte, zu verlassen, fühlte sich an wie eine Rebellion, aber ich wusste, dass ich Gott treu blieb, und zwar in einer Form, die ich zuvor noch nie erfahren hatte. Die Dissonanz fiel bei mir nicht auf unfruchtbaren Boden. Ich hatte nicht das Bedürfnis, meine Kirche zu verurteilen oder zu kritisieren, und trotzdem wusste ich, dass ich in ihre Welt nicht hineinpasste. Ich war dankbar für das, was sie mir gegeben hatten, aber im Stillen lehnte ich das meiste, was sie lehrten, ab. Zum ersten Mal ahnte ich damals, dass eine Beziehung zu Gott nicht durch die »richtigen« Glaubensformen definiert wird, sondern eher durch die Bereitschaft, zu vertrauen und im Glauben zu stehen. Ohne mir dessen bewusst zu sein, verließ ich Colorado auf der Suche nach einem erweiterten Gottesverständnis. Und ich erfuhr die Gnade, dass ich in der Episkopalkirche meiner Kindheit fand, wonach ich, ohne es zu wissen, suchte.

Es ist jetzt über 40 Jahre her, dass ich in Colorado in dieses Flugzeug stieg. Im Großen und im Kleinen bin ich, die ich heute bin, vor allem deshalb, weil ich in mir selbst den Mut fand, zu gehen – oder weil ich ihn geschenkt bekam. Dass ich gegangen war, gab mir so vieles: Ich konnte die Gegenwart einer liebenden Mutter erfahren; ein Glaubensleben im Kontext einer großzügigen, expressiven Christenheit erkunden und vertiefen; und meinen Weg in die Welt gehen, stolpernd und tastend, bewehrt mit der prägenden Erfahrung, wie es sich anfühlt, auf die Stimme tief in meiner Seele zu vertrauen.

Nicht alles, was aus dieser Entscheidung folgte, war positiv. Indem ich wegging, ließ ich meinen kleinen Bruder zurück und machte ihm Versprechungen, die ich nicht halten konnte; unsere Beziehung hat sich nie vollständig davon erholt. Auch andere Wunden aus dieser Zeit brauchten Jahre, um zu heilen. Ich habe gelernt, dass jede Entscheidung, und sei sie noch so lebensbejahend, die Last nachteiliger Folgen in sich trägt. Damals wusste ich nur, dass es für mich Gründe gab, die mein Verständnis überstiegen, und dass mein Leben davon abhing, die ersten Schritte in eine Zukunft zu gehen, die ich noch nicht sehen konnte.

Ich erinnere mich, als wäre es gestern gewesen, an jede Emotion, jeden Gedanken und jede körperliche Empfindung. Ich habe später noch andere bedeutsame Abschiedserfahrungen gemacht, aber diese ist die, die in meine Psyche eingebrannt ist. Aus dem Leben, das ich mir mit so viel Mühe eingerichtet hatte, auszubrechen, ist bis heute mein Prüfstein dafür, wie sich ein entscheidender Moment anfühlt. Wenn ich gebeten werde, von solchen Momenten zu erzählen, wie es im Corona-Sommer 2020 der Fall war, ist dies immer der erste, der mir in den Sinn kommt.

Vier Monate nach Beginn des Corona-Lockdowns lud mich Rabbi Bruce Lustig von der Washington Hebrew Congregation zu einem virtuellen interreligiösen Podiumsgespräch mit dem Autor Bruce Feiler ein. Thema der Diskussion war Feilers neuestes Buch über den Umgang mit Veränderungen in jedem Lebensalter.[3] Da ich Feilers Arbeit kannte und sehr schätzte, sagte ich gerne zu.

Feilers These ist einfach: Übergänge im Leben sind nicht annähernd so linear oder vorhersagbar, wie sie in der modernen Psychologie und in Selbsthilfe-Ratgebern gern beschrieben werden. Sie kommen irgendwann, häufig, wenn wir sie am wenigsten erwarten, und den Umgang damit lernen wir sozusagen bei laufenden Motoren. Einen Übergang, der so umfassend ist, dass er den Sinn, das Ziel oder die Ausrichtung unseres Lebens grundlegend verändert, bezeichnet Feiler als »Lebens-Beben«. In unserem Leben ereignen sich womöglich Dutzende Übergänge, aber nur wenige davon erreichen das Ausmaß eines Lebens-Bebens. Während eines solchen Bebens sind wir uns klar bewusst, dass gerade etwas Großes vor sich geht, doch wir brauchen Zeit, um zu begreifen und zu akzeptieren, dass es keinen Weg zurück gibt.

Wir alle auf dem Podium bewunderten Feilers Weitsicht, ein Buch über den Umgang mit Veränderungen genau zu Beginn einer globalen Pandemie, eines ökonomischen Zusammenbruchs und einer längst fälligen gesellschaftlichen Auseinandersetzung mit dem Rassismus zu veröffentlichen. Wir sprachen über diese Ereignisse, die alle in eine so kurze Zeit fielen, und über die ungewisse Zukunft. Inmitten von Trauer und Verlust schöpften wir Mut aus der Widerstandskraft des Menschen und benannten unsere jeweilige Glaubenstradition als Quelle der Weisheit und der Kraft.

Zum Abschluss bat Feiler jeden von uns, von einem eigenen Lebens-Beben zu erzählen. Es gab eine lange Stille. Schließlich holte ich tief Luft und erzählte als Erste davon, wie ich mich mit 17 aufgerufen fühlte, das Leben, das ich liebte, zu verlassen. Schon nach den ersten Worten wünschte ich mir, ich hätte mir im Kreis dieser illustren Persönlichkeiten ein erwachseneres Beispiel einfallen lassen. Doch als ich fertig war, berichtete eine weitere Gesprächsteilnehmerin, wie sie als Jugendliche eine »Entscheidung zum Gehen« erlebt hatte. Dann noch einer. Und noch einer. Und nicht nur mir zitterte dabei die Stimme.

Einer derer, die an diesem Abend das Wort ergriffen, war Imam Mohamed Magid, geschäftsführender Imam der Moschee All Dulles Area Muslim Society (ADAMS) in Sterling, Virginia. Als international anerkannter muslimischer Führer ist Imam Magid eine respektierte Stimme in den interreligiösen Bemühungen um die Eindämmung von religiösem Extremismus in der Region Washington, D.C. Der Imam erzählte von einer Erfahrung, als er als junger Mann nach

Amerika kam, gemeinsam mit seinem Vater, einem namhaften Religionsführer, der dringend medizinische Hilfe brauchte. Der junge Mohamed war zutiefst beeindruckt von den Ärzten, denen er begegnete. »Manche von ihnen waren Juden«, sagte er, »andere waren Christen. Und dass mein Vater Muslim war, war für sie völlig belanglos! Sie haben sich um ihn gekümmert, als wäre er ihr eigener Vater.« Die Erfahrung solcher Zugewandtheit und Fürsorge von Seiten derer, denen gegenüber er seiner Erziehung gemäß eigentlich Furcht und Misstrauen hätte empfinden müssen, wurde ihm zur Berufung, sich mit all seinem Engagement für interreligiöses Verständnis und Toleranz einzusetzen.

Der letzte Gesprächsteilnehmer, der sich äußerte, war mein Kollege und Freund Rabbi Lustig, Oberrabbiner der Washington Hebrew Congregation. Er erzählte von der prägenden Erfahrung, die ihm sein Entschluss einbrachte, in Israel zu studieren. Er hatte schulisch immer zu kämpfen gehabt und verdankte seine Versetzung meist seiner Schlagfertigkeit und seinem Charme. In Israel konnte Bruce seine Schwierigkeiten nicht mehr verbergen. Er erhielt die Diagnose einer starken Legasthenie – ein schwerer Schlag für ihn, befürchtete er doch, mit der Offenlegung dieser Einschränkung könnte er nicht seinen langgehegten Traum umsetzen, Rabbi zu werden. Einer seiner Professoren in Israel, der selbst lebenslang stotterte, versprach ihm seine Hilfe. »Und jetzt bin ich der Rabbi«, schloss Bruce, »der immer dafür sorgt, dass Kinder mit Behinderungen ihre Bat Mitzwa beziehungsweise Bar Mitzwa feiern können.«

Am nächsten Tag schrieb Bruce Feiler uns allen eine Dankesmail. »Besonders beeindruckt hat mich«, schrieb er, »wie sehr Ihre Schilderungen über die entscheidenden Momente

Ihrer Jugend und Ihrer Berufung einander ähnelten. Eine nach der anderen haben Sie eine prägende Erfahrung aus Ihrer Zeit als junge Erwachsene geschildert, in der es um Familie und Berufung ging. Diese große Gemeinsamkeit hat die Zuhörer besonders stark berührt.«

Gemeinsam legten wir auch Zeugnis von einem Wissen ab, das in den übereinstimmenden Geschichten unserer Schriften geborgen ist, nämlich dass es im Leben und im Glauben zu Durchbrüchen kommen kann, wenn wir zurücklassen, was vertraut ist, und uns ins Unbekannte wagen. Wir vertraten die drei Weltreligionen, die Abraham, einen nomadischen Stammesführer der Antike, als ihren geistlichen Urahn ansehen. Vor über 4000 Jahren hörte Abraham eine innere Stimme, die ihm auftrug, seine Heimat zu verlassen und sich in einem neuen Land niederzulassen. Dort würde er zum Stammvater eines Volkes werden. Diese Geschichte ist so bedeutsam für Judentum, Christentum und Islam, dass alle drei gemeinsam als Abrahamitische Religionen bezeichnet werden.

Die biblische Erzählung beginnt im Buch Genesis mit archetypischen Geschichten über Gottes Schöpfung der Welt und den Sündenfall der Menschheit. Adam und Eva, die Arche Noah, Kain und Abel, der Turm von Babel – lauter Episoden mit universeller Geltung für alle Menschen der Welt. Im Kapitel zwölf verengt sich die Perspektive plötzlich auf ein Paar, Abraham und Sarah, deren Reise die Geburt eines neuen Volks markiert, das von Gott berufen und erwählt wird.

Über Abraham und Sarah schreibt der Bibelforscher Walter Brueggemann: »Der, der die Welt ins Leben ruft, formuliert jetzt einen zweiten Ruf. Diesmal ist es ein gerichteter

Ruf an den alten Abraham und die unfruchtbare Sarah. Ziel dieses Rufs ist es, in einer gescheiterten Welt eine alternative Gemeinschaft zu schaffen und in der menschlichen Geschichte die Kraft des Segens zu verkörpern.«[4] Der entscheidende Moment ist dabei, wie Abraham und Sarah reagieren, und das könnte nicht knapper gefasst sein als in diesem biblischen Bericht:

> Da sagte der HERR zu Abram: »Verlass deine Heimat, deine Sippe und die Familie deines Vaters und zieh in das Land, das ich dir zeigen werde! Ich will dich segnen und dich zum Stammvater eines mächtigen Volkes machen. Dein Name soll in aller Welt berühmt sein. An dir soll sichtbar werden, was es bedeutet, wenn ich jemand segne. Alle, die dir und deinen Nachkommen Gutes wünschen, haben auch von mir Gutes zu erwarten. […] Alle Völker der Erde werden Glück und Segen erlangen, wenn sie dir und deinen Nachkommen wohlgesinnt sind.« *Abram folgte dem Befehl des HERRN und brach auf.*[5]

Da ist nicht die Rede von innerem Aufruhr oder Zweifel, da gibt es kein Ringen mit Engeln oder Dämonen, keinen Wortstreit mit Gott. Der kinderlose, hochbetagte Abram, der später den Namen Abraham erhält, hat eine Vision, die auch eigene Kinder impliziert, ein so befremdliches Versprechen, dass Sarah, als sie davon hört, ungläubig in sich hineinlacht.[6] Trotzdem geht sie mit ihm.

Angesichts der sachlich-knappen Beschreibung von Abrahams und Sarahs Entscheidung zu gehen, übersieht man leicht deren Bedeutung. Abraham tut ganz einfach, was der Herr befiehlt. Doch, so beobachtet Bruce Feiler in einem früheren Buch über Abraham, »Abraham glaubt nicht an Gott; er *glaubt* Gott. Er fragt nicht nach Beweisen; er liefert den Beweis«.[7]

Auf ihrer Reise kommt es zu diversen Turbulenzen, die aus menschlicher Schwäche und politischen Konflikten erwachsen. Sowohl Abraham als auch Sarah treffen Fehlentscheidungen und fügen denen, die ihnen am nächsten stehen, Schaden zu. Doch ihre Irrtümer und moralischen Verfehlungen leugnen nicht Gottes Versprechen und mindern nicht die Bedeutung dieses ersten entscheidenden Moments, in dem sie Ja gesagt haben. Indem er sie ruft, nimmt Gott in Kauf, dass sie menschlich sind.

Nie fühlen wir uns lebendiger als in dem Moment, in dem wir wie Abraham und Sarah einen Glaubenssprung wagen. Ihre Geschichte kann für uns ein spirituelles Muster sein, das uns hilft, auf die seltenen Erfahrungen von Klarheit unmittelbar zu vertrauen. Dass der Text nichts darüber sagt, wie Abraham und Sarah die Dinge bewerteten, ist eine hilfreiche Erinnerung daran, dass in entscheidenden Momenten unsere Meinung – oder die anderer – erstaunlich irrelevant ist. Wichtig dagegen ist, ob wir uns entscheiden, dem Ruf zu folgen.

Die Entscheidung zu gehen ist der erste Schritt unserer eigenen Heldenreise. Joseph Campbell, der mit seinem vergleichenden religionswissenschaftlichen Ansatz den Begriff prägte, betont, dass die Heldenreise kein Privileg weniger Auserwählter ist. Er spricht vom *Heros in tausend Gestalten*,[8] und einer von ihnen sind wir. Doch es gibt jede Menge Gründe zu bleiben, denn der Verlust, der mit dem Aufbruch verbunden ist, ist riesig. Campbell benutzt den stärksten religiösen Ausdruck, wenn er formuliert, was dabei auf dem Spiel steht: »Um aus dieser Position seelischer Unreife zum Mut der Selbstverantwortung und Selbstsicherheit zu erwachsen, bedarf es eines Todes und einer Auferstehung.«[9] Beim Gehen stirbt ein Teil von uns, denn wir müssen eine vergangene Version unserer selbst ablegen, um zu der Person zu werden, die auf der anderen Seite auf uns wartet.

In klassischen Coming-of-Age-Geschichten erfolgt der erste Schritt häufig in Situationen, die der Held oder die Heldin nicht unter Kontrolle hat. Im *Zauberer von Oz* zum Beispiel wird Dorothy von einem Wirbelsturm aus ihrer Heimat in Kansas fortgerissen. Die meisten jungen Helden verweigern sich zunächst dem Ruf und folgen ihm widerstrebend erst später. Im *Herrn der Ringe* wünscht Frodo, der *Eine Ring* wäre nie bei ihm gelandet. Manchmal beginnt die Reise mit einer Befreiung, so etwa für Harry Potter, der mit dem Besteigen des Hogwarts-Express das Elend im Ligusterweg 4 hinter sich lässt. Auf dem Weg treffen unsere Helden wichtige Mentoren, übertreten bedeutsame Schwellen, erfahren große Versuchungen und durchleben mindestens eine transformative Krise. Manchmal ziehen sie hinaus in ein neues Land, oder sie kehren zurück und können von der erworbenen Weisheit berichten. Die Heldenreise ist einerseits ein zutiefst persönliches Erlebnis und Grundlage eines klar und sinnvoll geführten Lebens und andererseits ein Ereignis von Bedeutung für die Gemeinschaft, denn der Ruf gilt nie nur einem allein. Ein mutiges Leben im Vertrauen auf Gott strahlt aus und beeinflusst auch jenseits von räumlichen und zeitlichen Grenzen.

Verständlicherweise bleiben uns die ersten Entscheidungen zu gehen, die typischerweise in der Jugend oder im jungen Erwachsenenalter erfolgen, in Erinnerung als kritische Stationen in der persönlichen Arbeit der Identitätsbildung und Selbstdifferenzierung. Ihre Bedeutung wächst aber mit der Zeit, denn sie werden zu unserem persönlichen Archetyp, dem erkennbaren Muster, wie es ist, wenn der Ruf zum Gehen uns erneut ereilt – und das tut er ein Leben lang. Die Heldenreise winkt mehr als einmal.

Als ich noch relativ jung im Beruf war, unterhielt ich mich einmal mit einem anderen episkopalen Priester, der ein Retreat-Zentrum leitete. Er wirkte viel älter als ich und ziemlich zufrieden. Im Gespräch erfuhr ich aber, dass er seine Stellung demnächst verlassen würde und als Therapeut in einem Heim für jugendliche Straftäter anfangen würde. Die Freude und Erregung in seiner Stimme waren mit Händen greifbar, und dann sagte er etwas, was ich nie vergessen habe: »Mir ist, als hätte ich mich mein Leben lang auf diesen Job vorbereitet.«

In einem einzigen Satz sagte er mir so viel – natürlich über seine Leidenschaft und seine vielfältigen Gaben, und vielleicht über seine eigene Jugend. Seine neue Stellung war nicht einfach ein Schritt auf der Karriereleiter; tatsächlich hatte sie mehr gemein mit dem, was Henri Nouwen den »Weg nach unten« nennt.[10] Doch irgendetwas regte sich in mir bei den Worten dieses erfahrenen Priesters. Wie faszinierend musste es sein, dieses Gefühl einer Bestimmung zu spüren, ein Zusammenkommen von Schwächen und Stärken, Rückschlägen und Resilienz. Ich wusste, dass es jahrelange harte Arbeit braucht, um zu solch einer Klarheit zu gelangen. Man muss ein Leben lang voller Gottvertrauen vorwärtsgehen, auf einen Ruf antworten, auf den nächsten und wieder den nächsten, bis man die Gnade erfährt, genau die Art von Vollkommenheit zu erreichen, die sich zusammenfassen lässt mit den Worten: *Darauf habe ich mich ein Leben lang vorbereitet.*

Im Jahr 1943 ergab sich so ein Moment für den afroamerikanischen Pastor und Pädagogen Howard Thurman, der eingeladen wurde, nach San Francisco zu gehen und führend am Aufbau einer christlichen Gemeinde für Menschen unterschiedlicher Hautfarbe mitzuwirken. Später schrieb er, diese Einladung »weckte in meiner Vorstellung die *Ahnung,* dass dies vielleicht *die* Gelegenheit war, auf die mein Leben sich zubewegt hatte«.[11]

Thurman hatte als einer der ersten Afroamerikaner Zugang zu zahlreichen kirchlichen und akademischen Einrichtungen, die bisher Weißen vorbehalten waren. Er war ein gefragter Prediger sowohl in Schwarzen als auch in weißen Gemeinden und häufiger Redner auf religiösen Konferenzen, obwohl er in den Hotels, in denen sie stattfanden, oft nicht bedient wurde. Mit den Jahren wuchs sein Unwillen gegenüber der fehlenden Bereitschaft der amerikanischen Christen, sich mit dem Rassismus innerhalb der Kirchen und in der Gesellschaft auseinanderzusetzen. Er unterschied zwischen dem, was er den »Genius von Jesu Religion« nannte, und der christlichen Praxis, wie er sie in den USA erlebte.

Thurman wusste längst, wie der Ruf, loszugehen, sich anfühlte und was er sogar unter scheinbar unmöglichen Umständen möglich machen konnte. Geboren im Jahr 1899, wuchs er unter strenger Segregation in der Stadt Daytona, Florida auf. Sein Vater starb, als er sieben war, und wie alle Schwarzen Kinder damals wie heute musste er schon in jungem Alter mit den Unbilden des Rassismus umzugehen lernen. Doch er war gesegnet mit einer Erziehung durch liebevolle Erwachsene und fand Zuspruch in einer behütenden Kirchengemeinde. Seine Grundschullehrer erkannten seine Intelligenz und halfen ihm, seine Ausbildung auch über die siebte Klasse hinaus fortzusetzen, obwohl die öffentliche Schule für Schwarze Kinder in Amerika damals dort endete. Diese positiven Einflüsse ließen, so schrieb er später, in ihm die Überzeugung wachsen, dass sein Leben und das, was er daraus machte, bedeutsam waren.[12]

In seiner Kindheit und Jugend fand Thurman Trost und Kraft in der Natur, Inspiration bei seiner Familie und Lehrern und einen unstillbaren Wunsch nach Wissen – und diese Kräfte halfen ihm, unzählige Hindernisse zu überwinden. Bei jedem Schritt gaben ihm seine einzigartige Zielstrebigkeit, seine offensichtliche Brillanz und seine persönliche Opferbereitschaft, gepaart mit den Opfern, die andere bereitwillig für ihn brachten, ein Gefühl, dass sein Leben einen Sinn hatte und er dafür Verantwortung trug. Außerdem fand er Gönner, dauerhafte Freundschaften und spirituelle Mentoren über die Segregation hinweg, die Weiße und Schwarze eigentlich »durch eine Mauer stiller Feindseligkeit und offenen Misstrauens getrennt« halten sollte.[13]

Thurman erfuhr Gnade – mystische Begegnungen über die Vermittlung der Natur oder durch Menschen –, die ihn überzeugte, dass Gott etwas damit zu tun hatte, dass sich ihm im jeweils richtigen Moment Türen geöffnet hatten. Sein Biograph Peter Eisenstadt schreibt: »Vorsehung wäre vielleicht ein zu starkes Wort für Thurmans Glauben; Glück ist ein zu schwaches. Es war diese Art verblüffende Verbindung zwischen zwei Ereignissen, ein Augenblick, in dem eine verborgene, gütige Fügung, ein Zusammenhalt des Universums sichtbar wird.«[14] Dieses Gefühl für Gottes Gegenwart verlieh Thurman den Mut, das, was das Leben ihm gab, als sein Schicksal zu akzeptieren und es zu seiner Bestimmung zu machen.[15]

Ein Vorzeichen für den Ruf, nach San Francisco zu gehen, hatte er zehn Jahre zuvor, während einer Pilgerreise nach Indien, erlebt. Thurman und seine Frau Susan Bailey Thurman leiteten eine Delegation von Afroamerikanern auf einer Freundschaftsreise, die die World Student Christian Federation (WSCA) organisierte. Es war die Zeit, in der Mahatma Gandhis Bewegung des gewaltfreien Widerstands gegen die britische Kolonialmacht weltweites Aufsehen erregte. Sein dreistündiges Gespräch mit ihm bestätigte Thurman in seiner Überzeugung, dass sich die Ungerechtigkeit des Rassismus in den USA einzig und allein gewaltfrei überwinden ließ. »Vielleicht«, so gab Gandhi ihm abschließend als Segen und Mahnung mit, »werden es die Schwarzen sein, die die unverfälschte Botschaft der Gewaltfreiheit der ganzen Welt vermitteln.«[16]

Bei einem Besuch am Chaiber-Pass, einem Abschnitt der historischen Handelsroute durch ein unwegsames Gebirge zwischen dem heutigen Afghanistan und Pakistan, hatte Thurman eine Vision: »eine religiöse Gemeinschaft zu gründen, die in der Lage ist, alle Barrieren aufgrund rassistischer Vorurteile zu überwinden«.[17] Jahrelang hielt er an dem Vorhaben fest, eine alle Hautfarben vereinende Ausdrucksform des Christentums zu etablieren, die die wunderbare Vielfalt der Menschheit feiern sollte. Als zehn Jahre später die Einladung erfolgte, in San Francisco genau so eine Gemeinde zu gründen, »spürte ich eine Berührung an meiner Schulter«, so schreibt er, »die eins war mit meiner Vision vom Chaiber-Pass.«[18]

Thurmans Entscheidung, eine angesehene Stellung an der Howard University, der Flagship-Hochschule für Schwarze Amerikaner, aufzugeben, um eine Gemeinde für Menschen unterschiedlicher Hautfarbe aufzubauen, sorgte in seinem Umfeld für Verblüffung. Der Rektor seiner Universität verwies ihn auf die Risiken nicht nur für ihn selbst, sondern auch für seine Familie. Thurman schrieb seinem Kollegen in San Francisco: »Unser kühnes Unterfangen birgt Risiken, und wir müssen bereit sein, unseren Teil davon zu tragen.«[19] Hier war seine Chance, eine Gemeinde zu schaffen, die Jesus gerecht wurde. »Thurman hatte von frühester Kindheit an in den Grenzen und Zwängen seines Schicksals und in den Zufällen seiner Geburt und seiner Erziehung gelebt«, kommentiert Eisenstadt. »Die Gemeinde in San Francisco war eine Gelegenheit, seine Bestimmung zu suchen und für sie einzustehen.«[20]

Es war alles andere als eine einfache Arbeit, die spätere Church for the Fellowship of All Peoples auf die Beine zu stellen. Doch Einfachheit war nichts, was Thurman erwartete, und weitere zehn Jahre lang brachte er alles, was er hatte, in die Gemeinde ein. Es war eine Zeit voller Erfüllung und voller Frustration. Es war eine Zeit der Zufriedenheit über den Einfluss seiner Gemeinde in San Francisco und eine Zeit der Enttäuschung, dass sie die erhoffte landesweite Wirkung nicht entfaltete. Es war eine Zeit der intensiven Konzentration auf die Seelsorge in einer relativ kleinen Gemeinschaft und die Zeit, in der er mit *Jesus and the Disinherited* sein einflussreichstes Buch veröffentlichte.

Den Ruf zum Gehen sollte Thurman ein weiteres Mal hören, um 1953 eine Führungsposition an der historisch weißen Boston University einzunehmen. Widerstrebend nahm er Abschied, denn er betrachtete die Fellowship Church als seine wichtigste Lebensleistung. Gleichzeitig aber spürte er eine Verantwortung für die kommenden Generationen und war überzeugt, dass eine Universität ihm das größtmögliche Gehör für seine Botschaft des gewaltfreien Widerstands bieten würde. Und an der Boston University begegnete ihm dann erstmals der junge Doktorand namens Martin Luther King, dem Thurman sein Leben lang als spirituelles Beispiel dienen sollte.

Egal, ob beim ersten oder beim hundertsten Mal, mit unserer Entscheidung zum Gehen bekommen wir das Gefühl, dass es auf uns ankommt. Wenn wir ängstlich gehen, finden wir den Mut zu tun, wovon wir glauben, wir könnten es nicht. Wenn wir begeistert gehen, ist es, als hätten wir uns unser Leben lang auf diesen Moment vorbereitet. Dass der Preis des Gehens hoch ist, bestätigt nur das Gewicht des Rufs.

Vor Jahren hörte eine gute Freundin von mir in mittlerem Alter den Ruf zur Veränderung. Ihre neue Aufgabe erforderte eine umfangreiche Ausbildung mit entsprechendem Einkommensverlust. Außerdem würde sie mit oder ohne ihre Familie ein Jahr lang in eine andere Stadt ziehen müssen, um vor Ort zu lernen. Der Widerstand gegen diesen Ruf in ihr und in ihrem Umfeld war erheblich. Selbst nachdem sie sich entschieden hatte, schwankte sie noch über ein Jahr lang. Es war eine Zeit der Lähmung, denn sie trug sowohl den Ruf als auch alles, was dagegen arbeitete, in sich.

Eines Tages dann war es, als würde innerlich ein Schalter umgelegt, und sie empfand eine Klarheit, die sie zuvor nicht gehabt hatte. Sie sorgte sich weiter um ihre Familie, aber sie zweifelte nicht mehr, dass es Zeit war, zu gehen. Als ich sie zu dieser Veränderung befragte, sagte sie einfach: »Ich wusste, dass es Zeit war. Es wird nicht einfach werden, aber nicht zu gehen, war keine Option mehr.« Der entscheidende Moment war gekommen.

Solche Klarheit, egal, wann und wie sie eintritt, ist ein Geschenk. Ich erhielt es zum ersten Mal mit 17. Die Male, an denen ich sie später erlebte, kann ich an einer Hand abzählen, aber dank der tiefen Prägung durch diese erste Erfahrung und mit Unterstützung der Beispiele für großen Mut in der Schrift, der Geschichte, der Literatur und im Leben derer, denen ich begegnen durfte, erkenne ich, wenn mir eine Heldenreise bevorsteht, und weiß, was ich zu tun habe. Ich glaube, das wissen wir alle.

KAPITEL 2

Die Entscheidung zu bleiben

Hier stehe ich, ich kann nicht anders.

Martin Luther[1]

Ian Bedloe ist der siebzehnjährige Protagonist in Anne Tylers Roman *Fast ein Heiliger* aus dem Jahr 1991. Er gibt sich die Schuld am Selbstmord seines älteren Bruders Danny und die darauf folgende Familientragödie. Als Ian eines Abends durch die Straßen seiner Heimatstadt Baltimore streift, sieht er in einem Schaufenster eine Leuchtreklame der »Church of the Second Chance«. Er setzt sich zu einer kleinen Gruppe verwundeter Seelen und hört sich selbst, wie er ihnen vom Tod seines Bruders und seiner Schuld erzählt. Der Priester, Reverend Emmett, ein freundlicher, aber spirituell kompromissloser junger Mann, versichert Ian, dass Vergebung möglich sei, wenn er für seine Sünden büße. Also beschließt Ian, die Schule abzubrechen und einen einfachen Job anzunehmen, um für die Kinder seines Bruders zu sorgen. Die Jahre vergehen, er macht seine Arbeit, kümmert sich um seine Familie und ist ein treues Mitglied der Kirchengemeinde. Dennoch bleibt ihm die Vergebung, nach der er sich sehnt, verwehrt, und er beginnt, seine Entscheidungen zu hinterfragen.

Reverend Emmett, der spürt, dass Ian Probleme hat, begleitet ihn an einem Sonntagnachmittag von der Kirche nach Hause. Auf dem Weg entlädt sich Ians ganze Frustration.

»Ich vergeude mein Leben«, bricht es aus ihm heraus. Der Reverend bleibt stehen und dreht sich zu Ian um, um ihm direkt in die Augen zu sehen. »Dies *ist* dein Leben«, sagt er sanft. »Beuge dich ihm. […] Betrachte deine Last als eine Gabe. Es ist das Thema, das dir gegeben wurde, um damit zu arbeiten.«[2]

Angesichts der Dramatik, des Adrenalins und der nach außen gerichteten Energie, die mit der Entscheidung zu gehen verbunden sind, kann sich das Bleiben wie eine Falle anfühlen. Doch die Entscheidung zu bleiben kann ebenfalls mutig und richtig sein. Diese Entscheidung ist, vor allem, wenn es triftige Gründe zu gehen gibt, mit einem ähnlichen inneren Kampf und einem genauso wachsenden Gefühl der Krise verbunden und führt zu einem ebenso intensiven Entscheidungsmoment wie die Entscheidung zu gehen. Aber hier endet die Ähnlichkeit, denn wenn wir uns entscheiden zu bleiben, entscheiden wir uns dafür, tiefer in das Leben einzutauchen, das wir bereits haben.

Da der Ruf zu gehen zu Recht mit der abenteuerlichen Seite des Mutes in Verbindung gebracht wird, kann die Entscheidung zu bleiben so aussehen, als ob wir uns mit weniger zufriedengeben würden. Doch die Tiefe, die aus der Beständigkeit erwächst, ist wesentlich für ein reifes Leben und für unsere Fähigkeit, nachhaltig etwas im Leben anderer zu bewirken. Wenn wir uns entscheiden zu bleiben, erkennen wir an, dass es um mehr als unsere Gefühle und Wünsche geht. Wir lernen, dass es nicht nur einen Weg gibt, ein mutiges Leben zu führen, und dass einige der mutigsten Entscheidungen, die wir treffen, für andere nicht sichtbar sind.

Ich habe *Fast ein Heiliger* zu einer Zeit gelesen, als ich nicht viel älter war als Ian und selbst mit der Frage kämpfte, was es bedeutet, zu bleiben. Reverend Emmetts Worte an Ian klangen wie Worte Gottes an mich: »Dies *ist* dein Leben. Bleib, wo du bist.«

Bis dahin war mein Leben weitgehend vom Gehen bestimmt gewesen – ich war von einem Ort zum nächsten gezogen, hatte eine Welt verlassen und eine andere betreten und gelernt, im Angesicht des Unbekannten mutig zu sein. Jetzt war ich Anfang 30, verheiratet, hatte ein dreijähriges Kind und ein Neugeborenes und arbeitete Vollzeit in einem Job, den ich eigentlich lieben sollte. Ich liebte ihn die meiste Zeit, und ich liebte vieles an meinem Leben, was es mir schwer machte, mir meine Gefühle einzugestehen oder darüber zu reden. Wenn ich durch die Straßen von Toledo, Ohio, fuhr, stimmte ich in einen Song von Nanci Griffith ein, der gerade im Radio lief. *I'm working on a morning flight to anywhere but here*, und wünschte mir, dass es stimmen würde.

Heute sehe ich, dass mein innerer Kampf ein Ruf war, das Geschenk und den Preis der Beständigkeit zu akzeptieren und wahrzunehmen. Das ist ein Dauerthema, wann immer ich mit der Aufforderung zu bleiben ringe. Ich habe wieder und wieder lernen müssen, dass es beim Glauben nicht immer darum geht, große Sprünge zu machen, sondern auch darum, mit kleinen Schritten voranzugehen, und dass es möglich ist, die Welt nachhaltig zu verändern, indem man sich um einen kleinen Winkel in ihr kümmert.

Einen Vorgeschmack auf diese Erkenntnis bekam ich in unserem ersten Ehejahr, das mein Mann Paul und ich in Honduras verbrachten, wo wir in einer Schule für sozial benachteiligte Kinder arbeiteten. Anfangs schien es, als ob wir eine enorme Verpflichtung eingegangen wären. Als sich unsere Zeit dort dem Ende näherte, wurde mir jedoch klar, dass diejenigen, die ihr *Leben* auf diese Weise dem Dienst am Nächsten widmen, etwas zum Guten verändern können. Ich kehrte in die Vereinigten Staaten zurück und wollte diese Art Mensch sein, spürte aber auch, dass nichts in meinem Leben mich auf die Disziplin vorbereitet hatte, die dafür nötig war.

Ehe, Elternschaft und Gemeindearbeit wurden zu meinen Lehrern. Sie repräsentierten jeweils eine kleine Welt, für die ich verantwortlich war und in der Stabilität mehr wert war als Veränderung, und Beständigkeit wichtiger als das Spannende, nach dem ich mich so sehnte. Da ich nicht wusste, mit wem ich reden sollte, fand ich Trost und Orientierung in Büchern. Ich las einige weise Worte, die mich erdeten, wenn ich abheben wollte.

Unser ältester Sohn Amos war noch ein Kleinkind, als wir meine Mutter auf ihrer jährlichen Reise nach Hause begleiteten und im Sommer nach Schweden reisten. Wir wohnten in dem Bauernhof auf dem Land, den ihre Eltern nach dem Zweiten Weltkrieg gekauft hatten und auf dem meine schwedische Familie im Sommer zusammenkommt. Es ist ein wunderschöner Ort, und wir wurden herzlich aufgenommen. Doch schon nach einer Woche fühlte ich die typische Unruhe und wollte das Land bereisen, stundenlang wandern, nach Dänemark hinüberfahren und andere Teile Europas erkunden. Stattdessen gingen Amos und ich jeden Tag einen Feldweg hinunter, um den Schafen des Nachbarn beim Grasen zuzusehen. Es kam mir vor, als würde er stundenlang dort stehen, und ich stand neben ihm und versuchte, meinen Neid auf die Menschen mit einem ungebundenen Leben auszublenden. Wenn Amos ein Nickerchen machte, vergrub ich mich in meine Bücher und versuchte verzweifelt, mit der

Welt in Verbindung zu bleiben. Rückblickend wünschte ich, ich könnte meinem jüngeren Ich versichern, dass die Welt nirgendwohin verschwindet, aber damals wurde ich das Gefühl nicht los, dass ich etwas verpasste und möglicherweise sogar bei dem versagte, was auch immer ich mit meinem Leben anfangen sollte.

In jenem Sommer stolperte ich über *Der kleine Prinz* von Antoine de Saint-Exupéry. Es ist eine wundersame Geschichte im Stil eines Kinderbuchs, gespickt mit Weisheiten über die Tücken der menschlichen Natur: Der kleine Prinz herrscht auf einem winzigen Planeten. Dort lebt auch eine einzige Rose, die der kleine Prinz liebt, die ihm aber mit ihrer Überheblichkeit und ihrem Bedürfnis nach ständiger Zuwendung allerlei Kummer bereitet. Um sein wundes Herz zu heilen, beschließt der kleine Prinz, seine Rose zu verlassen und die Galaxie zu bereisen.

Auf der Erde gelandet, steigt der kleine Prinz auf einen Berg, um eine bessere Aussicht zu haben. Er wandert über den Sand, die Felsen und den Schnee und trifft schließlich auf eine Straße, die ihn zu den Menschen und zu einem Garten mit Hunderten Rosen führt, eine Offenbarung, die ihn zum Weinen bringt: Seine Rose hatte ihm versichert, dass sie etwas Besonderes sei und dass es ein Privileg sei, sie zu lieben. Aber hier, in einem einzigen Garten, gibt es Hunderte Blumen wie sie. Wenn sie nur eine gewöhnliche Rose ist, wer ist dann er?

Dann trifft der kleine Prinz einen Fuchs, der ihm eine unschätzbare Lektion erteilt. »Du bist für mich noch nichts als ein kleiner Knabe«, sagt der Fuchs, »der hunderttausend kleinen Knaben völlig gleicht. Ich brauche dich nicht, und du brauchst mich ebenso wenig. Ich bin für dich nur ein

Fuchs, der hunderttausend Füchsen gleicht. Aber wenn du mich zähmst, werden wir einander brauchen. Du wirst für mich einzig sein in der Welt. Ich werde für dich einzig sein in der Welt …«

Der kleine Prinz erkennt, dass das Gleiche für die Rosen im Garten gilt. So schön sie auch sind, er liebt sie nicht. Er liebt die einzige Rose auf seinem winzigen Planeten, die er gegossen, gehegt und gepflegt hat. »Die Zeit, die du für deine Rose verloren hast, sie macht deine Rose so wichtig«, sagt der Fuchs zum kleinen Prinzen. »Du bist für deine Rose verantwortlich.«[3]

Als ich mir unseren Sohn als meine Rose vorstellte, wusste ich mit unmissverständlicher Klarheit, wo mein Herz und meine Verantwortung lagen. Ich erkannte auch, dass all meine lang ersehnten Abenteuer und Bemühungen, einen dauerhaften Beitrag zu leisten, nichts bedeuten würden, wenn ich dieser einzigartigen Liebe nicht gewachsen wäre. »Du bist für deine Rose verantwortlich« ist zu einem Mantra geworden, das mich an die Heiligkeit all der Menschen erinnert, die mir anvertraut sind.

Auch der presbyterianische Pfarrer Frederick Buechner lehrte mich und unzählige andere den Wert von Beständigkeit. Durch seine Memoiren und andere Schriften hat er mir geholfen, ein Mensch zu sein, auf den sich andere verlassen können, und die Tage zu genießen, an denen nichts Wichtiges zu passieren scheint. Buechner schreibt:

> Wenn ich in wenigen Worten die Essenz all dessen ausdrücken müsste, was ich als Schriftsteller wie auch als Prediger zu sagen versuchte, dann wäre es dies: Höre auf dein Leben. Sieh es als das unergründliche Geheimnis, das

> es ist. In seiner Langeweile und seinem Schmerz genauso wie in seiner Aufregung und Freude: Berühre, schmecke und rieche deinen Weg hin zum heiligen und verborgenen Herzen des Lebens, denn letztendlich sind alle Momente Schlüsselmomente, und das Leben selbst ist Gnade.[4]

Das war der Sommer, in dem ich anfing, so gut wie möglich auf mein Leben zu hören und Tag für Tag zu lernen, was es bedeutet, wenn der Psalmist über den gläubigen Menschen schreibt: »Er gleicht einem Baum, der am Wasser steht; Jahr für Jahr trägt er Frucht, sein Laub bleibt grün und frisch.«[5] Dies ist zu einer lebenslangen Übung geworden, die ständige Wiederholung verlangt, da die Tage, die wir an einem Ort verbringen, die Tage, an denen wir aufgerufen sind zu gehen, bei weitem übertreffen. Es ist nicht unbedingt angenehm, sich für das Bleiben zu entscheiden, und das erforderliche Gottvertrauen ist in der Tat heldenhaft.

Eine weitere Autorin, die mich auf dem Weg des Bleibens ermutigt hat, ist die Benediktinerin Joan Chittister. Ich habe eines ihrer Bücher, *Nimm diese Regel als Anfang. Die Benediktsregel als Leitfaden für das Leben*, immer greifbar, seit es mir vor Jahren zum ersten Mal in die Hände fiel. Benedikt von Nursia gründete in den turbulenten Jahren des 6. Jahrhunderts, als die Welt aus den Fugen zu geraten schien, eine Mönchsgemeinschaft. Er war geerdet in den einfachen Tätigkeiten des täglichen Lebens und in der Gnade, die in einem gesunden Gleichgewicht von Arbeit, Gebet, Studium und Ruhe zu finden ist. Chittister, die in den 1990er Jahren schrieb, gibt Benedikts Regel eine zeitgemäße Sprache. »Das Leben ist eine Lehrmeisterin der allgemein gültigen Wahrheiten«, schreibt sie. »Für die Klugen […] besteht das Leben nicht aus aneinandergereihten Ereignissen, die es zu bewältigen gilt. Es ist ein Weg, vollkommen und heilig in der Welt zu leben.«[6]

Die Lektüre von *Nimm diese Regel als Anfang* hat mir im Laufe der Jahre die Weisheit und die Gnade geschenkt, mich immer neu darauf zu konzentrieren, wo ich bin, und nicht darauf, wo ich meiner Ansicht nach hinwill. Ein Satz sprang mir ins Auge, als ich das Buch zum ersten Mal las, und er begleitet mich noch heute: »Es könnte die Nachbarschaft sein, in der wir leben, und nicht die Nachbarschaft, die wir uns wünschen, die uns zu wirklicher Menschlichkeit verhilft.«[7] Manchmal höre ich im Gebet oder in der Meditation die Aufforderung, das Wort *Nachbarschaft* durch das zu ersetzen, womit ich gerade kämpfe, und plötzlich zeigt sich die Wahrheit dieser Aussage. Womöglich muss ich gerade dort sein, wo ich bin. Was ich mir wünsche, mag zwar gut und bewundernswert sein, aber vielleicht nicht möglich oder den Preis nicht wert.

Ich will damit keineswegs sagen, dass es Gottes Wille ist, in missbräuchlichen oder gefährlichen Situationen zu bleiben, oder dass Selbstaufopferung immer der Weg der Liebe ist. Unseren Herzenswünschen zu folgen, kann die lebensbejahendste Entscheidung sein, die wir treffen können, auch wenn sie uns von anderen Verpflichtungen abhält. Ich will nur sagen, dass wir im Laufe eines gut gelebten Lebens auch eine gewisse Erdung brauchen, um tiefe Beziehungen zu entwickeln und die oft verborgenen Schätze der Beständigkeit zu entdecken. Es ist eine andere Art von Freude, diejenige zu sein, auf die andere zählen können.

Selbst jetzt, da sich meine Betreuungsaufgaben auf meine Mutter am anderen Ende des Lebenszyklus verlagert haben, erinnern mich Chittister, Buechner, der kleine Prinz und Ian Bedloe an die Bedeutung des täglichen Gottvertrauens und daran, dass es manchmal die liebevollste und mutigste Entscheidung ist, dort zu bleiben, wo man ist.

Bei allem Positiven, das dem Bleiben innewohnt, gibt es jedoch Zeiten, in denen wir uns nicht aussuchen zu bleiben, sondern es als die Frucht einer Enttäuschung akzeptieren müssen. Wenn sich eine Tür zu anderen Möglichkeiten schließt, ist nicht zu leugnen, dass sich das Bleiben wie ein Scheitern anfühlt. Doch solche Enttäuschungen sind im Leben unvermeidlich, und nach einer notwendigen Zeit der Trauer ist die Zeit, die uns zum Bleiben gegeben wird, oft die Zeit, in der die Saat für neue Möglichkeiten aufgeht und langsam Wurzeln ausbildet. Wenn wir nicht gehen, haben wir Zeit und Gelegenheit, unseren Charakter zu pflegen und unsere Fähigkeiten zu verfeinern, fein dosierte Gnade zu genießen und Beharrlichkeit zu lernen.

2002 erlebte ich eine Enttäuschung in meiner Berufung, die mich für mehr als ein Jahr zurückwarf. Ich war in meinem zehnten Jahr an der St. John's Episcopal Church in Minneapolis, Minnesota, und hatte in meiner Funktion einige Erfolge zu verzeichnen. Menschen aus dem ganzen Land hatten angefangen, mich zu kontaktieren und zu fragen, ob ich eine neue Stelle in Betracht ziehen würde. Auch ich fragte mich, was als Nächstes kommen könnte. Ich träumte von der Möglichkeit, Dekanin an einer episkopalen Kathedrale zu werden, eine Kirche mit einer toleranten gesellschaftlichen Vision zu leiten. Der Dekan der Kathedrale in Minneapolis bot mir an, mich als Mentor zu unterstützen, um mich zu einer guten Kandidatin für eine andere Kathedrale zu machen, wenn sich die Gelegenheit ergab.

Dann kam ohne Vorwarnung die Nachricht aus dem Bischofsamt, dass unser Dekan zurückgetreten sei. Die Gerüchteküche brodelte. Es gab Andeutungen über eine Untersuchung, aber keine öffentlichen Anschuldigungen. Der Rücktritt erschütterte unsere Diözese zutiefst, aber ich wusste sofort, dass ich mich um seine Nachfolge bewerben würde. Es war ein kühnes Ziel, und das Timing war schlecht. Aber ich hatte auch das Gefühl, dass ich mir diese Chance nicht entgehen lassen durfte.

Der Bewerbungsprozess gestaltete sich von Anfang an mühsam, kompliziert durch die Dynamik in unserer Familie, in St. John's (nur wenige Kilometer von der Kathedrale entfernt) und in der gesamten Diözese. Die Findungskommission lehnte mich zunächst ab, was ebenso niederschmetternd wie demütigend war, lud mich dann aber ein paar Wochen später doch zur Auswahlrunde ein. Es war allen Beteiligten klar, dass ich die Alibifrau auf der Liste und die einzige Kandidatin aus der Diözese war. Beinahe hätte ich abgelehnt, aber ich wusste, dass ich bereuen würde, es nicht versucht zu haben. Und für eine kurze Zeitspanne schien es so, als ob sich die Dinge in meine Richtung bewegen würden. Ich erinnere mich, dass ich im Gebet zu Gott sagte, ich würde trotz aller Unklarheit um mich herum gern den Rest meines Berufslebens dort verbringen, wenn ich berufen würde.

Letztlich entschieden sich die Verantwortlichen der Diözese für jemand anderen. Ich hatte von Anfang an gewusst, dass meine Chancen gering waren, und war deshalb nicht auf das vorbereitet, was dann geschah. Es gelang mir zwar, eine freundliche Fassade aufrechtzuerhalten und die Kathedrale und ihren neuen Dekan öffentlich zu unterstützen, aber sobald ich allein war, brach ich in Tränen aus. Mein Körper rebellierte, und eine lange Zeit der chronischen Schmerzen begann. Unser Familienleben geriet aus den Fugen, da Paul und unsere kleinen Söhne nicht wussten, wie sie auf meine Trauer reagieren sollten. Auch das Leben in der Diözese war in Aufruhr, und ich fühlte mich in der Gemeinde, der ich so lange gedient hatte, alleingelassen. Ich verlor das Vertrauen in die Führung des Bischofs, und er fühlte sich betrogen und verlor das Vertrauen in mich. Jemand aus seinem Umfeld legte mir unverblümt nahe, ich solle mich in einer anderen Diözese nach einem Posten umsehen.

Irgendwann in diesem Jahr der Trauer setzte sich zu meiner Überraschung langsam ein neuer Ruf zum Bleiben in meinem Herzen fest. Er nahm mir meinen Kummer nicht, sondern schien neben ihm aufzutauchen. Ich erkannte das Gefühl der Klarheit, das ich schon bei anderen Gelegenheiten verspürt hatte, als der Ruf zum Gehen kam. Als die Perspektive zu bleiben stärker wurde, wuchs auch meine Aufregung. Ich orientierte mich an den Menschen, die mir am nächsten standen, und freute mich auf die Aussicht, dass unsere beiden Söhne die Highschool abschließen könnten und Pauls Karriere sich gut entwickeln würde, während ich mein geistliches Wirken in der Gemeinde, der ich ein Jahrzehnt lang gedient hatte, intensivierte.

Ich sprach zunächst mit den Menschen, die mir am nächsten stehen – meinem Mann und ein paar Freunden. Dann fragte ich die Leitung von St. John's, was sie davon hielte, wenn ich mich öffentlich verpflichtete, weitere fünf Jahre zu bleiben. Wenn ich bliebe, so sagte ich ihnen, müsste ich mir neue Fähigkeiten für die anstehende Arbeit aneignen. St. John's war in den zehn Jahren, die wir gemeinsam verbracht hatten, gewachsen, und die Gemeinde brauchte eine andere Führungspersönlichkeit. Wenn ich diese Führungsperson sein sollte, wären die Veränderungen, die vor uns lagen, wohl genauso einschneidend, wie wenn ich die Gemeinde verlassen würde und sie einen neuen Priester berufen würden. Auf der anderen Seite hatten wir das Fundament unserer zehn gemeinsamen Jahre, auf dem wir mutig aufbauen konnten.

Die Leitung nahm meinen Vorschlag an. Obwohl ich vor den bevorstehenden Veränderungen gewarnt hatte, wussten weder sie noch ich genau, worauf wir uns einließen. Die folgenden Jahre waren nicht einfach; sie gehörten sogar zu den schwierigsten meiner Zeit in St. John's. Aber sie waren auch die fruchtbarsten. Ich lernte, dass die Entscheidung zu bleiben nicht bedeutete, *dieselbe* zu bleiben. Und ich blieb schließlich sogar noch ganze acht Jahre.

Im besten Fall ist die Entscheidung zu bleiben eine tägliche Entscheidung, sich mit ganzem Herzen seinem Leben und seinen Verpflichtungen zu widmen und der Versuchung zu widerstehen, abzudriften, sich passiv zurückzuziehen oder einfach stoisch weiterzumachen. Krisen entstehen aus Phasen des Zweifels, der Desillusionierung oder der Langeweile, wenn wir uns ein anderes Leben als das unsere wünschen. Egal, ob wir gehen oder bleiben – am Scheideweg brauchen wir Mut und ein tieferes Verständnis dessen, was uns dieses Bleiben abverlangt oder was es uns ermöglicht.

Eine Geschichte aus dem Johannesevangelium behandelt diesen Schüsselmoment intensiv. Sie erzählt von einer Zeit, in der die Lehre Jesu immer umstrittener wird und die Menge, die einst an seinen Lippen hing, sich aufzulösen beginnt. Sogar einige derjenigen, die ihm am nächsten standen, wollen nicht mehr Teil seiner Bewegung sein. »Was er da redet, geht zu weit«, sagen sie. »So etwas kann man nicht mit anhören!« In einem Moment der nüchternen Einschätzung wendet sich Jesus an die zwölf Jünger seines engsten Kreises und fragt: »Wollt ihr mich auch verlassen?« Seine Frage bleibt in der Luft hängen. Schließlich ergreift Simon Petrus das Wort: »Herr, zu wem sonst sollten wir gehen? Deine Worte bringen das ewige Leben.«[8] Sie sind zu weit gegangen, um jetzt umzukehren, ihr Schicksal ist mit dem seinen verbunden.

Die Entscheidung, bei Jesus zu bleiben, wenn andere sich entscheiden, ihn zu verlassen, ist eine, mit der ich mich in meinem eigenen Leben als Führungskraft in einer christlichen Religionsgemeinschaft, deren Anhänger immer weniger werden, oft beschäftige. Da ich unsere Schwächen nur zu gut kenne, kann ich leicht verstehen, warum sich so viele dafür entscheiden, der Kirche und dem Glauben den Rücken zu kehren. Was überzeugt jeden Einzelnen von uns, innerhalb unserer Glaubenstradition zu bleiben, wenn neue Einsichten und persönliche Reife uns dazu bringen, das in Frage zu stellen, was wir einst als wahr akzeptiert haben, oder wenn geistliche Führer oder ganze Gemeinschaften uns enttäuschen? Was bewahrt unseren Glauben davor, schal und zunehmend irrelevant zu werden?[9] Immer wieder habe ich meine Antwort in der Frage von Simon Petrus gefunden: *Zu wem sonst sollte ich gehen?* Ich bin mit Jesus schon zu weit gekommen, um ihn jetzt zu verlassen. Obwohl meine eigenen Schwächen wie auch die Schwächen anderer mich entmutigen, habe ich nie den Glauben an Jesus verloren, und mich inspirieren all jene, die ihr Leben in seinem Licht leben. Ich bemühe mich, ihnen ähnlicher zu werden. Und so bleibe ich.

Eine Inspiration ist Reverend Dr. Kelly Brown Douglas, Dekanin der Episcopal Divinity School am Union Theological Seminary und Canon Theologian an der Washington National Cathedral. Douglas ist die Autorin von sechs Büchern, alle verfasst aus einer frauenrechtlichen Perspektive, einer Herangehensweise an die Theologie, die die Erfahrungen und Perspektiven Schwarzer Frauen in den Vordergrund stellt. Ihre Arbeit ist ebenso streng akademisch wie auch zutiefst persönlich, denn sie berichtet von ihren Bemühungen, Christin zu bleiben, angesichts des realen Schadens, den Schwarze Menschen in der Geschichte wie auch in der Gegenwart durch diejenigen erlitten haben und erleiden, die angeblich Jesus folgen.

Douglas' Schriften erzählen von ihrer sich immer wieder im Kreis drehenden spirituellen Reise, auf der sie gerade festen Grund unter den Füßen hat und sogar zum Frieden mit ihrer Entscheidung kommt, in der Kirche zu bleiben, nur um dann wieder die Frage aufkommen zu lassen, die eine Studentin ihr unverblümt stellte: »Wie können Sie, eine Schwarze, überhaupt Christin sein, wenn das Christentum so oft zu Ihrer Unterdrückung beiträgt?«[10] Auf jede neue Version von Jesu Frage »Wollt ihr mich auch verlassen?« reagiert Douglas, indem sie schreibt und sich weiter mit der Geschichte der weißen Vorherrschaft und der spirituellen Kraft ihrer Vorfahren beschäftigt. Bisher hat sie sich jedes Mal, wenn sie kurz davor stand, zu gehen, zu meinem Erstaunen zum Bleiben entschlossen, wofür ich sehr dankbar bin.

Als Kind besuchte Douglas die einzige Schwarze Episkopalkirche in Dayton, Ohio. Sie liebte die Kirche, und besonders gern hörte sie Geschichten über Jesus. Als sie älter wurde und sich über die Grenzen ihrer Gemeinde hinauswagte, stellte sie überrascht fest, dass es nicht nur weiße Episkopale gab, sondern dass die Kirche sogar *überwiegend* weiß war. (Als man sie später fragte, warum sie in einer Kirche geblieben sei, die von White Supremacy so durchdrungen war, musste sie lachen, weil ihr einfiel, dass sie sich damals nur wunderte: *Was machen all diese weißen Leute in meiner Kirche?*)

Als sie älter wurde, hörte sie ihre Eltern mit gedämpfter Stimme über rassistische Gewalt reden. Einmal fragte sie ihren Vater, was denn die Schwarzen getan hätten, dass die Weißen sie so sehr hassten. Als sie aufs College kam, erkannte sie, dass das Problem des weißen Hasses nicht bei den Schwarzen lag, sondern bei denen, die zum Hass entschlossen waren. Sie beschloss, einen Weg zu finden, ihr Leben dem Abbau dessen zu widmen, was W.E.B. Du Bois die »Colour Line« genannt hatte. Im College erlebte sie auch ihre erste Glaubenskrise, als sie erkannte, dass sie mit einem Bild von Jesus als weißem Mann aufgewachsen war. »Wie könnte sich ein weißer Jesus jemals für mich interessieren«, fragte sie sich, »ganz zu schweigen von der Sorge um arme Schwarze Kinder? Und wie könnte ich, eine Schwarze Person, jemals an einen Weißen Jesus glauben?«[11]

Es war Douglas' College-Kaplan David Woodyard, der sie mit den Schriften des Schwarzen Befreiungstheologen James Cone bekannt machte. Cones Kritik am weißen Christentum wurde zu einer spirituellen Rettungsleine. Hier war jemand innerhalb der Kirche, der die schrecklichen Realitäten der Komplizenschaft des weißen Christentums mit der Sklaverei und all ihren Übeln beim Namen nannte. Cone vertrat das befreiende Bild von Jesus als dem Schwarzen Christus, der mit den unterdrückten Völkern der Erde solidarisch ist. »Als ich Cones Worte las«, erzählt Douglas, »waren meine Fragen beantwortet. Ich konnte Schwarz sein und Jesus lieben, und das war kein Widerspruch, denn Jesus war tatsächlich Schwarz wie ich. Wie Cone klarstellte, war Jesus, der in Armut geboren wurde, eins mit all diesen Schwarzen Kindern, die hinter der Lebenskraft raubenden Segregation in den Stadtzentren in der Falle saßen.«[12] Cones Theologie vermittelte Douglas eine neue Wertschätzung für den Glauben, mit dem sie aufgewachsen war. Sie erweiterte später die Horizonte der Schwarzen Theologie mit einem Fokus auf den Erfahrungen Schwarzer Frauen in der weißen Gesellschaft und von LGBTQ+-Personen in der Schwarzen Kirche.

Doch die Kosten, Christin und eine Schwarze Wortführerin in einer überwiegend weißen Religionsgemeinschaft zu sein, sind hoch. In ihrem jüngsten Buch räumt Douglas dies wieder einmal ein. Sie macht eine Glaubenskrise durch, vielleicht die schwerste in ihrem Leben. Ihr nüchterner Schluss lautet, dass Weißsein die moralische Phantasie der amerikanischen Gesellschaft so zerstört habe, dass sie sich nicht länger eine Welt vorstellen könne, in der das Leben von Schwarzen wirklich zählt.[13] Und doch ist sie, wie schon Cone vor ihr, der festen Überzeugung, dass das weiße Christentum sowohl in seinem historischen als auch in seinem gegenwärtigen Kontext ein Fluch für die Mission Jesu ist. Besonders scharf kritisiert sie Christen, die stolze Unterstützer der White Supremacy waren oder sind, aber sie ist ebenso kompromisslos in ihrer Beurteilung »guter« weißer christlicher Führer, die das Privileg haben, selektiv auf Ungerechtigkeiten zu reagieren.

Auf die Frage ihres eigenen Sohnes, wie sie die Hoffnung aufrechterhalten könne, antwortete sie, indem sie ihm von seiner Ururgroßmutter erzählte:

> Jedes Mal, wenn ich an Mama Mary denke, denke ich an die Schwarzen, die in die Sklaverei hineingeboren wurden, in der Sklaverei starben und nie einen freien Atemzug taten. Sie träumten noch nicht einmal davon, jemals frei atmen zu können. Trotzdem haben sie für die Freiheit gekämpft. [...] Wenn ich an sie und ihren Kampf für die Freiheit denke, kann ich nicht dem nachgeben, was Schwarzes Leben zerstören würde.[14]

Douglas glaubt, dass Jesus als Inkarnation Gottes im menschlichen Leben die Realität der Kreuzigung im Leben der Schwarzen Menschen weiterhin erfährt und den Schmerz spürt, als wäre es das erste Mal. Sie geht mit ihm zum Kreuz. Aber sie findet auch Hoffnung in seiner Auferstehung – ebenjene Hoffnung, an die sich ihre Vorfahren klammerten und die weiterzutragen sie sich vorgenommen hat.

Ich spüre täglich das Geschenk ihrer Herausforderung an mich, das es mir nicht erlaubt, die umfassenderen Implikationen eines Glaubens zu vergessen, der nicht nur persönlich, sondern auch kollektiv ist; der etwas über die gesellschaftlichen Missstände zu sagen hat, die ich als weiße Christin nicht immer sehe. Als Kollegin und Freundin, Gelehrte und Predigerin wird Kelly Brown Douglas nicht schweigen, wenn ich die Wahrheiten übersehe, die für sie auf der Hand liegen. Mehr als einmal hat sie mich als Reaktion auf eine Gewalttat gegen Schwarze angerufen und gesagt: »Mariann, wir müssen etwas *tun,* etwas *sagen.*« Sie hat sich – zu einem hohen eigenen Preis – entschieden, in einer Kirche zu bleiben, in der Anführerinnen wie ich ihr beständiges Drängen brauchen. Wir verdanken ihr mehr, als Worte ausdrücken können, denn die Integrität unseres Glaubenszeugnisses steht auf dem Spiel.

Die Entscheidung zu bleiben trägt unbestreitbar eine Komponente des Sich-Opferns, ein Gefühl des Verlustes wegen der nicht beschrittenen Wege und das Gewicht der Lasten, die wir nicht ablegen wollen, in sich. Bleiben kann auch ein liebevolles Geschenk an uns selbst und andere sein. Indem wir uns für Stabilität in einem Bereich unseres Lebens entscheiden, geben wir denen, die von uns abhängig sind, die Möglichkeit, zu gedeihen und zu wachsen. Wir bringen Beständigkeit normalerweise nicht mit sich aufopfernder Liebe in Verbindung, denn man sieht auf den ersten Blick nichts Heroisches daran, aber unter der Oberfläche sieht das ganz anders aus.

In keiner Beziehung ist ein solches Opfer notwendiger als in einer Ehe oder einer ähnlichen lebenslangen Verpflichtung. Ich habe miterlebt, wie sich die Scheidung von dem Skandal, den ich als Kind mitbekam, zu einer normalen Familienkonstellation entwickelt hat. Als Priesterin habe ich Dutzende Ehen geschlossen und später viele ebendieser Paare beraten, als sie sich zur Trennung entschlossen. Ich habe Freunde und Familienmitglieder durch den bitteren, traumatischen Prozess der Trennung begleitet. Umso mehr staune ich über die Unverwüstlichkeit von Langzeit-Ehen. Ich habe selbst das Glück, in einer solchen zu leben, und ich weiß, was das kostet. An verschiedenen Scheidewegen in unserem Leben haben Paul und ich uns immer wieder bewusst dafür entschieden, verheiratet zu bleiben. Das war ganz und gar keine Selbstverständlichkeit.

Wie bei der Entscheidung zu gehen, als ich spürte, dass Gott mich zu neuen Horizonten führte, habe ich in unserer Ehe auch immer wieder Erfahrungen gemacht, in denen der Ruf zu bleiben ebenso deutlich war. Paradoxerweise entstand diese Klarheit oft durch das, was ich *nicht* hörte. In den Zeiten, in denen wir ernsthaft darüber nachdachten, unsere Ehe zu beenden oder uns zumindest auf unbestimmte Zeit zu trennen, betete ich um Klarheit. Wenn ich eine Entscheidung umsetzen sollte, die unsere Leben für immer verändern und die Leben vieler Menschen, die wir liebten, negativ beeinflussen würde, brauchte ich ein *definitives* Wort, eine innere Gewissheit, dass ich gehen sollte. Da ich dieses Wort nicht hörte, blieb ich. Und glücklicherweise tat Paul dasselbe.

Beträchtliche gesellschaftliche Kräfte arbeiten gegen langfristige Verpflichtungen, und auf langen Strecken fühlt sich die private Seite der Ehe überraschend einsam an. Unter manchen Umständen ist eine Scheidung zwar die richtige Entscheidung, doch ein gewisses Durchhaltevermögen in der Ehe trägt viele Belohnungen in sich. Durch Herausforderung und Opfer wachsen wir in unserer Fähigkeit zu vergeben, zu akzeptieren und die Einzigartigkeit eines anderen menschlichen Wesens zu schätzen. Mit der Zeit erkennen wir das Privileg und die Verantwortung, eine unterstützende Rolle in der Lebensgeschichte eines anderen Menschen zu spielen. Es gibt auch die gemeinsame Geschichte einer Ehe, den emotionalen Raum, der zwischen beiden Partnern entsteht und in dem andere sich willkommen und geborgen fühlen. Eine gute Ehe wird zu einem soliden Fundament, auf dem andere ihr Leben aufbauen können, und für uns ist die äußere Dimension des Ehelebens ein Quell tiefer Freude gewesen. Paul und ich fühlen uns bereichert dadurch, dass wir unser Leben und unser Haus mit anderen teilen, und wir beide schätzen die Möglichkeit, für unsere Lieben wie für Fremde in für sie entscheidenden Momenten da zu sein.

Ich war schon immer fasziniert von öffentlichen Ehen,

in denen beide Partner eine Berufung teilen. Das galt besonders für das Präsidentenpaar, das unsere Nation durch die Weltwirtschaftskrise und den Zweiten Weltkrieg führte, Franklin und Eleanor Roosevelt. In einer von Unruhen und Leid geprägten Zeit waren Franklin und Eleanor Ikonen der Beständigkeit, des Mitgefühls und des Mutes. Das Land schaute auf sie, um Kraft zu schöpfen, ohne zu wissen, dass es eine private Seite dieser nach außen so vorbildlichen Ehe gab, die unter dem Radar der heutigen Boulevardpresse niemals überlebt hätte, oder dass sie 20 Jahre vor ihrem Einzug ins Weiße Haus beinahe in einer Scheidung geendet hätte. Angesichts der Umstände und der gesellschaftlichen Konventionen ihrer Zeit und ihrer Schicht hätte ein solcher Skandal Franklins politische Karriere wahrscheinlich scheitern lassen, bevor er Präsidentschaftskandidat geworden wäre. Eleanor entschied sich zu bleiben. Man kann sich gar nicht vorstellen, wie die Nation und die Welt heute aussehen würden, wenn sie sich anders entschieden hätte.[15]

Im Jahr 1905 hatte die neunzehnjährige Eleanor den Heiratsantrag ihres entfernten Cousins angenommen. Franklin hatte schon politische Ambitionen, und Eleanor sehnte sich danach, etwas Gutes in der Welt zu bewirken. Zu Beginn des neuen Jahrhunderts begriffen beide die Welt als ebenso gefährlich wie verheißungsvoll. Einige Historiker beschreiben ihre ersten Ehejahre in glühenden Farben,[16] andere jedoch deuten an, dass sich das Paar von Anfang an schwertat. In seiner Biographie *Eleanor* schreibt David Michaelis, dass sie bereits in den Flitterwochen ein Muster etablierten – Eleanor zog sich in lange Phasen eisigen Schweigens zurück, während Franklin offen mit anderen Frauen flirtete.[17] »Doch je enttäuschter sie voneinander waren«, fügt Michaelis hinzu,

»desto bereitwilliger nahmen sie sich der Probleme der Welt an.«[18]

Bald jedoch ging Eleanors Berufung zum Dienst an anderen in der Erschöpfung von Geburt und Erziehung unter. Sara Roosevelt, Franklins Mutter, war eine übermächtige Präsenz in ihrem Haushalt, und Eleanor nahm eine unterwürfige, fast kindliche Rolle an, während Franklin Karriere machte. Eleanor weigerte sich auch, anzuerkennen, was in den gesellschaftlichen Kreisen Washingtons weithin bekannt geworden war: Franklin hatte sich in ihre persönliche Sekretärin, Lucy Mercer, verliebt. Die Affäre zog sich über Jahre hin. Eleanor leugnete sie beharrlich, zumindest öffentlich, bis zu einer schicksalhaften Nacht im Jahr 1918, als Franklin von einer längeren Europareise nach Hause zurückkehrte. Als Eleanor seine Koffer auspackte, entdeckte sie Lucys Liebesbriefe. Jahre später räumte sie in einem privaten Briefwechsel ein, dass »meiner Welt der Boden weggezogen wurde, und ich trat mir selbst, meiner Umgebung und meiner Welt zum ersten Mal ehrlich entgegen«.[19]

Eleanors Herz war gebrochen, doch ihr Verstand war klar, und sie bot Franklin sofort seine Freiheit an. Sara war todunglücklich bei der Aussicht auf das Spektakel einer Scheidung, und sie drohte damit, ihm die finanzielle Unterstützung zu entziehen, von der sein privilegiertes Leben und seine politische Zukunft abhingen. In den chaotischen Tagen, die jetzt folgten, diente Franklins engster Freund und politischer Berater Louis Howe als Mediator. Was als zaghaftes Gespräch begann, wurde zu einer Verhandlung über die Bedingungen der Ehe. Sara war verzweifelt, Franklin schmollte, und Eleanor blieb gelassen. Sie wollte nicht in einer Ehe bleiben, in der sie nicht erwünscht war.

Franklin hat zwar weder öffentlich noch privat Aufzeichnungen über seine wahren Gefühle hinterlassen, doch seine Biographen beschreiben Lucy Mercer als die Liebe seines Lebens. Dennoch erwies sich seine Liebe zur Politik und zum Dienst an der Öffentlichkeit als größer, und er beendete ihre Beziehung. Er entschuldigte sich bei Eleanor und schwor, Lucy nie wiederzusehen. Dieses Versprechen hielt er zwar nicht, doch sie waren so lange getrennt, dass Franklin und Eleanor ihren Weg finden konnten.

Indem sie sich entschied zu bleiben, definierte Eleanor neu, was es für sie bedeutete, Franklins Frau zu sein. Sie bestand auf getrennten Schlafzimmern und darauf, im Haushalt das Sagen zu haben. Sie entließ alle Bediensteten, die unter Saras Fuchtel standen, und stellte stattdessen Leute ein, die ihr gegenüber loyal waren. Die Biographin Blanche Wiesen Cook schreibt:

> Während Eleanor wartete, dass ihr Herz heilte, stellte sich eine neue Entschlossenheit ein, in Form von Worten, die das Banner ihres erwachsenen Leben werden sollten, Worte, die sie als Ratschlag für ihre vielen Freundinnen und die jungen Leute wiederholte, die von da an ihre Welt betraten, eine tatkräftige Welt des Aktivismus: »Das Leben, das du führst, gehört dir.«[20]

Eleanor erwartete oder wollte wohl auch keine sexuelle Intimität mehr mit Franklin, aber sie brauchte die Gewissheit, dass er sie wirklich als seine Lebenspartnerin wollte.

Tatsächlich brauchte Franklin Eleanor bald mehr, als irgendjemand hätte ahnen können. Im Sommer 1921 erkrankte er an Kinderlähmung. In den ersten ungewissen Wochen, die von hohem Fieber und quälenden Schmerzen geprägt waren, wich Eleanor nicht von seiner Seite. Als Franklin langsam auf eine leichte Erholung zusteuerte und sich schließlich mit einer dauerhaften Lähmung arrangierte, waren Eleanor und Howe fest entschlossen, seine Ambitionen zu bewahren. Eleanor wurde klar, dass Franklin sich ohne eine Zukunft in der Politik völlig aufgeben würde. Sie glaubte an diese Zukunft – und daran, dass sie an seine Seite gehörte.

Als Franklin 1932 zum Präsidenten gewählt wurde, war ihre nach außen orientierte Ehe fest etabliert, ihre Partnerschaft, die nicht auf Intimität beruhte, sondern auf gemeinsamen Werten, gegenseitigen Bedürfnissen und Zuneigung.[21] Sie schufen sich auch jeweils eigene Kreise von Helfern und Unterstützern – Männer und Frauen, die sich um ihre emotionalen und körperlichen Bedürfnisse kümmerten, während sie der Nation dienten. Die Historikerin Doris Kearns Goodwin vergleicht das Weiße Haus der Roosevelts mit einem kleinen Hotel. Einige Hausgäste blieben Jahre, darunter auch die Intimpartner und -partnerinnen von Franklin und Eleanor. Andere kamen für Tage oder Wochen, darunter Staatsoberhäupter, Familienmitglieder und politische Berater. Auf diese Weise, schreibt Goodwin, »erlaubte die erweiterte Familie des Weißen Hauses Franklin und Eleanor, die Unvollkommenheiten ihrer Ehe zu heilen oder zumindest zu verbergen [...] Es gab Bereiche der Entfremdung, vernachlässigte Bedürfnisse, die nur andere erfüllen konnten.«[22] Obwohl es viele Gerüchte gab, bewahrten die Medien ihre Privatsphäre.

Eleanor reiste in Franklins Namen, sprach für ihn bei Veranstaltungen, an denen er nicht teilnehmen konnte, und kehrte mit Berichten über das, was sie erlebt hatte, zurück.

Sie war seine zuverlässigste Beraterin. Franklin förderte Eleanors Aktivismus und verteidigte sie gegen Kritiker, wenn sie sich gegen Diskriminierung und missbräuchliche Arbeitspraktiken aussprach. Offenbar störten ihn ihre intensiven Freundschaften und Liebesbeziehungen zu Männern wie Frauen nicht. Sie dagegen akzeptierte die Frauen, die sich um Franklins persönliche und intime Bedürfnisse kümmerten, und schloss sogar Freundschaft mit ihnen.

Ich habe lange über die Kosten und Folgen von Eleanors Entscheidung zu bleiben nachgedacht, und über das, was für sie zu einem starken Moment der Abgrenzung wurde. Ja, sie würde verheiratet bleiben, aber nicht mehr wie zuvor. Sie würde die Partnerin ihres Mannes sein, aber sie gab sich auch die Erlaubnis, das Glück zu suchen, wo immer sie es finden konnte. Und vor allem definierte sie, was ihr wirklich wichtig war, nämlich ein Leben im Dienst der Menschen, das den Idealen der Gerechtigkeit, des Friedens und der Menschenrechte verpflichtet war. Sie trat bevorzugt in ethnisch gemischten Umgebungen auf und freundete sich mit Bürgerrechtlern an. Unter den Tausenden, denen ein aufbauendes Wort von Eleanor Roosevelt Mut und Inspiration gab, war auch Howard Thurman. Im Jahr 1944 war sie die Hauptrednerin bei seiner Verabschiedung, als er Washington, D. C., in Richtung San Francisco verließ, und sie gehörte zu den Ersten, die eine Verpflichtungserklärung für seine diskriminierungsfreie Kirche unterzeichneten.[23]

Meist hat die Entscheidung zu bleiben nicht ganz so tiefgreifende Folgen wie die von Eleanor Roosevelt oder Kelly Brown Douglas, aber die Auswirkungen unserer Entscheidungen können weiter reichen, als wir je wissen werden.

Das Bleiben wird selten als die heroische Reise erkannt, die es sein kann, und nur wenige sehen die tiefe Krise, die wir erleben, wenn unser Leben in der Schwebe ist. Es ist im Großen und Ganzen ein innerer Kampf. Das ist vielleicht auch ganz gut so, denn was wir in dieser Situation am dringendsten brauchen, sind Zeit und Raum, um nachzudenken, und eine Bereitschaft, unserem inneren Kompass zu vertrauen. Selbst in Situationen, in denen wir unbedingt gehen wollen, können wir zu der erstaunlichen Erkenntnis kommen, dass Bleiben unsere *Wahl* ist. Wir sitzen nicht in der Falle. Wir haben unser Schicksal selbst in der Hand.

Es gibt kein Handbuch, das man zu Rate ziehen könnte, und keinen Plan, dem man in diesen schwierigen Zeiten folgen könnte. Aber es gibt Wege der Weisheit, die uns in der Literatur und in unseren Glaubenstraditionen begegnen. Und wir lernen vom Mut anderer. Das Wichtigste ist, dass wir wahrnehmen, was unser Herz will, denn jede und jeder von uns muss zu einer eigenen Entscheidung kommen. Es ist eine heilige Reise, ob wir uns nun bewusst an Gott wenden oder nicht. Wir ringen mit tiefgehenden Fragen der Identität und der Beziehung zu anderen, dem Sinn unseres Lebens und der Liebe, die manchmal Opfer verlangt. In der Entscheidung zu bleiben liegt nichts Passives oder Folgenloses. Paradoxerweise geht damit die Einladung einher, etwas Neues zu beginnen. Und diesem Neubeginn wollen wir uns jetzt zuwenden.

KAPITEL 3

Die Entscheidung, etwas anzufangen

Eine Reise von tausend Meilen
beginnt mit einem ersten Schritt.

Laozi, Daodejing[1]

Es ist erstaunlich leicht, alle biblischen Berichte über das Leben Jesu zu lesen und doch die entscheidenden Momente in diesem Leben zu übersehen. Von den vier Evangelisten Matthäus, Markus, Lukas und Johannes erwähnt nur Lukas, fast beiläufig, einen solchen Moment – in dem Jesus wissentlich die Reise antritt, die zu seinem Tod führen wird.

Zuvor hatte Jesus sich in der Nähe der nordisraelischen Dörfer am See Genezareth aufgehalten. Seine Heimatstadt Nazareth diente als Basislager für seine Tätigkeit als Wanderprediger, der in den verarmten Gemeinden der kleinen Bauern und Fischer lehrte, heilte und ihnen Nahrung gab. In der rabbinischen Tradition des antiken Judentums hatte er eine kleine Gruppe von Jüngern um sich geschart, die mit ihm unterwegs waren.

Eines Tages unterbricht Jesus sein Wirken, um auf einen nahen Berg zu steigen. Er hatte die Gewohnheit, sich von Zeit zu Zeit von den Menschenmengen, die ihm überallhin folgten, zu entfernen, oft nachts, manchmal für einen ganzen Tag. Für Jesus war das Erklimmen eines Berges eine Form des Gebets. Das Wandern machte seinen Geist frei, und die Aussicht gab ihm eine Perspektive, wenn er seinen Blick auf den Horizont richtete. Normalerweise ging er allein, aber dieses Mal lud er drei seiner engsten Jünger – Jakobus, Johannes und Simon Petrus – ein, ihn zu begleiten.

Alle vier Evangelien erwähnen diesen Ausflug, was der Geschichte nach Meinung der Neutestamentler historische wie theologische Bedeutung verleiht. Auf dem Gipfel hat Jesus eine mystische Erfahrung in Form eines Gesprächs mit seinen spirituellen Vorfahren Mose und Elija. Seine Jünger sind Zeugen, als ein Glanz auf ihn fällt, der auch seine äußere Erscheinung verändert, und sie hören die Stimme Gottes aus einer Wolke heraus sprechen: »Dies ist mein Sohn, ihn habe ich erwählt; auf ihn sollt ihr hören!«[2] Sie verstehen in dem Moment nicht, warum Jesus ihnen das Versprechen abnimmt, nichts davon zu erzählen.

Bei seiner Rückkehr erwartet ihn der übliche Wirbelwind an menschlichen Bedürfnissen. Bevor er auch nur tief durchatmen kann, muss er wieder an die Arbeit. Aber etwas ist anders. Was auch immer Jesus wahrnahm, als der Glanz auf ihn fiel und die Stimme aus der Wolke sprach – ihm ist jetzt klar, dass sein Tod nahe bevorsteht. In diesem Wissen trifft Jesus die zentrale Entscheidung, dorthin zu gehen, wohin all die Propheten vor ihm gegangen sind, um zu sterben. »Als der von Gott bestimmte Zeitpunkt näher rückte, an dem Jesus in den Himmel aufgenommen werden sollte, fasste er fest in den Blick, was auf ihn zukam, und machte sich auf den Weg nach Jerusalem.«[3]

Auf den 125 Kilometern von Galiläa nach Jerusalem tut Jesus nichts anderes als zuvor. Er lehrt und heilt Menschen. Unterwegs erzählt er einige seine denkwürdigsten Gleichnisse, darunter die Geschichte vom guten Samariter und vom verlorenen Sohn. Er achtet darauf, Gebiete zu besuchen, die die meisten Juden mieden, und zu jenen zu sprechen, die nach Meinung der anderen außerhalb der großzügigen, umfassenden Liebe Gottes standen. Er isst mit seinen engen Freunden Martha, Maria und Lazarus zu Abend und würdigt Marias Entscheidung, einen Platz unter den Männern einzunehmen, statt sich in der Küche zu beschäftigen. Das sind die Geschichten, an die wir uns erinnern – weniger die Reise, auf der sie sich ereigneten.

Für Jesus jedoch ist der Weg das Wichtigste, er denkt vor allem über das Ziel dieses Weges nach. Die einzigen Hinweise darauf, dass ihm die Zeit knapp wird, sind seine Ungeduld mit denen, die noch schwanken in ihrem Willen, sich ihm anzuschließen, und die Art, wie er den Jüngern auf dem Weg seine Lehren nahebringt. Es liegt eine gewisse Dringlichkeit in seinem Ton, wenn er ihnen wiederholt erklärt, dass er nicht mehr lange bei ihnen sein wird – was sie tunlichst ignorieren.

Die Tatsache, dass nur wenige andere die Bedeutung des Rufes, etwas anzufangen, erkennen, unterstreicht dessen anfangs private Natur und wie lange es dauern kann, bevor jene ersten Regungen im Licht ihres Ziels gesehen werden. Die ersten Schritte sind typischerweise klein, und die Reise ist so lang, dass die Chancen, sie erfolgreich zu Ende zu bringen, gering sind. Zudem führt nicht jeder Entschluss, etwas zu versuchen, zu einem dramatischen Wandel. Wenn doch, dann liegen die Anfänge solcher Entscheidungen im Allgemeinen in einem Moment, den kaum jemand bemerkt hat.

Die Entscheidung, etwas anzufangen, hat viel gemein mit der Entscheidung zu gehen, da eine Bewegung von einem Ort zu einem anderen damit verbunden ist. Der Unterschied liegt in der kaum wahrnehmbaren Veränderung. Es fehlt die Dramatik. Tatsächlich erfordert die Entscheidung, etwas neu zu beginnen, oft, dass wir eine Zeitlang dort bleiben, wo wir sind, weil ein Neuanfang manchmal größere Vorbereitungen braucht. Wir gehen vielleicht sogar erst einmal einen Schritt zurück, in dem Sinne, dass wir frühere Entscheidungen wiedergutmachen oder umkehren, um den Weg einzuschlagen, den wir Jahre zuvor nicht gewählt haben.

Irgendwann in meinen ersten Jahren in St. John's erzählte mir eine Frau aus meiner Gemeinde, Cindy Dowson, dass sie beschlossen habe, ihren Traum umzusetzen und Krankenschwester zu werden. Das war eine große Sache, weil Cindy nie aufs College gegangen war und sich auf der High School schwergetan hatte. Als Teenager war es ihr vor allem wichtig gewesen, auf eigenen Beinen zu stehen. Sie arbeitete zunächst als Kellnerin und landete schließlich in einem Bürojob, wo sie 14 Jahre blieb. Sie lernte Scott kennen und heiratete ihn, und sie gründeten eine Familie. Nach der Geburt ihres dritten Kindes und nachdem sie ihren Job aufgegeben hatte, um ganz für die Kinder da zu sein, erzählte Cindy mir von ihrer Entscheidung, sich auf den Weg zu machen zu dem Beruf, den sie immer gewollt hatte.

Diesen Weg einzuschlagen hieß, pro Semester einen Abendkurs an einem Community College am Ort zu belegen, weil sie Propädeutika und einige andere Kurse brauchte, bevor sie sich auch nur um eine Ausbildung als Krankenpflegerin bewerben konnte. »Ich war so nervös, als ich zu meiner ersten Kursstunde fuhr«, erinnert sie sich, »und ich hatte Angst, dass ich den Anforderungen nicht genügen würde.« Weil sie im Berufsverkehr festgesteckt hatte, kam sie zu spät, und die Tür des Klassenzimmers war schon geschlossen. Als der Lehrer ihr öffnete, erklärte er ihr kühl, dass er von allen seinen Schülern Pünktlichkeit erwarte. Sie kam nie wieder zu spät.

Sechs Jahre lang arbeitete Cindy langsam und beharrlich, immer einen Kurs nach dem anderen. Als sie schließlich für die Ausbildung angenommen wurde, schrieb sie sich für zwei Jahre Vollzeitunterricht ein. Jeden Tag stand sie früh auf, um ein paar Stunden zu lernen, bevor ihre Kinder aufwachten, und kehrte zu ihren Büchern zurück, wenn sie abends eingeschlafen waren. In all den Jahren blieb sie in unserer Kirche aktiv, und obwohl wir alle wussten, dass sie zur Schule ging, vergaßen wir leicht, was das für sie hieß. Nur sie und Scott, der immer treu zu ihr hielt, wussten, was es sie kostete.

Cindy schloss die Krankenpflegeschule 2009 während der Rezession ab, als die Krankenhäuser niemanden einstellten. Sie nahm stattdessen einen Abendjob bei einem ambulanten Pflegedienst an, wo sie sich um chronisch kranke Kinder und Erwachsene kümmerte. »Ich fühle mich oft wie ein besserer Babysitter«, erzählte sie mir. »Aber ich brauchte die Arbeit.« Mehrere Jahre später erwähnte ihr Schwager, dass das Bezirkskrankenhaus Pflegerinnen für seine Trauma-Einheiten brauche. Cindy bewarb sich am nächsten Tag und wurde sofort angestellt. »Dort lernte ich, Krankenpflegerin zu sein«, sagte sie, »in der Zusammenarbeit mit denen, die sich um Menschen kümmern, die die schlimmsten Leiden erdulden.« Und nach ein paar Jahren sicherte sie sich schließlich ihren Traumjob in der Geburtshilfe.

Mehr als 20 Jahre später fragte ich Cindy, ob sie sich an den Moment erinnerte, an dem sie sich entschloss, diesen Weg einzuschlagen, und woher sie den Mut nahm, das alles durchzustehen. Zuerst erzählte sie mir von ihrem zuckerkranken Großvater, einem Endokrinologen an der Mayo-Klinik, der als Kind als einer der Ersten experimentelle Insulindosen bekommen hatte. Diese Behandlung rettete ihm das Leben, und er beschloss, etwas zurückzugeben. »Mir war nie in den Sinn gekommen, dass ich so etwas machen könnte«, sagte sie. »Aber als unser Sohn Michael geboren wurde, fiel mir mein Großvater wieder ein, so als ob er mich auffordern wollte, etwas Mutiges zu tun.«

Ein weiterer Same wurde während eines Kurses gelegt, den sie in unserer Kirche besuchte und den Richard Howard, ein besonders engagierter Laie und Anführer der Gemeinde, leitete. Es ging darum, den Sinn des Lebens zu erkennen.

> Ich werde nie vergessen, wie es sich anfühlte, als Richard eine vertikale Linie auf das Whiteboard malte und uns sagte, dass das unsere Lebensspanne sei. Er forderte uns auf, unten das Datum unserer Geburt einzutragen und dann das Datum unseres Todes zu schätzen und dieses oben aufzuschreiben. Dann fragte er uns, wo wir uns auf dieser Linie befänden und was wir mit der noch übrigen Zeit anfangen wollten.

Cindy kannte ihre Antwort.

Cindy sprach auch von der Geburtshelferin, die sie bei der Geburt ihres Sohnes begleitete. »Sie war unglaublich«, erinnerte sie sich, »so fürsorglich, ermutigend und *gut* in ihrem Job. Ich wusste, dass ich für andere Frauen das tun wollte, was sie für mich getan hatte.« Der entscheidende Faktor waren jedoch ihre Erfahrungen bei der Erziehung ihrer Kinder. »Angesichts meiner Kindheit war die Mutterschaft für mich nicht gerade leicht«, sagte sie. »Aber als ich mich um meine

Kinder kümmerte, merkte ich, dass ich von Natur aus eine Kümmererin bin. Der Entschluss, Krankenpflegerin zu werden, war ein Resultat meiner Mutterschaft.«

Als ich sie fragte, ob sie je daran gedacht habe, aufzugeben, schwieg sie einen Moment. »Nein«, antwortete sie schließlich. »Ich habe einfach immer weitergemacht. Natürlich kam ich mir klein vor, als ich sah, was ich alles noch lernen musste. Aber es ist okay, dass es so lange gedauert hat.« Sie dachte noch einmal nach und lachte. »Ich bin jetzt die Matriarchin der Nachtschicht in der Geburtshilfe. Sie nennen mich Mama Cindy.«

Jede Entscheidung, eine mutige Reise zu beginnen, ist einzigartig, doch die Erfahrung ist universell. Wann zum Beispiel entscheidet sich ein Kind zu laufen oder zu sprechen? Die ersten Anfänge sind instinktiv und unbewusst. Und doch liegt eine Handlungsmacht in der Entscheidung, sich aufzurichten und erste Schritte in Richtung der ausgestreckten Arme seiner Mutter zu machen. Beim Heranwachsen spielt die Entscheidung eine immer größere Rolle, etwa wenn Kinder lernen, Fahrrad zu fahren oder ein Musikinstrument zu spielen. Dann sehen wir noch deutlicher den Mut, den ein junger Mensch braucht, um etwas anzufangen, das Risiko und die Verletzlichkeit, wenn er über seine gegenwärtigen Fähigkeiten hinausgeht, um etwas Neues zu lernen, und seine Begeisterung, wenn er etwas schafft, das früher unmöglich war.

Menschen sind nicht die einzigen Lebewesen, die wichtige Reisen beginnen können. Mein Ehemann, der gern Vögel beobachtet, erzählt mir von einer bestimmten Art, die von einem Ende eines Kontinents zum anderen zieht. Wie wissen Vögel, wann sie losfliegen müssen? Was hält sie auf Kurs, wenn sie die Reise noch nie zuvor gemacht haben? Uns Menschen unterscheidet von anderen Lebewesen offenbar die Fähigkeit, uns Möglichkeiten jenseits unseres Sichtfeldes vorzustellen und uns auf sie zuzubewegen. Es ist nicht nur der Instinkt, der uns vorantreibt. Ein spirituelles Locken zieht uns zu einer Bestimmung hin. Aber wir müssen die Wahl treffen, selbst wenn wir uns von einer Präsenz oder einer Energie gerufen fühlen, die nicht unsere eigene ist.

Nach dieser Entscheidung ist der Weg, der vor uns liegt, vielleicht klar, etwa bei einem Studiengang oder einer Berufsausbildung. Andere Wege wirken verschwommen, eher so, als würde man nachts im Nebel fahren. Genauso hat der Romanautor E.L. Doctorow den Prozess des Schreibens geschildert: »Man kann nur so weit sehen, wie die Scheinwerfer leuchten«, sagte er, »aber man kann die ganze Reise so schaffen.«[4] Auf jeden Fall kann man das, was jenseits des Horizonts liegt, nur erkennen, wenn man sich darauf zubewegt.

Eine prägende Entscheidung, etwas anzufangen, kam selbst für mich überraschend, kurz nachdem ich mich entschlossen hatte, in St. John's in Minneapolis zu bleiben und mich dort voll zu engagieren. Ich ging nirgendwohin, doch fast sofort hatte ich das Gefühl, dass es auch an der Zeit war, mich auf eine unvorhersehbare Zukunft vorzubereiten. Ich hatte kein festgelegtes Ziel, keinen endgültigen Weg und sicherlich keine garantierten Ergebnisse, aber mir wurde klar, dass ich, wenn ich je für eine einflussreiche Position in der Kirche oder außerhalb von ihr in Frage kommen sollte, bereit sein musste, wenn sich die Gelegenheit bot. Ich war mir nicht sicher, wie ich das anstellen sollte, nur dass es entscheidend war, damit zu beginnen.

Die erste Andeutung einer Richtung kam, als ich eingeladen wurde, am Virginia Theological Seminary, meiner Alma Mater, zu predigen und einen Predigtkurs zu leiten. Es war eine unerwartete Bestätigung meiner Arbeit über St. John's hinaus, zu einer Zeit, als ich mich nach dem Bewerbungsprozess der Kathedrale noch zerbrechlich fühlte. Am Morgen des Gottesdienstes, in dem ich predigen sollte, setzte sich der akademische Dekan neben mich, als ich gerade mein Frühstück im Speisesaal des Seminars beendete. Viel ist mir von unserem Gespräch nicht mehr im Gedächtnis geblieben, außer dem Moment, als er sagte: »Ich denke, es ist an der Zeit, dass Sie eine Doktorarbeit anfangen, und ich würde mich freuen, wenn Sie das bei uns machen würden.«

Mit seinen Worten öffnete sich eine Tür. Ich wusste zwar nicht, wie eine solche Promotion aussehen oder wohin sie führen würde, aber ich wusste, dass ich durch diese Tür gehen wollte. Im folgenden Januar begann ich mein Promotionsstudium am Virginia Theological Seminary, eine vierjährige Reise, die mir eine strukturierte Lernumgebung und einen Ort bot, um die spirituelle Praxis der Menschenführung zu erforschen. Es brachte mich auch wieder ins Gespräch mit Führungspersönlichkeiten im Bezirk Washington, D.C., was sich später als wichtig erweisen sollte.

Inspirierend war auch das mutige Beispiel anderer, die sich entschieden, etwas Neues zu beginnen. In diesen Jahren leitete ich Konferenzen für eine Organisation, die sich dem Wohlbefinden von Geistlichen widmet, bekannt als CREDO (ein Akronym für *Clergy Reflection, Education, and Discernment Opportunity*). Mein Team und ich leiteten zwei Konferenzen pro Jahr für meine Kolleginnen und Kollegen aus der ganzen Kirche und führten sie durch einen bewussten Prozess der Selbstprüfung und Visionssuche. Am Ende einer jeden Sitzung versammelten wir uns in einem Kreis, um den Teilnehmerinnen und Teilnehmern die Möglichkeit zu geben, ihren Ambitionen und Wünschen für die Zukunft Ausdruck zu verleihen.

Hier sind zwei solche Geschichten, die ich mit Einwilligung der Betroffenen erzähle. Ernesto Medina nahm an einer CREDO-Konferenz teil, die ich im Juni 2003 leitete. Zu dieser Zeit war er Propst der St. John's Episcopal Cathedral in Los Angeles. Während der gesamten Woche beeindruckte Ernesto uns mit seiner Kreativität und seinem Überschwang. Er neckte mich sanft wegen meiner Ernsthaftigkeit und lud mich ein, mich zu entspannen und mit der Gruppe zu lachen.

Als Ernesto am letzten Tag an der Reihe war zu sprechen, sagte er: »Ich möchte auf der Hochzeit meines Enkels tanzen.« Es war eine Vision der Freude, charakteristisch für seine scheinbar grenzenlose Fröhlichkeit, doch etwas in seiner Stimme machte mich stutzig. Ernesto war genauso alt wie ich und hatte wie ich zwei heranwachsende Kinder. Enkelkinder waren für uns beide noch in weiter Ferne. »Die Lebenserwartung für Männer wie mich ist nicht sehr hoch«, sagte er ruhig. »Es fällt mir schwer, auf meine Gesundheit zu achten. Kurz bevor ich zu dieser Konferenz kam, wurde Diabetes bei mir diagnostiziert.« Er stockte. »Ich möchte alles tun, was in meiner Macht steht, um für meine Kinder und Enkelkinder da zu sein.«

Ruthanna Hooke nahm an derselben Konferenz teil. Sie war kürzlich als Homiletik-Professorin am Virginia Theological Seminary eingestellt worden, als erste verpartnerte LGBTQ+-Person, die Fakultätsmitglied wurde. Als sie ihre

Stellung antrat, fand Ruthanna sich plötzlich im Zentrum der Debatten unserer Kirche zur menschlichen Sexualität wieder, die damals oft polarisierend und kleingeistig abliefen. Es gefiel ihr nicht, dass ihr Privatleben ins Rampenlicht rückte. Ihre Berufung war es, zu lehren.

Während unserer gemeinsamen Woche hatte Ruthanna Gelegenheit, sich eine Zukunft vorzustellen, in der man sie nicht in erster Linie wegen ihrer sexuellen Orientierung kennen würde. Als es an der Zeit war, über ihre Wünsche zu sprechen, sagte sie: »Ich möchte in zehn Jahren als die Beste in meinem Fachgebiet anerkannt sein.« In ihren Augen blitzte ein Funke der Entschlossenheit, ja sogar des Trotzes. Ich wollte aufstehen und Beifall klatschen.

Ich trage Ernesto und Ruthanna seit mehr als 20 Jahren in meinem Herzen. Ihre Worte wurden zu meinen eigenen, während ich unsere Söhne aufwachsen sah und mir die Großmutter vorstellte, die ich für ihre Kinder in der damals noch so fernen Zukunft sein würde. Ich gestand mir selbst meine Ambition ein, eine Führungsposition zu besetzen, mit der Möglichkeit, das Leben anderer Menschen wie auch die Ausrichtung unseres Landes positiv zu beeinflussen. Ernesto und Ruthanna helfen mir, mich daran zu erinnern, dass man solche Ambitionen über lange Zeit hinweg täglich im Blick haben muss. Ich musste anfangen und mich stetig auf meine Zukunft zubewegen.

Während all diese Überlegungen in meinem persönlichen Leben keimten, verschärfte sich eine Führungskrise in unserer Diözese. Eine Gruppe von uns beschloss, einen umfassenden strategischen Planungsprozess zu organisieren und dessen Umsetzung zu fordern, um die gemeinsamen Ziele zu klären, damit wir entsprechend neue Führungspersonen berufen könnten. Der Bischof, der sich durch unsere Aktionen unter Druck gesetzt fühlte und über unsere mangelnde Unterstützung wirklich verwundert war, stimmte widerwillig zu und kündigte dann prompt seine Pläne für ein Sabbatjahr an. Die Diözese beauftragte einen Coach vom nahen lutherischen Seminar, Reverend Dr. Craig Van Gelder. Als eine Befürworterin des Prozesses wurde ich gebeten, im Leitungsteam mitzuarbeiten, der sogenannten Kommission des Bischofs für Missionsstrategie. Die Ironie des Namens war uns nicht entgangen, denn der Bischof hatte sich von unseren Bemühungen weitgehend ferngehalten.

Über ein Jahr lang sammelten wir Informationen zum Zustand unserer Kirche und versuchten sie aufzubereiten. Wir hielten Anhörungen ab, um die Erfahrungen der Menschen in unserer Kirche besser zu verstehen. Wir befassten uns mit Gemeindedaten und nüchternen Trendlinien, die die Geschichte eines rapiden institutionellen Niedergangs erzählten. Oft stritten wir untereinander und waren schnell dabei, die Versäumnisse bei anderen zu suchen.

Dr. Van Gelder forderte uns behutsam auf, unser eigenes Verhalten zu hinterfragen und über das hinauszugehen, was er unsere »Kultur der Kritik« nannte. »Man braucht keine Energie oder Kreativität, um auf das hinzuweisen, was falsch läuft«, sagte er. »Aber ich fordere Sie auf, für alles, was Sie kritisieren, mindestens einen Vorschlag zu machen, wie es besser gehen soll.« Seine Worte sind mir im Gedächtnis geblieben, als unschätzbare Erinnerung daran, dass es leicht ist, Fehler zu finden, dass aber nur diejenigen, die sich um kreative Lösungen bemühen, Gutes bewirken können.

Bei einem besonders schwierigen ganztägigen Treffen kamen wir zu dem ernüchternden Schluss, dass die Zukunft unserer Diözese und der Episkopalkirche insgesamt düster aussah. Viele Gemeinden kämpften einfach nur ums Überleben. Dr. Van Gelder stellte fest, dass es uns an einer kohärenten Vision oder einem verbindenden Identitätsgefühl und Zielbewusstsein fehle. Die Implikationen dieser Feststellung lagen mir schwer im Magen. In einer Pause machte ich einen Spaziergang mit meiner Freundin und Kollegin Michele Morgan, ebenfalls Mitglied der Kommission und eine begnadete Priesterin, die ihre Berufung Jahre zuvor in St. John's erkannt hatte. Ihr Weg zur Priesterweihe und zu einer Anstellung in der Kirche war alles andere als einfach gewesen, aber die Tatsache, dass sie überhaupt Priesterin war, verdankte sie dem Einsatz der Episkopalkirche für die vollständige Einbeziehung von LGBTQ+-Personen. Unsere Diözese stand, trotz aller Probleme, an der Spitze dieser Bewegung.

Ich beichtete Michele, ich sei mir nicht einmal sicher, dass es für Gott eine Rolle spiele, ob die Episkopalkirche überlebe. Die Mission Jesu und das Wirken des Heiligen Geistes standen nicht in Frage, nur die Bedeutung unserer Kirche für dieses Werk. Selbst wenn wir überlebten, für wen wäre es von Bedeutung? Michele schwieg einen Moment und sagte dann: »Für mich. Dies ist die Kirche, die mich mit offenen Armen aufgenommen hat.« Ihre Worte trafen mich direkt ins Herz, und ich dachte an all die anderen Menschen, die ich liebte, die in der Gemeinde, der ich diente, und in unserer Religionsgemeinschaft ein spirituelles Zuhause gefunden hatten. Mir wurde klar, dass ich unsere Kirche nicht aufgeben würde, um der Menschen willen, die ich liebte, und im Dienst der besten Aspekte unserer Tradition.

Das war der Tag, an dem ich Gott versprach, mich mit ganzem Herzen in die Arbeit zu stürzen, falls ich jemals zur

Bischöfin berufen werden sollte. Ich wusste, dass es das war, was ich tun wollte, und wie Ruthanna wagte ich es, meine Ambition zu benennen. Unser Bischof kündigte an, dass er im Laufe des Jahres in den Ruhestand gehen werde, und als die Zeit kam, meldete ich mich als eine der Kandidaten und Kandidatinnen, unter denen sein Nachfolger gewählt werden sollte.

Es sollte noch zwei Jahre dauern bis zu der Versammlung, auf der Delegierte aus der ganzen Diözese den nächsten Bischof oder die nächste Bischöfin wählten. Ich setzte meine Arbeit in St. John's fort und bereitete mich gleichzeitig auf eine Zukunft vor, die ich mir erhoffte und an die ich glaubte. Im Rückblick sehe ich klarer, was ich damals nicht wahrhaben wollte – dass nicht alle meine Kollegen mich liebten oder respektierten und dass viele meinen Motiven nicht trauten. Denn trotz meiner Vorbereitung und meines Gefühls, dazu berufen zu sein, herrschte am Tag der Wahl unter meinen Anhängern eine leise Unruhe, die ich zu ignorieren versuchte. Am Ende des zweiten Wahlgangs war klar, dass ich nicht gewählt werden würde. An den Rest des Tages habe ich nur noch verschwommene Erinnerungen, und Paul brachte mich so schnell wie möglich aus dem Hotel. Wieder einmal tat ich mein Bestes, um freundlich und kultiviert darüber hinwegzugehen, dass ich nicht für ein Amt gewählt worden war, dem ich mein Leben gewidmet hätte.

In den folgenden Wochen und Monaten spürte ich, wie meine Welt kleiner wurde. Unsere Söhne waren auf dem College. Pauls Arbeit hielt ihn auf Trab. Der Dienst in St. John's ging weiter. Ich lebte einfach so dahin, wohl wissend, dass St. John's mehr von mir verdiente, als ich geben konnte. Als ich den Leitern der Gemeinde schließlich sagte, dass ich keine Vision mehr hätte, um sie zu führen, fragte eine weise und fürsorgliche Frau, Kay Kramer, sanft: »Reicht Ihre Vision für ein Jahr?« Ich horchte einen Moment in mich hinein und antwortete ehrlich mit Ja. Sie lächelte. »Warum nehmen wir dann nicht erst einmal ein Jahr in Angriff?« Ich spürte ihren Segen, für ein solches Zeitfenster zu führen, so gut ich eben konnte. Aber was sollte ich mit all den Zeichen und Ambitionen tun, die mich dazu gebracht hatten, mich um eine einflussreichere Position zu bemühen? Es tat körperlich weh, mich daran zu erinnern, wie sehr ich zur Bischöfin hatte gewählt werden wollen und wie peinlich es mir gleichzeitig war, diesen Wunsch einzugestehen.

Gib alle anderen Welten auf
außer der einen, zu der du gehörst.[5]

Diese eindringliche Zeile aus einem Gedicht von David Whyte leitete mich in jenem Jahr, als die Zukunft sich verfinsterte. Ich zog mich von allen Verpflichtungen und Aktivitäten zurück, die über den Bereich der vertrauten Beziehungen und der Arbeit, die ich zu tun hatte, hinausgingen. Wieder einmal fuhr ich im Nebel, unfähig, mehr als meine Scheinwerfer zu sehen. Es fühlte sich an, als sei meine Zeit abgelaufen.

An dem Tag, an dem der neue Bischof von Minnesota in sein Amt eingeführt wurde, nahm ich zusammen mit meinen Kolleginnen und Kollegen aus dem Klerus am Gottesdienst teil. Er und seine Familie begrüßten mich herzlich, wie viele andere auch, und doch wusste ich, dass ich an diesem Tag keinen Platz unter den Feiernden hatte, außer um mich als gute Verliererin zu zeigen. Zu Hause erwartete mich an diesem Nachmittag eine E-Mail von Lisa Kimball, einer Freundin, die vor kurzem in den Norden von Virginia gezogen war, um in die Fakultät des Virginia Theological Seminary einzutreten. An ebendiesem Tag, so teilte sie mir mit, hatte der Bischof der Episkopalkirche der Diözese Washington seinen Rückzug angekündigt. »Überleg dir das«, schrieb sie. In dem Moment kam mir nichts unwahrscheinlicher vor, als irgendwo zur Bischöfin gewählt zu werden, schon gar nicht in Washington, D. C. Dennoch spürte ich unbestreitbar einen Funken Hoffnung, und mit der Zeit auch das Gefühl, wieder träumen zu dürfen. Ich sagte niemandem ein Wort davon.

Es ist verlockend, die Entscheidungen und Ereignisse dieser Jahre durch die Linse der Zwangsläufigkeit zu sehen und zu glauben, dass sie alle dorthin führen, wo ich jetzt bin, aber als ich mittendrin steckte, war der Weg alles andere als sicher. Ich konnte nur gerade weit genug sehen, um den nächsten Schritt zu machen, dann noch einen und noch einen. Die Enttäuschungen, die ich erlebt hatte, ließen mich an meinem inneren Antrieb zweifeln, und ich versuchte, mir andere Wege vorzustellen, die ich einschlagen könnte, um ein sinnvolles Leben zu führen.

Irgendwann während der zweijährigen Reise von dem Tag, an dem ich erfuhr, dass der frühere Bischof von Washington in den Ruhestand gehen würde, bis zum Tag meiner Wahl habe ich zwei Tatsachen akzeptiert: Erstens, dass der Ruf, mein berufliches Leben der spirituellen Erneuerung und dem strukturellen Wandel der Episkopalkirche zu widmen, nicht verhandelbar war, und zweitens, dass ich nicht im Voraus wissen konnte, in welchem Kontext ich ihn leben würde. Für mich war die Zeit gekommen, St. John's zu verlassen, und sollte keine Diözese mich als Bischöfin wählen, würde ich einen anderen Weg finden müssen.

Als ich Paul schließlich von meiner Absicht erzählte, bei der Wahl in Washington anzutreten, sagte er leise: »Ich will nicht, dass du wieder verletzt wirst.« »Die Chancen stehen gegen mich«, musste ich zugeben. »Aber die Gelegenheit ist das Risiko wert, nicht gewählt zu werden.« Eine gelassene Überzeugung begleitete mich in die Wahl und hat mich seither auch in den schwierigsten Zeiten nicht verlassen.

Ich hatte mich oft gefragt, was wohl aus Ernesto und Ruthanna geworden war, seit sie ihre Absicht erklärten, in eine ferne Zukunft aufzubrechen. Ich habe Kontakt mit ihnen aufgenommen und sie gefragt, ob meine Erinnerung an das, was sie vor fast 20 Jahren sagten, richtig sei. Beide antworteten sofort und bestätigten meine Erinnerung. Ihr Leben hatte sich in einer Weise entwickelt, die sie sich nicht hatten vorstellen können, und doch hatten sie die entscheidenden Momente dieser Konferenz als prägende Ereignisse in Erinnerung behalten.

Ernesto wirkte später als leitender Pastor der größten lutherischen Kirche in Fremont, Nebraska – weit entfernt von seinem Leben als episkopaler Priester in Los Angeles. Er sprach mit dem gleichen Überschwang wie früher, als er erklärte, dass seine Entscheidung, sich um seine Gesundheit zu kümmern, Teil eines größeren Bogens in seinem Leben war. »Auf der CREDO-Konferenz habe ich mich darauf konzentriert, für meine Kinder und Enkelkinder am Leben zu bleiben«, sagte er. »Aber das war nur ein Ausdruck eines Strebens, das Jahre zuvor begonnen hatte und sich in den folgenden Jahren fortsetzte, eines Strebens, mutige und kühne

Dinge zu tun, meine Identität und meine Gaben zur Geltung zu bringen und die Wunden verheilen zu lassen, die ich mir jahrelang nicht hatte eingestehen wollen.«

Die CREDO-Konferenz half ihm, sich auf sein körperliches Wohlbefinden zu konzentrieren, das er lange Zeit vernachlässigt hatte. Er erkannte, dass er dies nicht von seinem Bemühen um ein intensiveres Leben und seinem Sinn für Abenteuer trennen konnte. Ein paar Jahre später, als die Kinder ausgezogen waren, überraschten Ernesto und seine Frau Susan alle, auch sich selbst, indem sie nach Nebraska zogen, wo Susan eine sinnvolle Arbeit fand und Ernesto eine Stelle an der episkopalen Kathedrale in Omaha antrat. Es dauerte nur wenige Wochen, bis den beiden klar war, dass sie ihre spirituelle Heimat im Mittleren Westen gefunden hatten. Dennoch hatte Ernesto beruflich zu kämpfen, denn er trug an dem Gewicht der ethnischen Ungerechtigkeiten in unserer Religionsgemeinschaft. Im Jahr 2011 hatte er einen Autounfall, und während seiner langen und schmerzhaften Genesung wurde er schwer depressiv und zog sich zurück. Ein Therapeut half ihm zu erkennen, dass seine Erschöpfung von dem Versuch herrührte, seinen Platz in unserer Kirche zu finden.

Im Jahr 2016 lief Ernesto die 850 Kilometer des Jakobsweges – eines der vielen Abenteuer auf seiner Liste der Dinge, die er unbedingt noch tun wollte. »Ich war alt und fett und es war wirklich *hart*«, sagte er. Er hielt den Kontakt zu seiner Familie und seinen Freunden in der Heimat und bat um ihre Gebete und ihre Unterstützung. Eines Abends schloss er sich einer kleinen Pilgergruppe an, die um ein Lagerfeuer saß. Der junge Mann, der ihnen das Essen zubereitete, wandte sich an Ernesto und bat ihn, über Jesus zu sprechen. »Ich sprach aus meinem Herzen«, erzählte er mir. »Ich sagte, dass Jesus sich dafür entschied, ausnahmslos zu lieben, und dass er mit seinem letzten Atemzug denen vergab, die ihn gerade töteten. Ich sagte ihnen, dass ich lernen möchte, so zu lieben, und dass ich ihm deshalb folge.« Ernesto hörte sich zum ersten Mal seit Jahren in klar verständlichen Worten über seinen Glauben sprechen. »*Das* ist meine Berufung«, sagte er, »über die Liebe Jesu zu sprechen, mit wem auch immer ich kann. Auf dem Jakobsweg suchte ich, wie ich merkte, wieder Freiheit – ein weiterer Ausdruck der Erfüllung meines Ziels, auf den Hochzeiten meiner Enkelkinder zu tanzen.«

Zwei Jahre später schied Ernesto aus dem episkopalen Priesteramt aus und nahm als Vertretung eine Position in einer nahe gelegenen lutherischen Gemeinde an. Zu seinem Erstaunen nahmen ihn die zutiefst konservativen Lutheraner in Nebraska herzlich auf. »Ich fühlte mich so frei, ich selbst zu sein, wie nie zuvor in der Episkopalkirche«, sagte er. Dann wurde er in die leitende Position berufen, die er jetzt innehat. »In der Episkopalkirche hätte ich diese Möglichkeit nie gehabt«, sagt er. »Ich fühlte mich immer irgendwie eingeengt. Bei den Lutheranern bin ich glücklicher als je zuvor.«

Jetzt, in seinen Sechzigern, hat Ernesto wieder mit gesundheitlichen Problemen zu kämpfen, da sein Diabetes fortschreitet. Aber er ist bereit, erneut mutige Schritte zu gehen. Sein Ziel ist es nicht nur, am Leben zu bleiben, sondern mit Anstand, Authentizität und Freude zu leben. »Ich habe die größte Wunschliste der Welt«, sagte er, »und ich habe sie größtenteils abgearbeitet. Jetzt geht es vor allem darum, ein Vermächtnis zu schaffen.« Er hielt einen Moment inne und lachte. »Aber meine Kinder müssen kooperativer sein, wenn ich es bis zur Hochzeit meiner Enkelkinder schaffen will. So wie es jetzt läuft, wird es vielleicht eher ihr Abschlussball.«

Im Gegensatz zu Ernestos vielen Reisen und beruflichen Veränderungen ist Ruthanna am Virginia Theological Seminary geblieben. Sie unterrichtet immer noch angehende Geistliche im Predigen und ist jetzt stellvertretende Studiendekanin. Als ich sie an ihre Absicht erinnerte, innerhalb von zehn Jahren an der Spitze ihres Fachs zu stehen, protestierte sie: »Ich habe sicher gesagt, in *fünfundzwanzig* Jahren.« Ein Jahrzehnt, so waren wir uns einig, scheint eine lange Zeit zu sein, wenn man in die Zukunft blickt, und weit weniger, wenn man zurückblickt.

Die Kontroversen über die sexuelle Orientierung, von denen Ruthanna gehofft hatte, dass sie sie hinter sich lassen könnte, verschärften sich später im Sommer 2003 noch, als die Generalversammlung der Episkopalkirche (unsere höchste gesetzgebende Instanz) der Wahl eines offen schwulen und verpartnerten Priesters, Reverend Gene Robinson, zum Bischof der Diözese New Hampshire zustimmte. Die Fronten waren schnell geklärt, und viele theologisch konservative Bischöfe, Priester und Gemeindemitglieder verließen entweder die Episkopalkirche oder waren entschlossen, sich nicht an Änderungen in der Kirchenordnung zu halten, die die vollständige Inklusion von LGBTQ+-Personen forderten.

Am Virginia Theological Seminary formulierten einige Studenten schärfere Proteste gegen Ruthannas Position in der Fakultät, während andere sie in den Himmel hoben. Als Reaktion auf den sich zusammenbrauenden Sturm in der gesamten Kirche veranstaltete das Seminar eine Reihe von Foren über theologische und biblische Argumente für und gegen die volle Inklusion. Ruthanna wurde gebeten, an einem solchen Forum teilzunehmen, das ein Ethikprofessor moderieren sollte und bei dem sie allein neben einem der entschiedeneren konservativen Studenten auftreten sollte. Sie ließ sich nur widerwillig darauf ein. »Alle Studierenden, Fakultätsangehörigen und Mitarbeiter kamen zu der Veranstaltung«, erinnerte sie sich. »Ich fühlte mich, als stünde meine Sexualität vor Gericht.« Es kostete sie fast unerträgliche Anstrengung, öffentlich ihr Recht zu verteidigen, Professorin am Seminar zu sein.

Doch Ruthanna ließ sich nicht beirren. »Die CREDO-Konferenz half mir, mich auf etwas zu konzentrieren, das mir wirklich wichtig war«, sagte sie. »Ich erinnere mich an das Gefühl der Ermächtigung, die Aufforderung, große Träume zu verwirklichen.« Als sie ihre Stelle am Seminar antrat, hatte sie ihre Doktorarbeit, den ersten Schritt zum Erreichen ihres Ziels, noch nicht fertig. Doch dann beschlossen sie und ihre Frau, eine Familie zu gründen. »Das hat die Leute wirklich umgehauen«, lacht sie. »Ich war damals 42 – eine schwangere ältere Lesbe.« Mit der Geburt ihres Sohnes Silas verlangsamte sich alles. Sie schloss ihre Dissertation erst ab, als er ein Jahr alt war. Mit der Arbeit an ihrem ersten Buch begann sie einige Jahre später.

Währenddessen verfeinerte Ruthanna ihre eigene Art, das Predigen zu lehren, indem sie sich auf das konzentrierte, was sie »Verkörperung« nennt – im eigenen Körper ganz präsent zu sein und die volle Bandbreite der Stimme zu nutzen. Es ist ein Ansatz, der emotionale Offenheit und Authentizität erfordert, die Bereitschaft, auf der Kanzel ganz man selbst zu sein. Die Seminargemeinschaft war anfangs skeptisch, einige hielten ihre Methoden für verdächtig, ja sogar für unmoralisch. Doch ihre Studierenden reagierten positiv, und mit der Zeit wurde ihr Kursraum zu einem Ort der Tiefe und der Freude. Sie hatte mit der Dissonanz zwischen dem Raum, den sie schuf, und dem Rest des Seminars zu kämpfen. »Die Studierenden machten in meinen Kursen transformative Erfahrungen, aber diese schienen die Seminarkultur als Ganzes nicht zu verändern«, sagte sie. »Ich hatte oft das Gefühl, dass ich in einem Raum ohne Resonanz sprach; ziemlich lange hatte ich den Eindruck, dass das, was ich da tat, in der Gemeinschaft wenig Anklang fand. Das hat sich glücklicherweise in den letzten Jahren geändert.«

Ein entscheidender Faktor für diesen Wandel war Ruthannas wachsendes Verständnis davon, was es für sie bedeutet, an der Spitze ihres Fachgebiets zu stehen. Sie erkannte, dass sie die gesamte Seminarerfahrung der Studierenden beeinflussen wollte. Nach und nach wandte sie sich der Verwaltungsarbeit zu. Als das Seminar seine Kapelle wieder aufbaute, wurde Ruthanna die erste stellvertretende Dekanin für den Gottesdienst, was es ihr ermöglichte, einen wärmeren, integrativeren Ton zu pflegen, wenn sich die Gemeinschaft zum Gebet traf. Einige Jahre später wurde sie erneut befördert, und zwar zu ihrer jetzigen Position als stellvertretende Studiendekanin, die ihr einen erheblichen Einfluss auf das Leben und die Kultur des Seminars ermöglicht.

Ruthanna sträubte sich zwar ursprünglich dagegen, die »lesbische Homiletikprofessorin« zu sein, erkannte aber bald, dass ihre sexuelle Orientierung Teil dessen ist, was sie in die Führungsrolle einbringt. »Wenn man LGBTQ+ ist, dreht sich alles darum, ob man spricht oder ob man nicht spricht«, sagte sie. »Man kann sich verstecken, wenn man nicht spricht. Aber bei meiner Art zu predigen geht es um

Authentizität und darum, die eigene Stimme zu finden. Wie kann ich den Studierenden sagen, dass sie ihr ganzes Selbst auf die Kanzel und in ihren Dienst hineintragen müssen, wenn ich das nicht auch tue?« Jetzt, als Studiendekanin, »predigt« sie das Ideal der transformationalen Führung, und zwar nicht nur in Worten, sondern auch in der langsamen, stetigen Arbeit eines systemischen Wandels.

Hat sie also ihren Traum wahr gemacht? »Vielleicht habe ich das«, sagte sie nachdenklich. »Ich bin auf jeden Fall eine Führungspersönlichkeit innerhalb dieser Institution geworden.« Sie fuhr fort: »Mein akademisches Fachgebiet liegt mir immer noch am Herzen, und ich möchte die Lehrtätigkeit nie aufgeben, aber jetzt steht der kulturelle Wandel im Mittelpunkt meiner Berufung.« Sie ist die Erste, die zugibt, dass das Seminar noch viel tun muss, wenn es um Gender-Dynamik und tief verwurzelten Rassismus geht. »Aber wir arbeiten dran«, sagte sie mit einer gewissen Befriedigung in der Stimme. »Mein Einfluss war wie Sauerteig, der diesen Ort langsam von innen heraus verändert.«

»Sauerteig« – das ist eine anschauliche Metapher für alle, die sich berufen fühlen, einen Prozess der gemeinschaftlichen oder gesellschaftlichen Umgestaltung zu beginnen, denn die Arbeit, die darin steckt, ist lange Zeit weitgehend unsichtbar. Die Vergangenheit ist voller Geschichten, die oft im Nachhinein aus der Perspektive erfolgreicher Ergebnisse heraus entstanden und den langwierigen Kampf beschönigen, der auf die Entscheidung folgt, einen solchen Weg einzuschlagen. Oft trägt eine Generation die Vision, so weit sie kann, und muss sie dann an die nächste Generation weitergeben. Manchmal macht die nächste Generation sogar die hart erkämpften Errungenschaften ihrer Vorgänger und Vorgängerinnen zunichte, und das Pendel schwingt in die andere Richtung aus, wie wir es in unserer Zeit mit der Aufhebung von *Roe v. Wade,* der Grundsatzentscheidung zum Abtreibungsrecht aus dem Jahr 1973, und anderen Entscheidungen des Obersten Gerichtshofs der USA erleben. In der Geschichte, wie auch in unserem persönlichen Leben, gibt es keinen geraden Weg.

Doch nur wenn mutige Einzelpersonen sich dazu entschließen, etwas anzufangen und dann durchzuhalten, verändert sich die Gesellschaft. Ein Beispiel dafür ist das unermüdliche Streben des Richters Thurgood Marshall am Obersten Gerichtshof, der jahrzehntelang gegen die rassistischen Jim-Crow-Gesetze und die empörenden Lynchjustizpraktiken kämpfte und, wie sein Biograph Juan Williams es ausdrückt, »einem ehemals versklavten Volk den Weg zu gleichen Rechten wies«.[6] Marshalls Hartnäckigkeit und sein juristisches Genie sind durch die Entscheidung des Obersten Gerichtshofs in der Rechtssache *Brown v. Board of Education* aus dem Jahr 1954 bekannt, in der die Segregation in Schulen für verfassungswidrig erklärt wurde. Aus unserem kollektiven Gedächtnis ist jedoch verschwunden, wie hart er schon vor *Brown v. Board* daran gearbeitet hatte, die Übel der Segregation zu beseitigen, wodurch er sich den widerwilligen Respekt weißer Richter und Anwälte im gesamten Süden verschaffte und in den Schwarzen Gemeinden einen fast gottgleichen Status erlangte.

Marshall stammte aus einer stolzen Familie versklavter und freier Schwarzer Menschen, die gegen die Sklaverei kämpften, Unternehmen gründeten, ihre Kinder während des Wiederaufbaus nach dem Sezessionskrieg ausbildeten und Häuser in den neuen ethnisch gemischten Vierteln von Baltimore bauten. Doch als Thurgood 1908 geboren wurde, lebten die Gesetze und die Politik der White Supremacy gerade wieder auf. Während seiner Kindheit und Jugend wurden den Schwarzen Amerikanern durch zunehmend repressive Einschränkungen ihre gesetzlichen Rechte genommen und der Zugang zu gleichwertigen Wohnverhältnissen, Arbeitsmöglichkeiten und Bildungschancen verwehrt. Lynchjustiz wurde zum Mittel der sozialen Kontrolle.

Marshalls Familie kämpfte gegen diese staatlich sanktionierte Unterdrückung und schützte ihre Kinder so gut es ging vor der Gewalt und Grausamkeit der Segregation. Sie schickte sie auf die besten Schwarzen Schulen, die sie sich leisten konnten, und griff auf die Ressourcen der Großfamilie zurück, um ihnen eine College-Ausbildung zu ermöglichen. Dennoch waren sich Marshall und seine Klassenkameraden sehr wohl bewusst, dass es sich in den Augen der herrschenden Gesellschaftsschicht weniger lohnte, Geld in ihre Bildung zu investieren als in die ihrer weißen Mitschüler.

Sein politisches Erwachen begann in der High School, als der Schulleiter ihm zur Strafe für ein Fehlverhalten ein Exemplar der US-Verfassung gab und ihn aufforderte, sie auswendig zu lernen, was er an einem Nachmittag tat. Während seines Studiums an der Lincoln University, einer seit ihrer Gründung Schwarzen Universität in Pennsylvania, wuchs sein Interesse langsam. Als ihm die Zulassung an der University of Maryland School of Law aufgrund seiner Hautfarbe verweigert wurde, bewarb er sich widerwillig an der Howard University School of Law, die er für eine weit weniger angesehene Einrichtung hielt.

Marshall hatte das außerordentliche Glück, 1929 nach Howard zu kommen, im selben Jahr wie der neue Dekan. Charles Hamilton Houston hatte begonnen, seinen kühnen Plan in die Tat umzusetzen und Howard zu einem »West Point Schwarzer Führungskräfte« zu machen.[7] Houstons Entschlossenheit, eine Generation brillanter Schwarzer Anwälte heranzuziehen, inspirierte Marshall. Unter Houstons Führung machte sich Marshall auf den Weg zu seinem lebenslangen Ziel, die Diskriminierung aufgrund rassistischer Vorurteile mit Hilfe des Rechtssystems abzuschaffen.

Während seines letzten Jahres an der Howard University erlebte er einen entscheidenden Moment – den Anfang seines langen Weges zur Gerechtigkeit. Dekan Houston hatte Marshall eingeladen, sich seinem Verteidigungsteam im Fall eines Schwarzen aus Virginia, George Crawford, anzuschließen, der des Mordes an zwei weißen Frauen beschuldigt wurde. Gemeinsam arbeiteten sie monatelang an Crawfords Verteidigung. Obwohl es weder eine Waffe noch Zeugen gab, die Crawford mit dem Verbrechen in Verbindung brachten, wurde er von den ausschließlich weißen Geschworenen für schuldig befunden. Doch dank der Hartnäckigkeit seines Verteidigungsteams entging Crawford der Todesstrafe, was schon ein Grund zum Feiern war. Wie Marshall später sagen sollte: »Wenn man in Virginia eine lebenslange Haftstrafe für einen Schwarzen bekommt, der des Mordes an einem Weißen angeklagt ist, hat man gewonnen, denn normalerweise werden sie gehängt.«[8]

Der Crawford-Fall und die Chance, im Alter von 22 Jahren an der Seite seines brillanten Mentors im Gerichtssaal zu stehen, brachten Marshall auf einen Kurs, von dem er nie wieder abweichen sollte. »Marshall war der Meinung, dass die Prediger, die Politiker, die Geschäftsleute und sogar die Bürgerrechtsführer reden, Geld sammeln und Geschichten in die Zeitungen bringen konnten«, schreibt Williams. »Aber es war Sache der Anwälte, aufzustehen und einem Schwarzen zu helfen, dessen Leben auf dem Spiel stand.«[9] Houston erklärte seinen Studierenden später oft, dass sie, indem sie einen Rechtsfall nach dem anderen gewannen, nicht nur die Architekten eines gerechteren Rechtssystems werden könnten, sondern sogar einer neuen Gesellschaftsordnung. Das wurde Marshalls Lebensziel.[10]

Wie andere Schwarze Führungspersönlichkeiten seiner Generation glaubte Marshall, dass er an der Schwelle eines historischen Wandels stand, doch er machte sich keine Illusionen in Bezug auf die gewaltige Aufgabe, die vor ihm lag. Während der düsteren 1930er und 1940er Jahre bereiste er den tiefen Süden der USA. Er war »eine Quelle der Inspiration und des Mutes«, wie der Historiker Gilbert King schreibt, »da er unzählige Kämpfe für die Menschenrechte in erdrückenden Gerichtssälen aus der Zeit vor dem Bürgerkrieg ausfocht, in denen die White Supremacy herrschte«.[11] Seine Hartnäckigkeit und juristische Brillanz zeigten sich in seinen Argumenten vor dem Obersten Gerichtshof und dann in seiner Tätigkeit als erster Schwarzer Amerikaner, der von 1967 bis 1991 dem höchsten Gericht des Landes angehörte.

Im Gegensatz zu anderen Bürgerrechtlern seiner Zeit lebte Marshall lange genug, um mitzuerleben, wie das Pendel des Wandels wieder in die andere Richtung ausschlug, dieses Mal gegen seine Bemühungen. Am Obersten Gerichtshof wurde er zunehmend isoliert und verfasste in einem Fall nach dem anderen nur noch abweichende Rechtsmeinungen. In seinen letzten Jahren wurde er zum Einsiedler. Dennoch zählt sein Vermächtnis zu den besten seiner Zunft. Es ist das Ergebnis seiner unerschütterlichen Überzeugung, dass die US-Verfassung zwar nicht für seine Leute geschrieben wurde, aber doch den Weg zu deren Freiheit weisen kann; dass Gerichte, auch wenn sie oft zu Unrecht gegen Schwarze Menschen voreingenommen sind, ein Ort der Gerechtigkeit sein können; und dass gerechte Gesetze tatsächlich einen gewissen grundlegenden Anstand fördern können. »An dem alten Kehrreim, dass man Gleichheit nicht per Gesetz regeln kann, ist wenig Wahres dran«, sagte Marshall 1966 auf einer Konferenz im Weißen Haus. »Gesetze bieten nicht nur konkrete Vorteile, sondern können sogar die Herzen der Menschen verändern.«[12]

Auch Reverend Dr. Pauli Murray, eine Zeitgenossin Marshalls, sah in Recht und Gesetz den besten Weg, um Gerechtigkeit für Schwarze Amerikaner zu erreichen. Von klein auf hatte sie sich in fast jeder Form der Interessenvertretung und Agitation engagiert, vor allem in ihrer Lieblingsform des Protests: »Konfrontation per Schreibmaschine«.[13] Anders als die meisten Männer ihrer Generation, darunter auch Thurgood Marshall, war sie entschlossen, Schwarze Frauen in den Kampf um gleiche Rechte einzubeziehen.

In Murrays Leben reihte sich ein entscheidender Moment an den anderen. Ihre Familie war eine Quelle des Stolzes und der Liebe, doch auch psychische Krankheiten und Armut spielten eine große Rolle. Sie wuchs bei ihrer Tante Pauline auf, einer Lehrerin, die sie ermutigte, sich weiterzubilden, und trotz der gewaltigen Hindernisse verbrachte Murray einen Großteil ihres Lebens in einem akademischen Umfeld und gehörte stets zu den Besten ihres Jahrgangs. Sie war immer arm und arbeitete fast ohne Bezahlung als Schriftstellerin, Gewerkschaftlerin und Spendensammlerin und später als Anwältin. Sie blieb nie lange in irgendeiner Position. Im Privaten kämpfte sie mit ihrer Sexualität und Geschlechtsidentität, bis sie in ihren späten Vierzigern die Liebe ihres Lebens, Renee Barlow, kennenlernte. Murrays juristische Argumente, die sie in fast manischen Zuständen intensiver Arbeit und körperlicher Entbehrung formulierte, sind heute Teil des Kanons der Bürgerrechtsgesetze, doch wurde sie nie angemessen bezahlt oder für ihre Bemühungen anerkannt.

Murray trat 1941, zwölf Jahre nach Thurgood Marshall, in die Howard Law School ein. Mehrere Ereignisse hatten sie zu dem Schluss geführt, dass die Rechtswissenschaft das wirksamste Mittel war, um die Gesellschaft in Sachen Diskriminierung aufgrund rassistischer Vorurteile zu verändern. Doch als sie sich darauf vorbereitete, ihren Platz unter den angehenden Juristinnen und Juristen an der Howard School einzunehmen, war Pauli fassungslos über die überwältigenden geschlechtsspezifischen Vorurteile, denen sie begegnete. Sie war inmitten starker Frauen aufgewachsen, hatte ein Frauencollege besucht, war mit Eleanor Roosevelt befreundet und hatte in Organisationen gearbeitet, in denen Frauen Führungspositionen innehatten. Dies war das erste Mal, dass sie die Auswirkungen der Geschlechterdiskriminierung mit voller Wucht zu spüren bekam.

»Der Faktor Rasse wurde in der geschützten Umgebung einer von Männern beherrschten schwarzen Rechtsfakultät in den Hintergrund gedrängt«, schrieb sie in ihren Memoiren, »und der Faktor Geschlecht kam voll zur Geltung.«[14] Zuvor hatte sie ihre ganze Energie auf den Kampf gegen rassistisch motivierte Vorurteile verwendet. Nun sah sie sich in einer fast ausschließlich von Männern geführten Einrichtung für Schwarze mit einem doppelten Übel diskriminierender Gewalt konfrontiert, die sie treffend als »Jane Crow« bezeichnete.

Diese Ausgrenzung weckte ihren Kampfgeist. »Murray begegnete der Diskriminierung aufgrund des Geschlechts auf dieselbe Weise wie der Diskriminierung aufgrund rassistischer Vorurteile: indem sie versuchte, ihre Fähigkeiten unter Beweis zu stellen«, schreibt Troy Saxby in *Pauli Murray: A Personal and Political Life*.[15] Eine andere Biographin, Rosalind Rosenberg, ist auch der Ansicht, dass ihr Studium an der Howard University für Murray der entscheidende Wendepunkt war: »Murrays Erfahrung, sich unwillkommen zu fühlen, sollte sich als entscheidend für sie erweisen. Von diesem Moment an begann sie, den Kampf für Bürgerrechte umfassender zu betrachten, als eine Bewegung, die nicht nur die rassistische Diskriminierung, sondern auch die Geschlechterdiskriminierung attackieren sollte.«[16] Ihr Leben lang bemühte sie sich darum, dass die Gleichstellung der Ethnien wie auch die Gleichstellung der Geschlechter im Bürgerrecht und in der gesellschaftlichen Praxis als nicht verhandelbar gesehen wurden.

Noch während ihres Jurastudiums entwickelte Murray die juristischen Argumente, die sich später als entscheidend für das Urteil des Obersten Gerichtshofs von 1954 über den Gleichheitsgrundsatz in *Brown v. Board of Education* und seine Entscheidung von 1971 zugunsten der Gleichstellung der Geschlechter in *Reed v. Reed* erweisen sollten.[17] Es war ein kühner Angriff auf beide Formen der Diskriminierung, der auf dem 13. und 14. Verfassungszusatz beruhte, in denen die

Sklaverei abgeschafft und allen in den Vereinigten Staaten geborenen Personen volle Staatsbürgerschaft gewährt worden war. Doch über Generationen hinweg hatte der Oberste Gerichtshof den rechtlichen Schutz für People of Color praktisch für nichtig erklärt, insbesondere im Fall *Plessy v. Ferguson* von 1896. Alle Bemühungen, *Plessy v. Ferguson* aufzuheben, hatten sich bisher auf die groben Ungerechtigkeiten der Segregation konzentriert, indem sie die rassistische Ungleichheit von Fall zu Fall verringerten. Murray hingegen kam zu der Überzeugung, dass die Anfechtung der inhärenten Demütigungen und irreparablen Schäden, die durch die Segregation selbst verursacht wurden, der richtige Weg war. Die Segregation und die Geschlechtertrennung, so Murray, dienten der Aufrechterhaltung eines Kastensystems in diesem Land.

Murrays Kommilitonen und Professoren spotteten zunächst über die Idee, Frauen in den juristischen Kampf für die Bürgerrechte einzubeziehen. Sie waren auch nicht davon überzeugt, dass ein direkter Angriff auf *Plessy v. Ferguson* möglich war. Doch Murray überredete ihren akademischen Betreuer, ihr zu erlauben, in ihrer Abschlussarbeit einen solchen Ansatz zu untersuchen. Dies wurde zur Grundlage für spätere Schriften, die eines Tages die Aufmerksamkeit von Howard Thurman und später noch von Ruth Bader Ginsburg erregen sollten. Murrays umfassende Studie über die Gesetze zur Segregation in den Südstaaten[18] wurde in Thurgood Marshalls Worten zur »Bibel für Bürgerrechtsanwälte«. Sie zog auch immer wieder männliche Führungspersönlichkeiten zur Rechenschaft und arbeitete mit der aufkeimenden Frauenbewegung zusammen.

Murray war ihrer Zeit voraus. Sie legte den Grundstein

für das, was in unserer Gesellschaft zur Norm werden sollte. Persönlich scheiterte sie zwar oft, zeigte sich aber zufrieden, wenn sich ihre Ideale durchsetzten. In ihren späten Jahren sagte sie oft: »Ich habe gelebt, um zu sehen, wie meine verlorenen Fälle gefunden werden.« Einer ihrer späten Siege ist für mich und alle weiblichen Geistlichen von besonderer Bedeutung: Als praktizierende Christin und lebenslanges Mitglied der Episkopalkirche beteiligte sich Murray aktiv an der jahrzehntelangen Debatte über die Zulassung der Frauenordination. Im Mikrokosmos unserer Kirche war dies eine ebenso hitzige und unangenehme Debatte wie der Kampf für die Rechte der Frauen in der Gesellschaft insgesamt. 1977, ein Jahr nach der Generalversammlung von 1976, stimmte die Kirchenleitung der Episkopalkirche für diese historische Änderung, und Pauli Murray wurde als erste Schwarze Frau zur episkopalen Priesterin geweiht.

Eine Vision von dem, was sein könnte, inspiriert uns, eine Reise anzutreten. Manchmal gehen wir entschlossen auf ein Ziel zu, manchmal beginnen wir nur mit einer kleinen Bewegung. In jedem Fall ist der Weg lang, und es gibt keine Abkürzungen. Wir beginnen mit dem ersten Schritt, und dann folgt einer nach dem anderen. Auf dem Weg dorthin können wir uns verändern, das Ziel selbst kann sich ändern, oder vielleicht wird es gar nicht verwirklicht. Aber mit der Entscheidung, etwas anzufangen, begeben wir uns auf den Weg der Veränderung. Die Vision mag kühn sein, aber sie bringt eine gewisse Begeisterung und Zielstrebigkeit mit sich. In den unvermeidlichen Momenten der Enttäuschung und des Scheiterns lernen wir, mutig zu sein und nicht aufzugeben.

Die Entscheidung, sich auf eine mutige Reise zu begeben, führt dazu, dass wir unsere bisherigen Erfahrungen in einen größeren Bedeutungsteppich einweben. Nichts ist verloren oder vergeudet. Wir erkennen, dass unsere Bemühungen denen verpflichtet sind, die vor uns gingen. Aus ihrer Sicht kann unsere Entscheidung, etwas anzufangen, tatsächlich eine Fortsetzung der Arbeit sein, die sie begonnen haben, oder die Verwirklichung dessen, was sie sich nur in ihren Träumen vorstellen konnten. Wenn wir uns entschließen, etwas anzufangen, das Mut erfordert, schaffen wir oft neue Möglichkeiten für diejenigen, die nach uns kommen. Unser Beispiel kann andere dazu inspirieren, sich ihrem Jerusalem zuzuwenden, welchen Weg Gott auch immer für sie vorgesehen hat.

Wenn wir uns auf den Weg machen, gibt es keine Garantie, dass wir das Ziel erreichen, das uns am Horizont winkt. Es gibt Kräfte im Leben und in unserer Welt, die uns aufhalten und am Vorwärtskommen hindern, Misserfolge, von denen wir uns nicht erholen können, und Umstände, die sich unserer Kontrolle entziehen, die wir nicht ändern können und die eine andere Art von Mut, einen eigenen Neuanfang erfordern.

KAPITEL 4

Akzeptieren, was man nicht selbst gewählt hat

Gott, gib mir die Gelassenheit, Dinge hinzunehmen,
die ich nicht ändern kann,
den Mut, Dinge zu ändern, die ich ändern kann,
und die Weisheit,
das eine vom anderen zu unterscheiden.

Reinhold Niebuhr[1]

Völlig überraschend kam die Nachricht nicht. Meine Schwester wusste schon seit Monaten, dass irgendetwas nicht stimmte. Doch als Christine mich an einem Januarmorgen anrief, um mir zu erzählen, dass bei ihrem Lebensgefährten Jack Lungenkrebs im Stadium IV diagnostiziert worden war, lagen Angst und Erschrecken in ihrer Stimme.

Die Prognose war nicht gut. Trotzdem redeten die Ärzte Jack gut zu, die Hoffnung nicht aufzugeben, und so begann er umgehend mit einer Chemotherapie. Die Nebenwirkungen waren verheerend. In Christines Leben, zuvor erfüllt vom Alltag der Enkelkinder, von Ehrenamt und der Aushilfstätigkeit in Jacks Firma, drehte sich fortan alles um seine Pflege. An den meisten Tagen pendelte sie zum Krankenhaus, entweder, um ihn zur Behandlung zu bringen oder um ihm dort zur Seite zu stehen, wenn es ihm so schlecht ging, dass er nicht nach Hause konnte. An solchen Morgen telefonierten wir häufig vom Auto aus miteinander.

Einmal erzählte mir Christine, sie kenne inzwischen jeden Winkel des Klinikkomplexes, von den untersten Ebenen der Tiefgarage durch die labyrinthischen Flure bis hinauf in die verschiedenen Abteilungen. »Ist jetzt nicht gerade das, was ich mir für 2019 vorgenommen hatte«, sagte sie mit einem trockenen Lachen, »aber wahrscheinlich wollte Gott, dass ich das lerne.«

In Wirklichkeit glaubte Christine natürlich nicht, dass Gott Jacks Krankheit bewerkstelligt hatte, nur damit sie sich solch alltäglichen Kleinkram aneignete, das wusste ich. Mit diesem Satz drückte sie lediglich aus, wie sie mit dieser furchtbaren Situation fertigwurde, darauf vertrauend, dass Gott schon irgendwo inmitten des Grauens war. Seit jeher hatte ich meine Schwester für ihre Stärke bewundert und dass sie das Leben nahm, wie es kam (»Dann tun wir eben, was getan werden muss«), und nun sah ich voller Bewunderung zu, wie sie Jack festentschlossen und liebevoll pflegte.

Als Jack nach seiner letzten Chemotherapie für krebsfrei erklärt wurde, gab es eine kurze Verschnaufpause. Doch mit der guten Nachricht erhielt er auch den nüchternen Rat, es sei nun an der Zeit, seine Angelegenheiten zu ordnen und alles zu tun, was er sich für sein Leben noch vorgenommen hatte. Und Christine schaltete auf Hochtouren. Sie ermutigte Jacks Brüder, ihn auf eine Angeltour an die Golfküste mitzunehmen, seine große Leidenschaft. Sie achtete darauf, dass er Zeit mit seinen Kindern und Enkelkindern verbrachte, und sie sorgte auch für die Übergabe seines Unternehmens an eine seiner Töchter. Im Sommer besuchten sie den Yellowstone National Park, ein Traumurlaub, der jedoch von Jacks zunehmender Erschöpfung überschattet wurde.

Wieder zu Hause bestätigten die Ärzte, dass der Tumor

zurückgekommen war und gestreut hatte. Obwohl Jack die Optionen ausgingen, war er fest entschlossen, zu kämpfen, und Christine unterstützte ihn in aller Stille. In Gesprächen mit mir brachte sie jedoch ihre Traurigkeit darüber zum Ausdruck, wie er seine letzten Tage verbringen wollte. Sie musste ihren Ärger über seine Ärzte zügeln. Warum machten sie ihm falsche Hoffnungen?

Ende Juli flogen Paul und ich nach Texas. Jack, nur noch ein Schatten seiner selbst, begrüßte uns herzlich. Christine wirkte erschöpft, brachte ihn aber klaglos jeden Tag zur Bestrahlung, nach der er dann schlief. Spätnachmittags saßen wir gemeinsam auf der Veranda, während er rauchte. Auf meine Frage, ob er Angst habe, antwortete er nur: »Es sieht nicht gut aus«, sagte aber nichts weiter. Als schließlich die Zeit für den Abschied gekommen war, dankte Jack uns für unseren Besuch. »Ich freue mich schon darauf, euch wiederzusehen«, sagte er. Am selben Tag, an dem wir wieder nach Hause fuhren, teilten die Ärzte Jack mit, sie könnten nichts mehr für ihn tun. Und noch ehe Christine das von ihr bestellte Pflegebett überhaupt aufbauen konnte, starb er.

In dieser Situation gab es rein gar nichts, was Christine für sich selbst gewählt hätte, und schon gar nicht für Jack. Wie sie ihren Umgang mit seiner Krankheit und Pflege fand, erinnerte mich an Howard Thurmans Worte über die spirituelle Stärke, die es braucht, um ein nicht selbst gewähltes Schicksal zu akzeptieren, und über die Gnade, die aus dieser Akzeptanz erwächst. Zu den vielen Dingen, mit denen Christine Frieden schließen musste, gehörte Jacks fehlendes Vermögen, zu akzeptieren, was er nicht ändern konnte, sowie ein Gesundheitssystem, in dem es nicht vorgesehen war, ihn in Ruhe sterben zu lassen. Das Einzige, worauf sie

Einfluss hatte, war ihre Reaktion. Sie entschied sich für die Liebe.

Das Unveränderliche, das wir uns nicht selbst gewählt haben, zu akzeptieren, ist eine der mutigsten Entscheidungen überhaupt und auch die schwierigste. In eine schreckliche Situation hineingestellt, ist unsere unmittelbare Reaktion oft, die Umstände zu leugnen, während wir damit ringen, diese neue, unerwünschte Wirklichkeit zu begreifen. Doch halten sich die Tatsachen hartnäckig, setzen wir alles daran, das schlimmste nur denkbare Ergebnis abzuwenden. Das entspricht unserem Instinkt, denn wir wurden zum Leben erschaffen. Selbst im Gelassenheitsgebet, in dem die Betonung auf der Akzeptanz des Unveränderlichen liegt, werden wir gleichwohl auch dazu ermahnt, die Dinge zu verändern, die in unserer Macht stehen. In der Regel finden wir jedoch erst zu Akzeptanz, wenn alle anderen Möglichkeiten erschöpft sind.

Akzeptanz mag wie Passivität oder Resignation wirken, ist aber nicht dasselbe. Unter dem Vorzeichen der Akzeptanz sind wir nämlich imstande, uns den Herausforderungen aktiv zu stellen, denn *sie* stellen sich nun einmal *uns*. Ausweichen unmöglich, Kehrtmachen auch. Auf einer Flugreise erlebte ich einmal heftige Turbulenzen von der Sorte, bei der man sich unweigerlich fragt, ob das Flugzeug wohl abstürzen wird. Als sich der Pilot über Lautsprecher meldete, sprach aus seinen Worten die Ernsthaftigkeit der Situation – und Ruhe: »Liebe Gäste, Sie merken es selbst: Wir haben ein holpriges Stück Luft erwischt. Leider muss ich Ihnen mitteilen, dass wir der Sache nicht ausweichen können – also gut festhalten. Der einzige Weg hier raus führt mitten durch.«

Als jemand, der beinahe jeden Sonntagmorgen früh aufsteht, um anderen etwas über Gott zu erzählen, habe ich gelernt, dass mit das Wichtigste beim Predigen ist, die Realität, so gut ich kann, in Worte zu fassen. Besonders bewusst war mir diese Aufgabe, als ich am 8. März 2020 von der Canterbury-Kanzel in der Washington National Cathedral predigte: Kurz zuvor hatten wir alle Episkopalkirchen in der Diözese Washington geschlossen. Das war in der Anfangszeit der Corona-Pandemie, und ich hielt das Schließen der Kirchen für die drastischste Entscheidung, die ich als Bischöfin je treffen müsste. Wir ahnten ja nicht, wie viele noch drastischere Entscheidungen folgen würden, solange die Epidemie unseren Alltag bestimmte. Alle hofften, das Ganze würde schnell vorbeigehen.

Mir war klar, dass es meine Aufgabe war, auszusprechen, was niemand hören wollte, auch ich selbst nicht: Wir würden uns auf lange Zeit auf Entbehrung und Unsicherheit einstellen müssen. Dabei ging mir immer wieder der Refrain eines alten Kirchenlieds durch den Kopf: »Grant us wisdom, grant us courage, for the facing of this hour.«[2] Ich dachte an alle, die angesichts von Kriegen, Terrorangriffen, Naturkatastrophen in Zeiten nationaler Notstände von derselben Kanzel gepredigt hatten, und daran, dass nur wenige Krisen so schnell vorübergehen, wie wir es uns anfangs erhoffen. Dann fiel mir der junge Frodo Beutlin ein, der zögerliche Held aus J. R. R. Tolkiens *Der Herr der Ringe,* und wie er das Schicksal akzeptierte, das er sich nicht ausgesucht hatte.

Tolkiens erdachter Welt, bevölkert von Zauberern, Elben und sanften Wesen, die man als Hobbits kennt, droht Unheil. Ein dunkler Herrscher namens Sauron will alle Bewohner Mittelerdes beherrschen und versklaven. Die dafür notwendige Macht steckt in einem magischen Ring, der jahrhundertelang verschollen war und schließlich von einem Hobbit namens Bilbo gefunden wird. Dieser vermacht ihn später seinem Neffen Frodo. Der weise Zauberer Gandalf kennt die Geschichte des Rings und weiß, dass unbedingt verhindert werden muss, dass er Sauron in die Hände fällt. Er glaubt, es sei Frodos Bestimmung, den Ring an den einzigen Ort zu bringen, an dem er zerstört werden kann: die Schicksalsklüfte am Orodruin, dem Flammenberg, im Lande Mordor.

In einem Gespräch, das die Leserschaft seit Generationen inspiriert, hält Gandalf Frodo dazu an, mutig zu sein. »Deshalb war es auch dir *beschieden*, ihn zu bekommen. Vielleicht ermutigt dich dieser Gedanke.« »Ich wollte, ich hätte den Ring nie gesehen! Warum ist er bloß an mich gekommen?«, ruft Frodo verzweifelt aus. »Ich wünschte, dies geschähe nicht zu meinen Lebzeiten!« »Das wünschte ich auch«, sagt Gandalf, »und das wünscht sich jeder, der in solchen Zeiten lebt. Aber darüber haben wir nicht zu befinden. Entscheiden können wir nur, was wir mit der Zeit, die uns gegeben ist, anfangen.« Zuletzt erklärt Frodo: »Ich werde den Ring tragen, obwohl ich den Weg nicht weiß.« Später versichert ihm Gandalf: »In dieser Welt sind auch andere Kräfte am Werk, Frodo, nicht nur die Mächte des Bösen.«[3]

Damals gab ich dieses Gespräch von der Kanzel aus wieder und ließ Frodo damit unser aller Wunsch zum Ausdruck bringen, die Pandemie wäre nie geschehen. Und doch kam sie zu unserer Zeit – weder war es die erste, noch wird es die letzte gewesen sein. Die Geschichte, die unsere Kinder und Enkelkinder irgendwann von uns hören wollen, ist nicht die, *dass* wir die Corona-Zeit überlebt haben, sondern *wie*, und was wir dabei gelernt haben. Mir ging es darum, jenes gewagteste aller Glaubensbekenntnisse zu vermitteln: In dieser Welt sind gute Mächte am Werk, selbst in den dunkelsten Stunden. Wir zeigen uns von unserer besten Seite, sagte ich, wenn wir uns diesen Mächten anschließen und tun, was wir können, und mit unserem Handeln Stück für Stück den Ausschlag für das Gute geben.

Ich hatte nicht die leiseste Vorstellung davon, wie lange die Pandemie dauern, wie viele Tote es geben und dass jede Variante eine neue Welle an Infektionen, Krankheits- und Todesfällen auslösen würde. Im Verlauf des Jahres 2020 wurden die Verwerfungen unserer Gesellschaft durch Corona offengelegt, auch die Ungleichheiten, was Herkunft und sozialökonomische Verhältnisse angeht, außerdem ein schwaches Gesundheitswesen und politische Polarisierung. Da die Nachrichten zunehmend von unverhältnismäßig hohen Sterblichkeitsraten unter People of Color und Fällen von Polizei- und Bürgerwehrgewalt gegen Schwarze Amerikaner beherrscht wurden, sprach man bald von zwei miteinander verbundenen Pandemien: der durch das Coronavirus und der des systemischen Rassismus.

Als die Pandemie schon zwei Jahre andauerte, wurde ich eingeladen, für eine ökumenische Gruppe Geistlicher ein Seminar zum Thema Führung zu halten. Hinter uns lagen ein von den Protesten wegen des Mordes an George Floyd geprägter Sommer, die turbulente Präsidentschaftswahl 2020 und der gewaltsame Aufstand im Kapitol. Die Einladung nahm ich gern an, weil ich wusste, dass ich unter Glaubensgeschwistern sein würde, die mich als Lernende unter Lernenden betrachteten, nicht als Expertin. Wir alle bewegten uns auf einem Terrain, dass die Professoren der

Harvard Business School Ronald Heifetz und Marty Linsky als »adaptive Führung« bezeichneten, das heißt, wir standen vor den Herausforderungen, denen sich Führungspersonen gegenübersehen, wenn sich ihre Gemeinden und Organisationen nicht mehr auf das verlassen können, was ihnen in der Vergangenheit gute Dienste geleistet hat, sondern einen Entwicklungssprung vollziehen müssen, um in einer veränderten Umgebung erfolgreich zu sein.[4]

Ein Tag voll angeregter Gespräche ging schon fast zu Ende, da sprach mich ein Seminarteilnehmer an, den ich seit fast 30 Jahren bewundere. Was ich denn zu den Überlegungen einiger seiner Kollegen sagen würde, die angesichts der Entwicklung in unserem Land darüber nachdachten, es zu verlassen? Diese Frage stellte er nicht nur für andere, sondern auch für sich selbst, da er als Jude unter dem Eindruck des Holocausts aufgewachsen war, das merkte man. Ich wählte meine Worte mit Bedacht:

> In Krisenzeiten muss jeder schwierige Entscheidungen treffen. Manchmal ist fortzugehen die klügste und lebensbejahendste, weil die persönliche Sicherheit und die Gerechtigkeit in unserem Rechtswesen nicht gewährleistet sind. Aber wir brauchen jetzt Führungspersönlichkeiten in diesem Land und Mitmenschen, die den Tatsachen ins Auge sehen, die daran arbeiten, das zu ändern, was geändert werden kann, und die die Hoffnung auf die Zukunft nicht aufgeben.

Dann wiederholte ich etwas, das ich in einem Gespräch über die Zukunft unserer Konfession im Oktober 2021 gegenüber Kolleginnen und Kollegen in unserer Diözese gesagt hatte:

»Wenn dieses Schiff untergeht, werde ich mit ihm untergehen – aber nicht, ohne alles in meiner Macht Stehende zu tun, um das zu verhindern.«

Noch während ich sprach, fiel mir Dietrich Bonhoeffer ein, der deutsche Pfarrer und Theologe, der zur Zeit Adolf Hitlers lebte. Obwohl sich die meisten deutschen Kirchenoberhäupter in den 1930ern und Anfang der 1940er der »Deutschen Evangelischen Kirche« anschlossen, einer Bewegung, die den Nationalsozialismus befürwortete, trat Bonhoeffer der Widerstandsgruppe »Bekennende Kirche« bei. Als Bonhoeffer nach Großbritannien und in die USA reiste, um bei den Klerikern der Alliierten um Unterstützung zu bitten, rieten ihm seine Freunde und Kollegen, im Exil zu bleiben. Und doch entschied er sich zur Rückkehr nach Deutschland. In einen Brief an Reinhold Niebuhr, der Bonhoeffer vor dem Krieg eingeladen hatte, am Union Theological Seminary zu lehren, begründete er das folgendermaßen: »Ich habe kein Recht, an der Wiederherstellung des christlichen Lebens in Deutschland nach dem Krieg mitzuwirken, wenn ich nicht die Prüfungen dieser Zeit mit meinem Volk teile.«[5]

Bonhoeffer wusste, dass dieser Entschluss lebensgefährlich war. Tatsächlich wurde er 1943 von der Gestapo verhaftet und am 9. April 1945 hingerichtet. »Nicht eine einzelne Person ist verantwortlich für die Ungerechtigkeit und das Leid der Welt«, schrieb Bonhoeffer 1943 aus dem Gefängnis.

> Wenn wir Christen sein wollen, so bedeutet das, daß wir an der Weite des Herzens Christi teilbekommen sollen in verantwortlicher Tat, die in Freiheit die Stunde ergreift … Uns bleibt nur der sehr schmale und manchmal kaum

> noch zu findende Weg, jeden Tag zu nehmen, als wäre er der letzte, und doch in Glauben und Verantwortung so zu leben, als gäbe es noch eine große Zukunft.[6]

»So sehr wir auch manchmal einfach weg wollen«, sagte ich meinen Kolleginnen und Kollegen über Zoom damals, »das jetzt ist unsere Zeit. Die Umstände, in denen wir uns wiederfinden, haben wir uns nicht ausgesucht. Uns bleibt nur, uns zu entscheiden, wie wir uns dazu verhalten.«

Akzeptieren, was man nicht selbst gewählt hat, heißt immer auch, mit dem Leiden Frieden zu schließen, ein Grundgedanke, der sich sowohl durch die jüdischen als auch die christlichen Teile der Bibel zieht. Für den Apostel Paulus, von dem die meisten Briefe im Neuen Testament stammen, war das Leiden eine Form der Solidarität mit Christus, dessen Botschaft er ursprünglich abgelehnt hatte. Paulus, seines Zeichens eine führende Persönlichkeit in der jüdischen Gemeinde, hatte Jesus nie kennengelernt, und strebte vor seinem Bekehrungserlebnis nach Kräften danach, die Jünger Jesu zu verfolgen, um eine seiner Ansicht nach gefährliche Sekte auszumerzen. Doch nach seiner spirituellen Begegnung mit dem Auferstandenen und einer Zeit selbstauferlegter Isolation tat sich Paulus als unermüdlicher Evangelist und Gemeindegründer hervor, der Jesu Botschaft im Römischen Reich fast im Alleingang verbreitete.

Paulus glaubte, für das Erlangen geistlicher Reife und die mystische Vereinigung mit Christus sei Leiden notwendig. In seinem Brief an die römische Gemeinde geht er sogar so weit, die Jünger Jesu sollten sich des Leidens rühmen,

> denn wir wissen: Durch Leiden lernen wir Geduld, durch Geduld kommt es zur Bewährung, durch Bewährung festigt sich die Hoffnung. Unsere Hoffnung aber wird uns nicht enttäuschen. Denn dass Gott uns liebt, ist uns unumstößlich gewiss. Seine Liebe ist ja in unsere Herzen ausgegossen durch den Heiligen Geist, den er uns geschenkt hat.[7]

Nun war Paulus nicht masochistisch veranlagt, sondern überzeugt davon, Gottes Liebe für die Menschheit habe sich vollumfänglich in Jesu Kreuzigung offenbart. Als Nachfolger des Gekreuzigten fühlte er sich berufen, seinen Teil des Leides um der Liebe willen auf sich zu nehmen.

Paulus hielt sich nicht mit der Drangsal auf, die er bei seinem Bestreben, Christus in der Welt bekannt zu machen, aushalten musste. Aus einem römischen Gefängnis schreibt er an eine christliche Gemeinschaft, die er in Philippi im heutigen Griechenland gegründet hatte, und versichert seinen besorgten Freunden, er habe Frieden gefunden: »Ich möchte nichts anderes mehr kennen als Christus: Ich möchte die Kraft seiner Auferstehung erfahren, ich möchte sein Leiden mit ihm teilen.«[8] In einem anderen, ebenfalls Paulus zugeschriebenen Brief, heißt es: »Ich freue mich, dass ich jetzt für euch leiden darf. An den Leiden von Christus würde noch etwas fehlen, wenn ich sie nicht durch das, was ich selbst körperlich leide, ergänzen würde – seinem Leib zugute, der Gemeinde.«[9]

Ein einziges Mal lässt Paulus seine inneren Kämpfe durchblicken und auch, wie es dazu kam, dass er akzeptierte, was er nicht ändern konnte. In seinem zweiten Brief an die Christen in Korinth erwähnt er einen »Stachel im Fleisch«, von dem er glaubt, er habe ihn erhalten, damit er »sich nichts auf seine Erfahrungen einbilde«:

> Dreimal habe ich zum Herrn gebetet, dass der Satansengel von mir ablässt. Aber der Herr hat zu mir gesagt: »Du brauchst nicht mehr als meine Gnade. Je schwächer du bist, desto stärker erweist sich an dir meine Kraft.« Jetzt trage ich meine Schwäche gern, ja, ich bin stolz darauf, weil dann Christus seine Kraft an mir erweisen kann. Darum freue ich mich über meine Schwächen, über Misshandlungen, Notlagen, Verfolgungen und Schwierigkeiten. Denn gerade wenn ich schwach bin, dann bin ich stark.[10]

Wie genau dieser Schmerz aussieht oder woher er kommt, verrät Paulus nicht, nur, dass er ihn stets begleitete. Sein Gebet, er möge von diesem Leiden verschont bleiben, wurde dennoch beantwortet – nicht, indem es ihm genommen wurde, sondern durch die Gnade, die es ihm ermöglichte, darin einen Sinn zu finden.

Paulus nehme ich mir oft zum Vorbild, obwohl ich zugeben muss, dass ich häufig sehr viel öfter als dreimal bete, eine unerwünschte Last möge von mir genommen werden. Doch was, wenn die Antwort auf diese Gebete ausbleibt oder, wie in Paulus' Fall, ein »Nein« kommt?

Eine tägliche Erinnerung an die Herausforderung und die Gnade des Lerngeschenks, mit dem zu leben, was ich nicht ändern kann, sind für mich meine chronischen Schmerzen. Diese machten sich anfangs als eine schwere Sehnenentzündung in einem Fußgelenk bemerkbar, die über Monate anhielt. So einen Schmerz kannte ich gar nicht, und anfangs ignorierte ich ihn einfach und machte ganz normal weiter, bewegte mich wie immer. Doch schon bald konnte ich kaum noch gehen. Dann musste ich meinen Knöchel schonen, und die erzwungene Untätigkeit offenbarte gnadenlos, was ich schon immer geahnt hatte: Der Sport half mir, meine Depression in Schach zu halten. Mich überkam tiefste Verzweiflung.

Als es meinem Knöchel endlich langsam besser ging, wanderte der Schmerz in den unteren Rücken. Nun konnte ich zwar wieder gehen, aber über längere Zeit zu sitzen oder zu liegen war die reinste Qual. Monate vergingen, ohne dass Besserung eintrat. Aus den Monaten wurde erst ein Jahr, dann ein zweites. Ich erfuhr, wie unfassbar anstrengend chronische Schmerzen sein können und wie schwer es ist, darüber zu sprechen. Alle wünschten mir eine baldige Genesung, und ich hatte das Gefühl, sie zu enttäuschen. Meine Mutter, die Physiotherapeutin ist, sagte immer wieder: »Du solltest aber keine Rückenschmerzen haben«, als wäre der Fall damit erledigt. Meinen Alltag konnte ich irgendwie bewältigen, und mit der Zeit nahm mein Umfeld an, ich wäre wieder gesund. Mal mied ich das Thema, mal wünschte ich mir, die anderen würden sich mehr um mich kümmern.

Während dieser Jahre suchte ich bei allerhand Fachärzten Rat und unterzog mich diversen Untersuchungen, ohne eine abschließende Diagnose zu erhalten. Ich war bei mehreren Chiropraktikern, doch die Erleichterung hielt selten länger als ein paar Stunden an. Verzweifelt meldete ich mich zu zehn Sitzungen »Rolfen« an, eine Methode, die bekanntermaßen sehr schmerzhaft und auch schmerzhaft teuer ist. Bei meinem letzten Termin erklärte mir der Therapeut, mit meinem Rücken sei alles in Ordnung. »Ihr Hirn steckt in einer Schmerzschleife fest«, sagte er überzeugend. »Da bleibt nur, sich immer wieder sagen, dass da nichts kaputt ist. Mit der Zeit kommt das dann schon im Gehirn an.« Eine Weile glaubte ich ihm und versuchte, mein Gehirn neu anzulernen, aber das funktionierte nicht. Tatsächlich hat überhaupt nichts funktioniert, was bedeutet, dass ich bis heute mit diesem chronischen Rückenschmerz lebe.

Im Lauf der Zeit gelang es mir, durch Bewegung, regelmäßige chiropraktische Behandlungen, Haltungsverbesserungen und Meditation eine gewisse Linderung zu erzielen. Aber zunächst musste ich die Tatsache akzeptieren, dass die Schmerzen nicht weggingen. So fand ich einen anderen Chiropraktiker, der mein Leiden ernst nahm, und von dem ich mich etwa ein halbes Jahr lang jede Woche behandeln ließ. Er zeigte mir ein Röntgenbild, auf dem die Krümmung meiner Wirbelsäule und mein etwas vorspringendes Kinn zu sehen waren, möglicherweise verursacht durch eine Verletzung, an die ich mich nicht erinnern kann.

Bei unserer letzten Sitzung machte er ein weiteres Röntgenbild. Nachdem er es sorgfältig untersucht hatte, wandte er sich an mich. »Nun haben wir alles getan, was möglich war, um die Fehlstellung zu korrigieren«, sagte er. Mir wurde ganz flau. »Soll das heißen, es wird nie wieder gut?«, fragte ich. »Wahrscheinlich nicht«, sagte er. »Aber das könnte ein Schmerz von der Sorte sein, die paradoxerweise doch tatsächlich gut für die Gesundheit ist.« Dann sagte er etwas, das für mich zu einem Mantra geworden ist: »Wenn Sie der Schwäche Ihres Rückens mit Stärke begegnen, haben Sie ein langes und gesundes Leben vor sich.«

Seine Worte haben sich bewahrheitet. Jeden Morgen wache ich mit einem schmerzenden Rücken auf; jeden Morgen nehme ich mir die nötige Zeit, um mich zu dehnen, bis der Schmerz nachlässt. Abends mache ich noch einmal Dehnübungen, damit ich nachts durchschlafen kann. Ich habe gelernt, dass diese Übungen unerlässlich sind, wenn ich ohne ständige Beschwerden leben will, und im Laufe der Jahre haben sie zusätzlich dazu beigetragen, dass ich beweglich und relativ fit geblieben bin. Wenn mich die Schmerzen zu sehr ablenken, was gelegentlich vorkommt, habe ich noch ein paar andere Mittel in petto, aber die Vorstellung, dass ich jemals ganz ohne sie sein werde, habe ich schon lange aufgegeben. Diese Akzeptanz ist befreiend, weil ich nicht mehr mit meinem Körper kämpfe und mich daher auf andere Dinge konzentrieren kann. Vielleicht wollte mir ja genau das der Rolfing-Therapeut sagen. Durch das Leben mit Schmerzen habe ich auch Mitgefühl für andere entwickelt, die unter chronischen Krankheiten und Umständen zu leiden haben, die man sich nie aussuchen würde, mit denen man sich aber abfinden muss.

Vielen Menschen widerfährt weitaus größerer Schmerz als mir, ohne dass sie Linderung erfahren und ohne dass sie einen Sinn darin erkennen. Deren Leiden möchte ich natürlich keinesfalls kleinreden. Gleichzeitig liegt im Schmerz ein Geheimnis, das alle großen Glaubenstraditionen beschreiben, und wer ihn erlebt hat, weiß um seine Kraft zur Veränderung. Er verurteilt andere nicht, die nicht die gleichen Erfahrungen gemacht haben, sondern will, dass wir um die Möglichkeit wissen, auch in widrigen Umständen Sinn zu finden, selbst wenn wir alles dafür geben würden, diese Situationen nicht erleben zu müssen. Menschen, die eine vielschichtige, ja sogar positive Sicht auf ihren Schmerz pflegen, haben mir Hoffnung für den meinen gegeben und die Gewissheit, dass Akzeptanz Segen bringt.

Eine derjenigen, die mit dem Wissen aus erster Hand sprechen und schreiben, ist Dr. med. Rachel Naomi Remen. Sie zählt zu den ersten Vertreterinnen der ganzheitlichen Medizin, also der Gesundheit von Körper und Geist. Die Achtzigjährige lebt seit mehr als sechzig Jahren mit Morbus Crohn, einer chronischen Darmerkrankung, die fortschreitet und manchmal unerträglich schmerzhaft ist. Durch ihre lebenslange Erfahrung als Patientin und Ärztin weiß sie sowohl um die Grenzen der westlichen Medizin als auch um die uns innewohnende Fähigkeit zur Heilung. Sie hat unzähligen Männern, Frauen und Kindern zugehört, die in ihrem Leiden ein Reservoir an Weisheit und Frieden gefunden haben, und deren Geschichten zusammengetragen.

In *Dem Leben vertrauen: Geschichten, die gut tun* legt Dr. Remen Zeugnis davon ab, was sie durch ihre Aufmerksamkeit für ihr eigenes Leben und das Leben ihrer Patientinnen und Patienten lernen durfte. Schon zu Beginn ihrer medizinischen Ausbildung stellte sie fest, dass die Geschichten, die die Menschen ihr erzählten, viel fesselnder waren als die Krankheiten, die sie zu behandeln versuchte.

> Hier ging es um den Austausch mit Menschen, die sich in einer Krisensituation, in einer Art Belagerungszustand befanden. Ich hörte Menschen zu, die litten und auf ihr Leiden in einer Weise reagierten, die so einmalig war wie der Fingerabdruck eines jeden. Ihre Geschichten waren anregend, rührend, wichtig. Und mit der Zeit begann die Wahrheit, die darin steckte, mich zu heilen.[11]

Reben beschreibt, wie sie selbst stückchenweise und über die Jahre zu Akzeptanz fand. In einem Essay mit dem Titel »Ein aufgestauter Fluss« beschreibt sie die Wut, die sie mit 15 Jahren angesichts der Krankheit empfand, die mit einem

Mal ihr Leben bestimmte: »Ich hasste all die gesunden Menschen, hasste diejenigen in meiner Familie, die mir diese Gene vererbt hatten. Ich hasste meinen Körper. In diesem Zustand befand ich mich fast zehn Jahre lang.«[12]

Zu einem Wendepunkt gelangte sie im Medizinstudium, als ihr eine Assistenzstelle in einem erstklassigen Ausbildungskrankenhaus angeboten wurde. Es war ihre Traumstelle, doch wegen ihrer unerbittlichen Erschöpfung bezweifelte sie, das Arbeitspensum stemmen zu können. Sie beschreibt, wie verzweifelt sie sich während eines Spaziergangs an einem Gewässer fühlte, wie sehr sie Gleichaltrige beneidete, die über schier unerschöpfliche Energie zu verfügen schienen. Die altbekannte Wut überkam sie. »Aber aus irgendeinem Grund ertrank ich diesmal nicht darin«, schreibt sie. »Stattdessen bemerkte ich, dass die Welle verebbte und etwas in mir sagte: ›Du hast keine Vitalität? Hier ist deine Vitalität.‹«[13]

Remen begriff, dass ihre Wut Ausdruck einer Kraft tief in ihr war, der Anteil ihrer Persönlichkeit, der das Leben liebte und es voll auskosten wollte. Im Laufe der Jahre hatte er ihr geholfen, gegen die Einschränkungen ihrer Erkrankung anzukämpfen. Sie verstand, dass es nun an der Zeit war, diese ungestüme Energie in neue Bahnen zu lenken. »Auf irgendeine Weise war die Kraft dazu in mir gewachsen, als Folge der starken Beschränkung, die meiner Vitalität nur scheinbar entgegenstand – vergleichbar mit der Energie eines aufgestauten Flusses.«[14]

Remen fordert ihre Patientinnen und Patienten nie auf, über ihre Wut hinwegzukommen, weil genau die sie womöglich am Leben hält. Sie hört vielmehr zu und wartet bei jedem Einzelnen darauf, dass sie oder er andere Ausdrucksformen der uns innewohnenden Lebenskraft entdeckt. Remens Akzeptanz der Wut in jeglicher Erscheinungsform hat mir geholfen, ihre Berechtigung und ihre Kraft im Heilungsprozess schätzen zu lernen. Gleichzeitig staune ich über das volle Spektrum der kreativen Möglichkeiten in uns, die es uns nicht nur ermöglichen, uns mit dem zu arrangieren, was wir nicht ändern können, sondern dabei sogar Freude zu erleben.

Anders als Vermeidungsstrategien oder Leugnen wendet die Akzeptanz nie den Blick vom Leid ab, sondern stellt sich ihm und bemüht sich, es in ein größeres Bild einzuordnen. Remen beschreibt, wie sie nach einer großen Bauchoperation an einer Peritonitis erkrankte, einer lebensbedrohlichen Bauchfellentzündung, und noch dazu an einer nicht minder gefährlichen Sepsis. Eilig brachte man sie wieder in den OP. Als am nächsten Tag die Verbände gewechselt werden sollten, erwartete Remen einen langen, von mehreren Stichen zusammengehaltenen Schnitt. Stattdessen fiel ihr Blick auf ein offenes Loch, als läge sie immer noch auf dem Operationstisch. Aufgrund der Infektionen sollte die Wunde offen gelassen werden, um so abzuheilen.

Remen brachte es nicht über sich, sich ihren Bauch noch einmal anzusehen. Tag für Tag kamen die Schwestern, um die Verbände zu wechseln, und Tag für Tag wandte sie den Blick ab, unfähig, die, wie sie glaubte, tödliche Wunde anzuschauen. Das ging so lange, bis ihr dämmerte, dass sie doch nicht sterben würde. Ein neuer Gedanke meldete sich: »Nachdem ich tagelang darüber nachgegrübelt hatte, wurde mir klar, dass ich mir die Sache, wenn ich schon mit ihr leben sollte, ansehen musste«, schreibt sie.[15] So äußert sich der Mut der Akzeptanz: sich dem zu stellen, wovor uns graut, und darauf zu vertrauen, dass wir es überleben können. Als Remen sich schließlich überwand, staunte sie darüber, dass die Wunde allmählich verheilte.

Doch nicht jede Wunde verheilt, und es gibt Krankheiten, mit denen man nicht lange lebt. Remen sind die Grenzen des menschlichen Körpers nicht fremd. Sie betont, wie wichtig es ist, in solchen Fällen der Trauer Raum zu geben. Wenn wir uns aus dieser Trauer erheben, so versichert sie uns, tun sich neue Möglichkeiten auf. Selbst wenn eine körperliche Genesung nicht möglich ist, gibt es doch womöglich eine andere Art der Heilung. Eine solche Antwort erreicht uns gar nicht, solange wir uns noch an die Hoffnung einer Gesundwerdung klammern. Doch wenn diese Hoffnung versiegt, bezeugen manche, sie hätten das Gefühl, ganz neu am Leben zu sein. In einer Essaysammlung mit dem Titel *Aus Liebe zum Leben: Geschichten, die der Seele gut tun*, schreibt Remen: »Als Ärztin habe ich viele Menschen in dem Prozess begleitet, durch den sie eine unvermutete Stärke in sich selbst gefunden haben, einen Mut, der über alles hinausging, was sie sich zugetraut hatten, ein unverhofftes Mitgefühl oder eine Fähigkeit, tiefer zu lieben, als sie sich je hatten träumen lassen.«[16] Das meinte Jesus wohl, als er das Reich Gottes in uns mit einer wertvollen Perle verglich.

Im christlichen Glauben sehen wir in Jesus Gottes Gegenwart in menschlicher Gestalt. Er nimmt die Welt an, wie sie ist, und offenbart uns das Wesen der Liebe Gottes. Trost bietet uns die Erkenntnis, dass sogar Jesus sich abmühen musste und in seiner letzten Stunde um Erlösung von den Schmerzen und Leiden des Todes betete. Drei der vier Berichte über das Leben Jesu versuchen gar nicht erst, uns die Qualen zu ersparen, die Jesus in den Stunden vor seiner Kreuzigung durchmachte.

Drei der vier Evangelien zufolge (Markus, Matthäus und Lukas) nimmt Jesus in der Nacht vor seinem Tod mit seinen zwölf Jüngern das Passahmahl ein und zieht sich dann zum Beten in einen Garten zurück. Seine engsten Jünger folgen ihm dorthin, werden aber im Laufe der Nacht vom Schlaf übermannt, und Jesus ist im Grunde allein. Da betet er herzzerreißend: »Mein Vater, wenn es möglich ist, erspare es mir, diesen Kelch trinken zu müssen! Aber es soll geschehen, was du willst, nicht was ich will.«[17]

Bei aller Klarheit bezüglich seiner Berufung und obwohl Jesus sich anfangs mit seinem Schicksal abgefunden hatte, bittet er in dieser letzten Nacht Gott doch, er möge ihn verschonen. Diese ergreifende Szene zeigt uns, dass er ganz Mensch war, dass auch er Angst kannte und die Sehnsucht zu leben. Wie lange Jesus zwischen seinem Flehen zu Gott und der erneuten Akzeptanz dessen, was vor ihm lag, haderte, erfahren wir nicht. Wir wissen nur, dass er irgendwann in dieser langen, einsamen Nacht sein Schicksal annahm und ein Opfer heiliger Liebe darbrachte.

Im Leben Jesu und vor allem in seinem Tod offenbarte Gott in ihm die Macht dessen, was Dr. Martin Luther King Jr. als »erlösendes Leiden« bezeichnete, eine zugegebenermaßen umstrittene mystische Aussage, derzufolge unverdientem Leiden eine spirituelle Kraft innewohnt, die unser Verständnis und unsere Erfahrung übersteigt. Der gekreuzigte Jesus wurde für die Christen zu einer Symbolfigur allen menschlichen Leidens und seine Auferstehung zu einer ewigen Verheißung, dass Schmerz und Tod nicht das letzte Wort haben werden.

Die Vorstellung, das Gute könne durch das Leiden dem Bösen abgerungen werden, spiegelt sich in der biblischen Literatur vielfach wider. Besonders wichtig für die frühchristliche Interpretation des Todes Jesu sind die als Gottesknechtslieder bezeichneten poetischen Textstellen im Buch Jesaja. Sie werden einem anonymen Autor zugeschrieben, der als zweiter Jesaja bezeichnet wird, und beschreiben einen Menschen mit sanftem Gemüt, der wegen seiner Güte verachtet wird. Diesen Knecht wählt Gott für den Auftrag, zu versöhnen und zu heilen: »Ich, der HERR, habe dich berufen, damit du meinen Auftrag ausführst. Ich stehe dir zur Seite und rüste dich aus. Ich mache dich zum Friedensbringer für die Menschen und zu einem Licht für alle Völker. Die Gefangenen sollst du aus dem Dunkel des Kerkers holen und den blind gewordenen Augen das Licht wiedergeben.«[18]

Jesaja, Kapitel 53, bringt die Berufung des Knechtes zum Leiden am deutlichsten zum Ausdruck, und zwar aus der Perspektive derer, die von den Schmerzen profitieren, die der Knecht ertragen hat:

> In Wahrheit aber hat er die Krankheiten auf sich genommen, die sonst uns getroffen hätten, und die Schmerzen erlitten, die sonst wir ertragen müssten. Wir meinten, Gott habe ihn gestraft und geschlagen; doch wegen unserer Schuld wurde er gequält und wegen unseres Ungehorsams geschlagen. Die Strafe für unsere Schuld traf ihn und wir sind gerettet. Er wurde verwundet und wir sind heil geworden.[19]

Nach jüdischem Verständnis steht der leidende Gottesknecht für das Volk Israel, das aufgerufen ist, die Prüfung des Exils auf sich zu nehmen und in dem kollektiven Schmerz seines Volkes einen Weg der Erlösung für alle Völker zu entdecken. Für die ersten Christen wurde der leidende Gottesknecht zur Interpretationshilfe, um die Bedeutung von Jesu Tod am Kreuz zu verstehen.

Genau wie wir kämpften auch unsere geistlichen Ahnen mit der Frage, auf die es keine befriedigende Antwort gibt: *Warum* müssen wir leiden? In den biblischen Texten finden sich zahlreiche Erklärungsversuche dafür, warum der Gottesknecht leiden und Jesus einen qualvollen Tod sterben musste. Ebenso wie unsere eigenen Bemühungen, eine Begründung für unseren Schmerz zu finden, sind die Gedankengänge oft beunruhigend, manchmal sogar beleidigend. Der zweite Jesaja lässt an einer Stelle durchblicken, dass Gott dem Knecht absichtlich Schmerzen zugefügt hat:

> Aber der HERR wollte ihn leiden lassen und zerschlagen. [...] Mein Bevollmächtigter hat eine Erkenntnis gewonnen, durch die er, der Gerechte, vielen Heil und Gerechtigkeit bringt. Alle ihre Vergehen nimmt er auf sich.[20]

Ein schwieriges Gottesbild, das in ständiger Spannung zu der Vorstellung von einem barmherzigen und gütigen Gott in den Texten der Bibel und heutigen Auslegungen steht.

Die ersten Christen betrachteten den Tod Jesu in ähnlicher Weise als Erfüllung von Gottes Willen. Zu diesem Schluss kam Jesus selbst in seinen letzten Stunden, und im gesamten Neuen Testament wird immer wieder erwähnt, dass Jesus »für unsere Sünden« gestorben ist. Der Apostel Paulus schreibt in seinem Brief an die Römer:

> Alle sind schuldig geworden und haben die Herrlichkeit verloren, [...] aus reiner Gnade, lässt Gott sie vor seinem Urteil als gerecht bestehen – aufgrund der Erlösung, die durch Jesus Christus geschehen ist. Ihn hat Gott als Sühnezeichen aufgerichtet vor aller Welt. Sein Blut, das am Kreuz vergossen wurde, hat die Schuld getilgt – und das wird wirksam für alle, die es im Glauben annehmen.[21]

So entwickelte sich aus den erschütternden Glaubenserfahrungen des Volkes Israel und der ersten Anhänger Jesu die theologische Lehre des Sühneopfers. Sie beruht auf der Prämisse, dass die Gerechtigkeit Gottes gar nicht anders kann, als Vergeltung für die Sünden der Menschheit zu fordern. Diese ansonsten entsetzlich grausame Sicht auf Gott wird nur dadurch einigermaßen erträglich, dass in Jesus *Gott selbst* das Sühneopfer ist. Von dieser Warte aus betrachtet wird das Opfer Jesu zum Ausdruck dafür, wie weit Gott in seiner Liebe zu uns gehen wird.

Mit dieser Auffassung von Gott und der Mission Jesu ringe ich schon fast mein ganzes Glaubensleben lang, und damit stehe ich nicht alleine da. Sowohl für Christen als auch für Nichtchristen ist diese Sicht auf das Leiden Jesu der schwierigste und, offen gesagt, unsympathischste Aspekt unserer Erzählgemeinschaft. Weil der Schwerpunkt auf der Wiedergutmachung für die menschliche Sünde liegt, die in der biblischen Weltanschauung einen Affront gegen Gott darstellt, liefert sie keine zufriedenstellende Antwort darauf, warum Unschuldige leiden müssen. Ich glaube zwar sehr wohl, dass ich persönlich dringend rettende Gnade benötige, die größer ist als meine Sündhaftigkeit, und ich glaube auch, dass Jesus für die Sünden der Welt gestorben ist, aber dennoch bleibt die Sühnetheorie für mich bestenfalls ein unvollständiges Verständnis von Jesu erlösendem Leiden. Dadurch entsteht der Eindruck, der Tod Jesu sei so etwas wie ein Handel, etwas nur zwischen Gott und Jesus, als sei dies das Wichtigste, was man über Jesus wissen muss. Doch wie es die viel zu früh verstorbene Rachel Held Evans formulierte: »Jesus starb nicht einfach, um uns von unseren Sünden zu erlösen; Jesus *lebte*, um uns von unseren Sünden zu erlösen. In seinem Leben und seinen Lehren finden wir den Weg zur Freiheit.«[22] Im Vertrauen auf Gottes Liebe ging Jesus trotz allem, was er ertragen musste, seinem Tod entgegen. Die ersten Christen wussten ohne jeden Zweifel, dass der Weg Jesu ein Weg aufopfernder Liebe war.

Durch die Brille der Liebe betrachtet, gewähren das Leiden des Gottesknechts und der Tod Christi einen Einblick in das Herz Gottes. Das gesamte Leben Jesu, das schließlich seinen Höhepunkt in seinem Tod am Kreuz fand, offenbart uns denjenigen, in dem es »Gott gefiel, [...] die ganze Fülle des Heils Wohnung nehmen zu lassen«.[23] Oder, wie es im Johannesevangelium heißt: Jesus ist ein Ausdruck des Lichts Gottes, das »in der Dunkelheit [strahlt], aber die Dunkelheit hat sich ihm verschlossen«.[24] In Jesus sehen wir das menschliche Gesicht Gottes, der an der Seite der Menschen leidet, um die Fülle der göttlichen Liebe zu offenbaren. Wer berufen ist, ihm nachzufolgen, soll diesen Weg der Liebe mitgehen und sein Kreuz auf sich nehmen, wenn das Leben es erfordert.

Zugegeben, angesichts von Trauma und Leid gibt es keine befriedigenden Antworten, und gut gemeinte Plattitüden fühlen sich oftmals an wie Salz in der Wunde. Wie Kate Bowler in ihrem Buch *Ich muss nur fest genug glauben ...*

und andere Lügen, die ich geliebt habe über das Leben nach der Diagnose Krebs im Stadium IV schreibt, fällt uns erst auf, wie leer diese Worte sind, wenn jemand versucht, eine Erklärung für unsere Tragödie zu finden: »Anscheinend ist Gott auch ganz schön damit beschäftigt, sämtliche Türen zu schließen und Fenster zu öffnen«, stellt sie trocken fest. »Davon kann er gar nicht genug bekommen!«[25] Und noch schlimmer sind theologische Darlegungen, wonach wir irgendwie selbst schuld an unserem Leid sind.

Die hilfreichste Reaktion auf Leiden ist ohne jede Frage einfühlsames Begleiten und das Bemühen, den Schmerz zu lindern und sein erneutes Auftreten zu verhindern. Wenn diese Bemühungen jedoch scheitern, bleibt uns häufig nichts anderes übrig, als in den erlittenen Strapazen irgendeinen Sinn auszumachen. In Jesus und zuvor in dem leidenden Gottesknecht sind uns Beispiele gegeben, wie man sich dem Leiden stellt und durch Gnade darin zu einer persönlichen und gesellschaftlichen Veränderung findet. Selbst wählen würden wir diesen Weg nicht und würden ihn auch unter keinen Umständen denjenigen wünschen, die wir lieben. Gibt es aber keinen Ausweg, dann ist es zumindest tröstlich und bisweilen bestärkend zu wissen, dass diejenigen, die diesen Weg vor uns gegangen sind, imstande waren, mit einer Demut und Dankbarkeit darüber zu sprechen, die man erst verstehen kann, wenn man sich selbst am gleichen Punkt wiederfindet.

Als Reverend Dr. Martin Luther King Jr. ermordet wurde, war ich acht Jahre alt, und so lernte ich ihn erst auf dem College durch seine Schriften und aufgezeichneten Reden kennen. Stundenlang saß ich in der Bibliothek und las und lauschte gebannt seinen Worten. Zu dieser Zeit gab es Kriege in Mittelamerika, und ich bewunderte die religiösen Führer, die an der Seite von indigenen Bauersleuten und Studierenden im Kampf für Gerechtigkeit starben. Doch hier hatte ich es mit einer christlichen Führungspersönlichkeit zu tun, die in meinem eigenen Land mit gewaltfreien Mitteln soziale Veränderungen herbeiführte und unseren gemeinsamen Glauben auf so geniale Weise zum Ausdruck brachte. Bis zu seinem tragischen Tod im Alter von 39 Jahren verkörperte King das erlösende Leiden: um der Liebe und des Allgemeinwohls willen zu akzeptieren, wofür man sich nie freiwillig entscheiden würde.

Nun tauchte King weder aus dem Nichts heraus in der religiösen und politischen Landschaft Amerikas auf, noch war er allein für die Errungenschaften der Bürgerrechtsbewegung verantwortlich, wie es in der medialen Berichterstattung immer noch oft dargestellt wird. Doch anders als alle seine Zeitgenossen fesselte King die Vorstellungskraft derjenigen, die zu glauben wagten, dass endlich die Zeit gekommen war, sich mit dem Erbe der Sklaverei und den Übeln des Rassismus auseinanderzusetzen. Der Historiker Michael K. Honey schreibt in *Going Down Jericho Road:* »Kings religiöser Hintergrund, seine atemberaubende Eloquenz, seine Gelehrsamkeit, seine Fähigkeit, seine Forderungen in den Rahmen der Verfassung und des amerikanischen Freiheitsglaubens zu stellen – all das machte ihn zu einem überzeugenden Wortführer, und die Massenmedien schenkten King unglaublich viel Aufmerksamkeit.«[26] Bis heute sind seine Schriften und aufgezeichneten Reden eine unerschöpfliche Quelle für politische Analysen und spirituelle Erkenntnisse.

Kings Überzeugungen reichten tief. In *The Power of Un-*

earned Suffering zeichnet Mika Edmondson seine Herkunft als Kind und Enkel von Baptistenpredigern nach und wie er durch das lange Erbe seiner versklavten und unterdrückten Vorfahren geprägt wurde, die darum kämpften, ihrem Leid einen Sinn abzuringen:

> Unter der brütenden Sonne der Baumwollfelder in den Südstaaten hielten sie an der Hoffnung fest, dass der allmächtige Gott »einen Weg bahnen« würde, wo keiner ist, dass Gott durch Christus das Böse, das ihnen auferlegt wurde, irgendwie zum Guten wenden würde [...] Dieser Glaube an Gottes Pläne zur Erlösung im Leid half Schwarzen Christen in Zeiten historischer Grausamkeiten wie Sklaverei, der Jim-Crow-Gesetze, Lynchjustiz und Segregation.[27]

Von klein auf hatten Kings Eltern ihm sowohl eine starke Abneigung gegen die Segregation als auch den Glauben daran eingeflößt, dass im Kampf für die Freiheit Gottes Wille am Werk war. Er studierte Soziologie am Morehouse College und anschließend Theologie am Crozer Theological Seminary und an der Boston University, wo er im Alter von 25 Jahren seinen Doktortitel erwarb. Inspiriert wurde er dabei, wie auch seine Professoren und Mentoren, von Mahatma Gandhis überzeugendem Beispiel für Gewaltlosigkeit. Er kam zu der Überzeugung, dass »die Schwarzen der Appell Gottes an dieses Zeitalter sein könnten«, wie er 1957 schrieb.[28]

Seine frühen Schriften sind von einem bewegenden, hoffnungsvollen Ton geprägt. Nach dem Erfolg des Busboykotts von Montgomery im Jahr 1956 resümierte King:

> Ausgelaugt durch die demütigenden Erfahrungen, die die Schwarzen von Montgomery beim Busfahren immer wieder gemacht haben, brachten sie in einem gewaltigen Akt der Nichtkooperation den unbedingten Wunsch nach Freiheit zum Ausdruck. Sie haben erkannt, dass es letztlich ehrenvoller ist, in Würde zu Fuß zu gehen, als gedemütigt Bus zu fahren.[29]

Er machte einen klaren Unterschied zwischen passivem Leiden, das die Ungerechtigkeit lediglich fortbestehen lässt, und frei gewähltem Leiden als einer an Erlösungsmöglichkeiten reichen Bestimmung. Wie Gandhi rief King seine Leute dazu auf, die gewaltsamen Reaktionen auf seine friedlichen Forderungen nach Gleichbehandlung vor dem Gesetz als Mittel zur sozialen Veränderung zu nutzen. Diese schien zeitweise zum Greifen nahe.

Kings anfänglicher Optimismus entsprach seiner Fähigkeit und der Bereitschaft, Entbehrungen zu ertragen, über die er nur selten schrieb oder öffentlich sprach. Lediglich auf ausdrücklichen Wunsch der Redakteure von *The Christian Century* räumte er in einem kurzen Zusatz zu einem 1960 veröffentlichten Artikel ein, was es ihn und seine Familie kostete: »Aufgrund meines Engagements im Kampf für die Freiheit meines Volkes habe ich nur wenige ruhige Tage erlebt«, stellte er fest (ein bemerkenswertes Understatement!) und zählte dann ganz sachlich auf, was er hatte ertragen müssen: fünf Verhaftungen und Aufenthalte in Gefängnissen in Alabama, zwei Bombenanschläge auf sein Haus, mehrere Morddrohungen und einen Messerangriff, bei dem er fast getötet worden wäre. Mehr als einmal, so gab er zu, erschien ihm die Last zu schwer, und er spielte mit dem Gedanken, sich in ein ruhigeres Leben zurückzuziehen. »Aber jedes Mal, wenn eine solche Versuchung auftauchte«, schrieb er, »war da etwas, das meine Entschlossenheit stärkte und aufrechterhielt. Inzwischen habe ich gelernt, dass die Last des Meisters eben dann leicht ist, wenn wir sein Joch auf uns nehmen.«[30]

King erzählte auch, wie er diese innere Transformation erlebt hat: »Als mein Leid immer größer wurde, erkannte ich bald, dass ich auf zweierlei Weise auf meine Situation reagieren konnte: entweder mit Bitterkeit oder aber ich versuchte, das Leid in eine kreative Kraft zu verwandeln. Ich entschied mich für Letzteres. Ich habe die Notwendigkeit des Leidens erkannt und versucht, daraus eine Tugend zu machen.«[31] Erlösendes Leiden war für King nicht nur eine politische Strategie, sondern eine Lebenseinstellung.

Für King waren die frühen Errungenschaften der Bürgerrechtsbewegung immer nur der erste Schritt auf dem Weg, die größten sozialen Ungerechtigkeiten anzugehen: Armut und mangelnder Zugang zu Bildung, Arbeit und sicheren Lebensbedingungen. Doch als er sich wirtschaftlichen Fragen zuwandte, zeigten sich viele seiner Anhängerinnen und Anhänger aufrichtig überrascht, und auch heute noch erhalten diese späteren Schriften weniger Aufmerksamkeit und Beifall als seine Aufrufe zur Gleichbehandlung aller Menschen. Eigentlich gab jede Entscheidung, die King in den letzten Jahren seines Lebens traf, Anlass zu Kontroversen: der Umzug nach Chicago, um auf die Tragweite des Rassismus im Norden aufmerksam zu machen; die verstärkte Auseinandersetzung mit Armut und wirtschaftlicher Diskriminierung; und vor allem sein öffentlicher Widerstand gegen den Vietnamkrieg.

Nachdem er lange Zeit von White Supremacists und Kommunismus-Gegnern geschmäht worden war, fiel King nun auch bei vielen weißen Liberalen und der zuvor wohlwollenden Presse in Ungnade. Nach seinen Anti-Kriegs-Äußerungen brachen viele ehemalige Verbündete den Kontakt zu ihm ab, so auch Präsident Lyndon Johnson. Nach wie vor strömten die Menschen in Scharen herbei, um ihn reden zu hören, was ihm eine landesweite Plattform verschaffte. Allerdings mobilisierte seine fortwährende Sichtbarkeit auch seine Gegner, zu denen auch der Direktor des Federal Bureau of Investigation, J. Edgar Hoover, gehörte, der King ausschalten wollte. Und auch in seinem inneren Beraterkreis, der mit der Umsetzung seiner Vision einer multi-ethnischen Bewegung armer Menschen in Washington D. C. kämpfte, wuchs der Unmut.

Hatte King noch gemeint, er habe 1960 nur wenige ruhige Tage erlebt, herrschte 1967 förmlich das reinste Chaos. Die Poor People's Campaign war sein letzter Appell zur Gewaltlosigkeit in einem Land, das außer Kontrolle zu geraten drohte. Er war erfüllt von der Vision, die arbeitenden Armen aller Ethnien zu vereinen, um gemeinsam eine Umstrukturierung der Wirtschaft der Vereinigten Staaten zu fordern. Seiner Meinung nach war es die Armut, die Leben zerstörte und Rassismus, Verzweiflung und Gewalt in unserem Land anheizte. Sollte die Strategie scheitern, so erklärte er 1967 gegenüber einem Reporter nüchtern, könne er »der Nation nur sagen: ›Ich habe mein Bestes getan.‹«[32] Auch wenn er in der Öffentlichkeit entschlossen blieb, kämpfte er im Privaten mit Depressionen, Erschöpfung und Zweifeln.

Während er sämtliche Energie in das Projekt steckte, von dem seine engsten Verbündeten befürchteten, dass es zum

Scheitern verurteilt sei, schmiedete er bereits Pläne für seine Nachfolge.

Während einer Pastorenkonferenz im Februar 1968 hörte King von dem Streik der Müllarbeiter in Memphis. Pastor Billy Kyles, ein anderer Teilnehmer, beschrieb, wie sich die Schwarzen Arbeiter in einem spontanen Akt des gemeinsamen Protests gegen lebensbedrohliche Bedingungen und Hungerlöhne erhoben. Die Stadtverwaltung lehnte Verhandlungen ab, und während sich der Müll in den Straßen der Stadt auftürmte, entzweite sich die Bevölkerung entsprechend der ethnischen Zugehörigkeit. Kyles schlug King als Erster vor, nach Memphis zu kommen, aber sein Team antwortete schnell, er sei zu sehr mit der Organisation der Poor People's Campaign beschäftigt.[33]

Je länger sich der Streik in Memphis hinzog, desto mehr schwand die Unterstützung der Schwarzen Bevölkerung. Die Stadtverwaltung blieb unnachgiebig, und die Polizei wandte immer unverfrorener Gewalt an. Die Müllarbeiter blieben bei ihrem gewaltlosen Protest, andere hingegen sprachen sich für eine stärkere Konfrontation aus. In der Überzeugung, nur King könne die schnell auseinanderbrechende Bewegung vereinen, drängten ihn nun mehrere Geistliche vor Ort, zu kommen. Diesmal zögerte er nicht und sagte gegen den einhelligen Rat seines Teams zu. Der Termin würde seinen ohnehin schon vollen Terminkalender zwar zusätzlich strapazieren, aber inzwischen war ihm die Akzeptanz von persönlichem Leid längst in Fleisch und Blut übergegangen.

Mehrere Tausend Menschen wollten King bei seinem ersten von drei Besuchen in Memphis in den letzten Tagen seines Lebens sprechen hören. Die Energie und das Gefühl der Einigkeit in der Menge spornten ihn an. Im Mut und in der

Solidarität der Müllarbeiter fand er genau das vor, was er im ganzen Land heraufbeschwören wollte: eine Bewegung arbeitender Menschen, die sich in Würde für sichere Arbeitsbedingungen und einen existenzsichernden Lohn einsetzen. Er ermutigte die Streikenden, durchzuhalten, und forderte die Schwarze Bevölkerung auf, Arbeit und Schule fernzubleiben, um den Bürgermeister unter Druck zu setzen, damit er sich zu Verhandlungen bereit erklärte. Dies war das erste Mal, dass King einen Generalstreik vorschlug; es entsprach aber seiner wachsenden Überzeugung, dass solche Aktionen eigentlich landesweit notwendig wären.

Joseph Rosenbloom schreibt, dass King, nachdem er seine Rede beendet hatte, »wie von einer plötzlichen Kraft ergriffen, auf das Podium zurückkehrte. Mit kräftiger, eindringlicher Stimme verkündete er, dass sich in Memphis ›der Beginn der Washingtoner Bewegung‹ abzeichnen könnte, und kündigte an, er werde bald zurückkehren, um mit den Streikenden und ihren Unterstützern auf die Straße zu gehen.«[34] Damit waren Kings Schicksal und das der Poor People's Campaign mit dem Konflikt in Memphis verbunden.

Die eintägige Arbeitsniederlegung am 28. März wurde zu einem totalen Fiasko. Schon früh hatten sich Streikende und Unterstützer versammelt, um auf King zu warten, der sie anführen sollte. Dessen Flugzeug hatte jedoch Verspätung, und so musste der Protestzug ohne ihn beginnen. Als er endlich ankam, brach das Chaos aus, weil sich Hunderte um ihn scharten. Erschöpft vom tagelangen Unterwegssein war King desorientiert und nicht auf die Reaktion der Menge vorbereitet. Aus Angst, er könnte niedergetrampelt werden, brachte ihn sein Team schnell in Sicherheit.[35] Währenddessen brach in der ganzen Stadt Gewalt aus.

Protestler warfen Flaschen und Steine, plünderten Geschäfte und zündeten Autos an. Die Polizei reagierte mit willkürlicher Gewalt, versetzte die Massen friedlich demonstrierender Menschen in Panik, verletzte viele, verhaftete Hunderte und tötete einen sechzehnjährigen Jungen. Die Gewalt dauerte bis in die Nacht hinein an. Abgeschottet in einem Hotelzimmer, verfolgte King verzweifelt die Fernsehberichte.

Am nächsten Morgen verließ King Memphis sichtlich erschüttert. Mehrere Tage lang überlegte er, was er als Nächstes tun sollte. Seine engsten Vertrauten sorgten sich wegen seiner Depression und Erschöpfung. Doch er kehrte mit neuer Entschlossenheit aus seiner Isolation zurück und verkündete seinem Team, sie müssten alle nach Memphis zurückkehren.[36] Der Aufstand habe der Glaubwürdigkeit ihrer Bewegung einen schweren Schlag versetzt, sagte er, und wenn sie das nicht wiedergutmachen könnten, würde das alle ihre weiteren Bemühungen belasten. Diesmal sollten sie fünf Tage lang bleiben, jüngere Schwarze Führungspersönlichkeiten einbeziehen, Geistliche und Gewerkschaften mobilisieren und die Misserfolge vom 28. März mit einer friedlichen Kundgebung und einer Arbeitsniederlegung am 8. April vergessen machen. Die anderen wehrten sich zunächst heftig gegen Kings Vorschlag, doch dieser ließ sich nicht beirren und redete mit einer Eindringlichkeit und einem für ihn untypischen Zorn gegen ihren Widerstand an. Kings enger Vertrauter Andrew Young schrieb später über diesen Moment: »Feierlicher und ernsthafter denn je entschieden wir uns, Martin in jeglicher Hinsicht zu unterstützen.«[37] Die Chancen standen eindeutig gegen sie. Doch wie King noch am 3. April erklärte: »In Memphis entscheidet sich, ob die Bewegung lebt oder stirbt.«[38]

Am nächsten Tag war es King, der starb.

Die letzte Rede seines Lebens hätte King beinahe gar nicht gehalten. Nach einem langen Reisetag, der mit einer Bombendrohung im Flugzeug begonnen hatte, und unzähligen Treffen in Memphis war er erschöpft und krank. Die Menschen würden sich sicher durch den aufkommenden Sturm vom Gottesdienst und der Kundgebung am Abend abhalten lassen, so dachte er. Deshalb bat er in letzter Minute seinen engen Freund und Kollegen Ralph Abernathy, an seiner Stelle zu sprechen, während er sich im Hotel ausruhte. Doch als Abernathy allein eintraf, brachte der Unmut der versammelten Menge ihn dazu, King doch dazuzurufen. Dieser machte sich bei strömendem Regen widerwillig auf den Weg. Endlich angekommen, trat er ans Rednerpult und sprach fast eine Stunde lang. Der Historiker Taylor Branch schreibt, er habe in seiner Rede mehrere Themen, die er häufig ansprach, elegant miteinander verwoben, um der Dringlichkeit des Augenblicks gerecht zu werden.[39] Das Publikum hing gebannt an seinen Lippen.

Wer Ohren hatte zu hören, dem sagte King, er wisse, dass sein Tod unmittelbar bevorstehe. Zunächst dachte er laut darüber nach, was er sagen würde, wenn Gott ihn vor die Wahl stellen würde, in einem anderen Jahrhundert zu leben. Er antwortete, dass er sich tatsächlich für die Gegenwart entscheiden würde. In einer Zeit, in der es so viel Leid gab, sei das seltsam, sagte er: »Aber irgendwie weiß ich, dass man nur dann, wenn es dunkel genug ist, die Sterne sehen kann.«[40] Er sprach darüber, dass er jeden Tag bedroht wurde und nicht wusste, was vor ihm lag. »Wie jeder andere würde ich gern lange leben«, sagte er. »Langlebigkeit hat ihren Wert. Aber darum bin ich jetzt nicht besorgt. Ich möchte nur Gottes Willen tun.« Wie schon Mose vor ihm hatte Gott King auf einen Berg geführt, um ihm das Gelobte Land zu zeigen. »Vielleicht gelange ich nicht dorthin mit euch«, sagte er. »Aber ihr sollt heute Abend wissen, dass wir, als ein Volk, in das Gelobte Land gelangen werden. Und deshalb bin ich glücklich heute Abend. Ich mache mir keine Sorgen wegen irgendetwas. Ich fürchte niemanden. Meine Augen haben die Herrlichkeit des kommenden Herrn gesehen.«[41] Seine letzte Vorhersage war geprägt von der Akzeptanz, ja sogar von der Überwindung des Todes.

Das Gefühl der Vorsehung, das Kings Eltern ihm vermittelt hatten, und die Überzeugung, an der Schwelle zu einem gesellschaftlichen Wandel zu leben, ließen ihn bis zum Ende durchhalten, selbst als klar wurde, dass er die Verwirklichung des Traums, den Gott in sein Herz gelegt hatte, selbst nicht mehr erleben würde. Obwohl er oft entmutigt war, weigerte sich King, auf Gewalt zurückzugreifen oder die Hoffnung aufzugeben. Er akzeptierte, was er nicht ändern konnte, und setzte sich mit aller Kraft dafür ein, das zu ändern, was in seiner Macht stand.

Am meisten berührt mich immer wieder Kings Mitgefühl. Als er am letzten Sonntag seines Lebens in der Washington National Cathedral predigte, sprach er über die entsetzliche Armut in unserem Land, sei es in den Ghettos im Norden oder im ländlichen Süden. Er beschrieb, wie Hunderte von Schwarzen Kindern in Marks, Mississippi, barfuß durch die Straßen liefen und wie Familien in ihren baufälligen Wohnungen mit Ungeziefer und Ratten lebten. Er gestand ein, dass ihm oft die Tränen kamen.[42] Und in der Sturmnacht vor seiner Ermordung nahm King Bezug auf das Gleichnis Jesu vom barmherzigen Samariter, um zu erklären, warum er nach Memphis zurückgekehrt war. In dieser zeitlosen Geschichte, so erinnerte er seine Zuhörerinnen und Zuhörer, sehen zwei religiöse Würdenträger einen tödlich verwundeten Mann und gehen an ihm vorbei. Nur ein Angehöriger einer verachteten ethnischen Gruppe, der Samariter, hält an, um zu helfen. Dieser Mann veranschaulicht, was King als gefährliche Selbstlosigkeit bezeichnete, die das Wesen der Liebe ausmacht.

> »Deshalb war die erste Frage, die sich der Priester wie der Levit stellten: ›Wenn ich anhalte, um diesem Mann zu helfen, was wird mir passieren?‹ Aber dann kam der barmherzige Samariter vorbei und kehrte die Frage um: ›Wenn ich nicht anhalte, um diesem Mann zu helfen, was wird ihm dann passieren?‹ Das ist die Frage, die heute Abend vor euch steht. […] Die Frage ist nicht: ›Wenn ich anhalte, um diesem Mann in Not zu helfen, was wird mir passieren?‹ Die Frage ist: ›Wenn ich nicht anhalte, um den Müllarbeitern zu helfen, was wird ihnen passieren?‹«[43]

Die von King gestellte Frage trifft den Kern der heiligen Liebe und Akzeptanz. Unser Mitgefühl für andere versetzt uns in den Dienst von etwas, das über uns selbst hinausgeht, und hilft uns, im Innern über das Leid hinauszuwachsen, das wir ertragen müssen oder freiwillig auf uns nehmen. King glaubte, nur die Liebe habe die Kraft, den Kreislauf von Gewalt und Hass zu durchbrechen, wie es Jesus am Kreuz gezeigt hat. »King verstand das Kreuz«, schreibt James Cone in *Kreuz und Lynchbaum*, »als Quelle der Kraft und des Mutes, als ultimativen Ausdruck der Liebe Gottes zur Menschheit. Anders als andere ist er bei seinem Eintreten für den Weg der Liebe nie ins Wanken geraten.«[44] Das seltene strahlende Vorbild von Menschen wie Martin Luther King, die sich für Akzeptanz und erlösendes Leiden entscheiden, zeigt uns, dass eine solche Liebe nicht nur möglich, sondern auch unserer größten Anstrengungen wert ist.

Zu den vielen Menschen, die sich von King inspirieren ließen und deren Wirken wir heute miterleben dürfen, gehört auch Michael Curry, der amtierende Bischof der Episkopalkirche. Er hat sein Leben in den Dienst Jesu und dessen Liebe gestellt. Als er 2018 bei der königlichen Hochzeit von Prinz Harry und Meghan Markle eine weltweite Bühne für seine Botschaft erhielt, nutzte er sie für eine Erörterung der Macht der erlösenden Liebe.

In seinem neuesten Buch *Love Is the Way* greift er Kings Kernüberzeugung wieder auf: dass allein die selbstlose, aufopfernde Liebe die Macht hat, uns zu heilen und unsere Welt zum Besseren zu verändern. Nur die Liebe, so betont er, ist in der Lage, uns von den Menschen, die wir sind, in diejenigen zu verwandeln, als die Gott uns geschaffen hat. Und nur die Liebe vermag die Welt aus ihrem oft albtraumhaften Zustand in den Traum zu verwandeln, den Gott für alle seine Kinder hat. Dass Bischof Currys Botschaft so viel Anklang findet, deutet darauf hin, dass uns allen diese Wahrheit eigentlich bekannt ist. Es ist unsere ureigenste Aufgabe, das Leiden in der Welt als unsere gemeinsame Verantwortung zu akzeptieren und mit selbstloser Liebe darauf zu reagieren. Dieser Aufgabe müssen wir uns als Einzelne und als Menschheit insgesamt stellen.

In seinem Buch schildert Curry zahlreiche Anekdoten, in denen sich Menschen in scheinbar ausweglosen Situationen für die Liebe entschieden – angefangen bei den Kirchenältesten, die sich um ihn kümmerten, nachdem seine Mutter gestorben war, als er zwölf Jahre alt war, bis hin zu öffentlichen Persönlichkeiten wie der Bürgerrechtlerin Fannie Lou Hamer und Franklin Roosevelts Arbeitsminister Francis Perkins, die ihr Leben lang für Gerechtigkeit kämpften. Doch bevor diese Persönlichkeiten Liebe weitergeben konnten, mussten sie sich erst einmal ihrem Schmerz stellen und ihn akzeptieren, und zwar nicht als Ausdruck von Gottes Willen, sondern als die Arena, in der sie Gottes Liebe für jemand anderen verkörpern sollten. »Es ist nicht immer leicht zu lieben«, schreibt Curry, »aber das ist so ähnlich wie bei unseren Muskeln: Durch Wiederholung und durch die zunehmende Belastung werden wir stärker. Und es funktioniert.«[45]

Mit »und es funktioniert« meint Curry nicht, dass wir immer das bekommen, was wir uns wünschen oder erhoffen, sondern vielmehr, dass die Liebe Gottes Weg ist. Wenn wir dem, was wir gern ändern würden, aber nicht können, mit Liebe begegnen, wenn wir die Welt so sehen, wie sie ist, und nicht so, wie wir sie gerne hätten, wenn wir also anstelle von Verleugnung, Wut, Zynismus und Rückzug die Liebe wählen, haben wir Anteil an Gottes Heilsplan für die Welt. Das macht die Arbeit nicht leichter, verleiht unseren Bemühungen aber einen Sinn, der uns bestärkt und durchhalten lässt. Gerade bei unseren unvollkommenen Bemühungen leuchtet Gottes Gnade auf eine Weise in uns auf, von der wir vielleicht nie wissen oder die wir nie verstehen werden.

Akzeptanz bleibt mit das Schwerste, was uns abverlangt wird. Sie kostet uns immer viel, aber angesichts dessen, was wir nie wählen würden und nicht ändern können, weist sie uns den Weg. Wir brauchen uns keine Sorgen zu machen, falls wir nicht immer alles richtig machen. An unserer Bereitschaft, uns weiter aufeinander einzulassen, erkennt Gott, dass wir mit ganzem Herzen dabei sind. Unsere Fähigkeit zu lieben wird wachsen, und Gott wird durch uns stille Wunder bewirken, die auch in schwierigen Zeiten die Hoffnung am Leben erhalten.

Das Leben ist voll von unvorhergesehenen Entscheidungen, Kämpfen und Berufungen. Manchmal gelingt es uns, diese Hindernisse zu überwinden, und manchmal müssen wir mit ihnen Frieden schließen. Manchmal werden wir wie Jesus in die Wüste gerufen oder ans Kreuz; körperlich und geistlich an jene Orte geschickt, wo wir gefordert und auf die Probe gestellt werden, wo wir gebrochen werden und wo etwas in uns stirbt. Zu akzeptieren, was wir nicht selbst gewählt haben, bedeutet zu glauben, dass Gott gegenwärtig ist und auf eine Weise wirkt, die wir nicht begreifen können. Manchmal spüren wir diese Gegenwart, oft aber auch nicht. Diese Form der Akzeptanz ist nicht passiv oder schicksalsergeben, sondern vielmehr eine mutige Entscheidung in einem entscheidenden Moment: Wir nehmen die Stellen, an denen wir zerbrochen sind, als wesentlichen Teil eines mutigen Lebens an.

KAPITEL 5

In den Ring steigen

Wer weiß, ob du nicht genau um dieser
Gelegenheit willen zur Königin erhoben worden bist?

Esther 4,14

Gregory Boyle ist Jesuitenpater und Gründer der Homeboy Industries, des größten Hilfs-, Rehabilitierungs- und Wiedereingliederungsprojekts für Gangmitglieder weltweit. Aus der Wiege gehoben wurde diese lebensverändernde Einrichtung in der Dolores Mission Church in dem Stadtviertel von Los Angeles mit der größten Dichte von Gang-Aktivitäten. Boyle war dort von 1986 bis 1992 Gemeindepriester, und in dieser Zeit töteten *und* starben vor seinen Augen alarmierend viele junge Männer. Als Erstes überlegte Boyle, eine alternative Schule für junge Gang-Mitglieder zu eröffnen, und das in der Pfarrgemeinde gelegene Kloster, in dem sechs belgische Nonnen lebten, war der einzige Ort, an dem das denkbar war. 2017 beschreibt er in einem Buch, wie er auf sie zuging: »›Hallo‹, frage ich, ›wie wäre es, wenn ihr hier … also … ausziehen würdet …, und dann machen wir das Kloster zu einer Schule für Gang-Mitglieder?‹ Sie sahen mich an, dann sahen sie einander an und sagten einfach: ›*Klar.*‹«[1] Die Nonnen zögerten nicht eine Sekunde. Mit diesem einen Wort taten sie, was zu tun war.

Wie die Nonnen, die einfach Ja sagten, treffen wir unsere folgenreichsten Entscheidungen bisweilen scheinbar vom

Fleck weg ohne den Umweg über bewusstes Abwägen oder eine logische Kostenrechnung. Eine Situation erscheint, und wir reagieren mit etwas, was aussieht wie Instinkt oder Intuition. Charakteristisch für diese Momente ist die Unmittelbarkeit, obwohl wir im Rückblick manchmal erkennen, wie lange wir uns darauf vorbereitet haben. Genauso bleibt einem Baseballspieler, der seit Monaten trainiert, nichts anderes übrig, als beherzt die Homeplate zu betreten und den Schläger zu schwingen. Baseball ist zwar ein Mannschaftssport, aber die Homeplate zu betreten, ist der Akt eines Einzelnen. Es leuchtet ein, dass dieser Ausdruck, *stepping up to the plate,* im amerikanischen Englisch zu einer Metapher für den Moment wurde, in dem ein Einzelner die Initiative ergreift und tut, was zu tun ist. Das Deutsche kennt dafür ein Bild aus dem Boxsport: »in den Ring steigen«.[2]

Dieses Bild kam mir in den anstrengenden Monaten der Corona-Pandemie 2020 in den Sinn. Die Infektions- und Sterberaten stiegen in alarmierendem Tempo, Schulen und Unternehmen waren geschlossen, und unmittelbar vor den Präsidentschaftswahlen war die Stimmung im Land – und ganz besonders in Washington, D.C. – extrem angespannt. In dieser Zeit gingen bei mir ungewöhnlich viele Bitten um Beistand ein, und zwar sowohl von Einzelnen als auch von Organisationen. Einige dieser Anfragen waren schnell zu erledigen; andere erforderten viel Zeit und Energie.

Dass Menschen bei mir Hilfe suchten, war nichts Neues. Als Seelsorgerin ist es meine Aufgabe, zu helfen. Diesmal aber spürte man die Bedrängnis, ja die Verzweiflung der Bittenden. Als ich überlegte, wie ich reagieren konnte, war mir klar, dass meine persönliche Erschöpfung hier nicht der wichtigste Faktor war. Müde waren wir alle. Egal, wie ich mich fühlte, für mich war es Zeit, zu helfen, wo und wann immer ich konnte. Alle meine Bemühungen in dieser Zeit fanden abseits der Öffentlichkeit statt, wie übrigens die meisten Momente, in denen man in den Ring steigt.

Bei einer anderen Gelegenheit im selben Jahr, als Präsident Donald Trump mit einer Bibel in der Hand vor der historischen St. John's Church stand, war ich mit einem solchen Moment konfrontiert, der so öffentlich war, wie ich es mir nie hätte vorstellen können. Ich hatte schon früher zu ähnlich wichtigen Themen die Stimme erhoben, etwa im Zusammenhang mit Waffengewalt, den Rechten von Einwanderern und aus Protest über die rassistischen Äußerungen des Präsidenten gegen die Stadt Baltimore, und alle hatten außerhalb meines kirchlichen Umfelds nur ein geringes öffentliches Interesse gefunden. Diesmal war das anders; es war, als flösse elektrischer Strom durch das Land und würde uns alle verbinden.

Wenn man in der Öffentlichkeit in den Ring steigt, lässt sich unmöglich voraussagen, wie unser Handeln aufgenommen wird. Es besteht immer das Risiko, dass wir uns auf die Reaktion konzentrieren, als wäre das Medienecho ein Maßstab für den Verdienst oder die Wirkung unseres Handelns. Doch wir wissen ganz genau, dass die meisten Bewegungen, die auf gesellschaftliche Veränderungen hinwirken, jahrzehntelang mit ungemindertem Einsatz aktiv sein müssen, bevor sich wirklich etwas ändert; viele einzelne Menschen steigen in den Ring, bis endlich jemand Notiz davon nimmt. Außerdem ist die öffentliche Aufmerksamkeit, wenn sie denn kommt, kurzlebig und verführerisch, denn sie führt uns in Versuchung, im Rampenlicht stehen zu bleiben oder nach dem nächsten zu suchen, obwohl es doch in erster Linie darauf ankommt, was wir tun und wie wir leben, wenn niemand hinsieht. Ganz besonders galt das sicherlich im Sommer 2020.

Direkt nach dem Bekanntwerden des präsidialen Fototermins wollten Dutzende führende Kirchenvertreter aus der ganzen Region zusammenkommen, um gemeinsam Präsident Trumps Aktion zu verurteilen und den geweihten Ort für sich zu reklamieren. Die Energie, die auf unsere kleine Belegschaft im Bischofsamt einströmte, fühlte sich etwas aktionistisch an, aber ich verstand auch das Anliegen – auch sie wollten in den Ring steigen. Wir vereinbarten, am nächsten Tag bei St. John's eine Pressekonferenz abzuhalten, auf der wir das Vorgefallene gemeinsam verurteilen würden. An diesem Dienstagmorgen hatte aber die Polizei die Zufahrtswege zur Kirche gesperrt, und die Demonstranten verteilten sich in die Nachbarstraßen und legten diesen Teil der Stadt praktisch lahm. Als wir am Mittwoch versuchten, zu dem Podium zu gelangen, das meine Mitarbeiter hastig so nah wie möglich bei St. John's aufgestellt hatten, waren wir überwältigt von den Protestierenden und den Dutzenden Journalisten in der ersten Reihe.

Einer nach dem anderen versuchten die Kirchenvertreter zu sprechen. Wir hatten eine miserable Technik, und obwohl ich direkt neben dem Podium stand, verstand ich kaum, was gesagt wurde. Bis auf die Reporter hörte auch niemand hin. Als ich an der Reihe war, blendeten mich die Scheinwerfer, und ich wusste plötzlich nicht mehr, was ich sagen sollte. Das Spektakel war den Demonstranten offensichtlich egal, viele von ihnen waren von den Medien abgedrängt worden. Von der Seite hörte ich einen jungen Mann sagen: »Setzt euch einfach hin und haltet den Mund.«

Ich stieg vom Podium und setzte mich neben ihm auf die Straße. »Wir sitzen hier den ganzen Tag in der Hitze, und keiner schert sich einen Dreck um uns«, stieß er entrüstet hervor. »Und dann kommt ihr, und alle Kameras gehen an. Sobald ihr geht, sind sie auch weg. Aber wir sind dann immer noch da.« Natürlich hatte er recht. Ich sagte ihm, wie leid es mir tat. Er schüttelte den Kopf und wendete den Blick ab. Ein Schwarzer Pastor aus unserem Kreis stellte sich neben mich. In einem Tonfall, der sowohl Mitgefühl als auch Autorität ausdrückte, wandte er sich laut an die Demonstranten auf der Straße. Er dankte ihnen für ihren Einsatz, ermunterte sie, durchzuhalten, und sprach ein spontanes Gebet für sie. Dann nahm er mich an der Hand und zog mich auf die Füße. »Unsere Schwester versucht zu tun, was recht ist«, sagte er. »Bitte behandelt sie respektvoll.« Die meisten wirkten wenig überzeugt, aber ein junger Mann sagte zu mir: »Nehmen Sie's nicht persönlich. Es war ein langer, heißer Tag.« »Wahrscheinlich mehr als ein Tag, oder?«, erwiderte ich. Er nickte. Im Reich der Gerechtigkeit, ja eigentlich im ganzen Leben ist das In-den-Ring-Steigen nichts Einmaliges, sondern wir tun es immer wieder, wenn wir das Gefühl haben, die Welt schaut zu, und erst recht, wenn sie nicht zuschaut.

In den Ring zu steigen, ist eine bewusste Entscheidung, aber zu einem gewissen Teil spielen auch Intuition oder Instinkt mit – wir handeln ohne bewusste Überlegung, ja mitunter selbst emotionslos. Manchmal wissen wir, sobald der Moment da ist, dass wir die Fähigkeiten und Ressourcen für eine bestimmte Aufgabe besitzen, und wir nehmen sie mit einem guten Gefühl an. Manchmal aber fühlen wir uns kläglich ungeeignet und unvorbereitet, aber eine Ablehnung kommt nicht in Frage. In diesen Situationen lernen wir entweder, auf eine höhere Macht zu vertrauen, deren Werkzeug wir sind, oder wir lernen die harten, aber notwendigen Lektionen des Scheiterns. Und schließlich hören wir manchmal einen Ruf, der uns aus kleineren Sorgen und Mühen heraushebt, damit wir etwas Mutiges oder Gutes tun, und unsere früheren Fehltritte und aktuellen Schwächen sind plötzlich belanglos.

Am besten fürs Ego ist natürlich die Version, in der wir in den Ring steigen, wenn wir uns wirklich dazu in der Lage fühlen. Das kann bei kleinen oder großen Aufgaben so sein. Es kann etwas sein, worauf wir uns freuen oder was wir fürchten, was wir aber relativ einfach erledigen können, während es für andere schwieriger oder gar unmöglich wäre. In den Ring zu steigen, ist ungleich wertvoller für die, die davon profitieren, dass wir es tun. Vielleicht kostet es uns viel Zeit und Energie, aber zu einem Burnout führt die Mühe selten. Wir nutzen unsere Stärke, um uns einzubringen.

Vor Jahren las ich einmal über ein kleines Forscherteam an den National Institutes of Health, dem klar wurde, dass sie kurz vor einem Durchbruch für die Behandlung einer seltenen Form von Leukämie standen. Mit diesem Ansporn arbeiteten sie wochenlang rund um die Uhr und verpassten die Fußballspiele und Klaviervorspiele ihrer Kinder, damit jemand anderes länger leben und seine Kinder spielen sehen kann. So sieht es aus, wenn man zuversichtlich in den Ring steigt. Dieselbe Hartnäckigkeit half mit Sicherheit den Epidemiologen weltweit, in bemerkenswert kurzer Zeit mehrere Impfstoffe gegen COVID-19 zu entwickeln, wahrscheinlich auch unter großen persönlichen Opfern. In diesem Fall konnten die meisten von uns nicht in den Ring steigen, sie aber konnten und taten es auch, damit andere leben.

Um es dramatischer auszudrücken, wir sind nicht nur zuversichtlich, dass wir tun *können*, was von uns erwartet wird, sondern dass wir es *müssen*. Wieder denke ich an Martin Luther Kings Entscheidung, nach Memphis zu gehen. So ist es auch für jeden von uns, wenn wir den Drang spüren, tätig zu werden oder etwas zu geben, nicht unbedingt weil wir es wollen, sondern weil es Zeit dafür ist.

Außerdem fallen mir zwei Begebenheiten im Leben Jesu ein. Die erste stammt vom Anfang seines öffentlichen Wirkens und wird im Lukasevangelium erzählt. Jesus ist nach langer Abwesenheit zurück in seiner Geburtsstadt Nazareth. Inzwischen hat er sich der Bewegung eines gewissen Johannes des Täufers angeschlossen, und bei seiner eigenen Taufe hat Jesus selbst einen inneren Ruf gehört. Jetzt ist er wieder zu Hause. Wie immer geht er am Sabbat in die Synagoge. Als er an der Reihe ist, laut aus den Heiligen Schriften vorzulesen, öffnet er die Buchrolle bei den Worten des Propheten Jesaja:

> Der Geist des Herrn hat von mir Besitz ergriffen, weil der Herr mich gesalbt und bevollmächtigt hat. Er hat mich gesandt, den Armen gute Nachricht zu bringen, den Gefangenen zu verkünden, dass sie frei sein sollen, und den Blinden, dass sie sehen werden. Den Misshandelten soll ich die Freiheit bringen, und das Jahr ausrufen, in dem der Herr sich seinem Volk gnädig zuwendet.[3]

Jesus rollt die Buchrolle wieder zusammen, setzt sich und sagt ganz ruhig: »Heute, da ihr dieses Prophetenwort aus meinem Mund hört, ist es unter euch in Erfüllung gegangen.«[4] Gelassen und zuversichtlich bezeichnet er sich selbst als den Gesalbten Gottes. Er hat seine eigene Berufung in

Jesajas Worten wiedererkannt. Jesus sieht klar, und er ist bereit. Ihm ist es egal, dass seine eigene Gemeinschaft, die anfangs noch Beifall gespendet hat, sich über seine Worte empört und sich gegen ihn wendet. Er geht einfach seiner Wege, hin zu der Arbeit, die ihm gegeben ist.

Kurz vor dem Ende seines Lebens stellt sich Jesus wieder seiner Bestimmung, allerdings in deutlich anderem Ton und mit einem anderen Ausgang. Laut Johannesevangelium haben führende Priester in Jerusalem Jesus verhaftet, angeblich weil er am Sabbat eine Heilung vollzogen hat. Sie wollen ihn ein für alle Mal zum Schweigen bringen, weil seine Botschaft ihre Macht über das Volk genauso bedroht wie ihre prekäre Beziehung zur römischen Besatzungsmacht. Da sie politisch nicht befugt sind, Hinrichtungen durchzuführen, wenden sie sich an den römischen Statthalter Pontius Pilatus und behaupten, Jesus sei eine Gefahr für den Kaiser. Pilatus bezweifelt das und lässt Jesus zu sich bringen. »Bist du der König der Juden?«, fragt er ihn. Jesus antwortet: »Mein Königtum stammt nicht von dieser Welt. […] Ich wurde geboren und bin in die Welt gekommen, um die Wahrheit offenbar zu machen und als Zeuge für sie einzutreten. Wem es um die Wahrheit geht, der hört auf mich.« Da stellt Pilatus eine Frage, die alle, die sie lesen, umtreibt: »Wahrheit – was ist das?« Jesus sagt daraufhin nichts mehr, entscheidet sich also, vor dem Marionettenkönig einer despotischen Macht nicht um sein Leben zu flehen.[5] Er weiß, dass er sterben muss, und er ist bereit.

Ich kannte einmal einen Mann, der seinem Tod in einem Christus ähnlichen Ausmaß von Akzeptanz entgegensah, und ich bete um die Gnade, es ihm nachzumachen, wenn meine Zeit gekommen ist. Sein Name war Rod Hardy, und seine Frau Katie war meine erste Büroleiterin an St. John's in Minneapolis. Als Paul und ich mit unseren Kindern nach Minnesota zogen, stellten uns Rod und Katie einen Monat lang ihr Haus zur Verfügung, während wir nach einer Bleibe suchten. Rod war herzlich und umgänglich, ein treuer Kirchgänger und engagierter Vater und Großvater. Er hatte alles, wofür es sich zu leben lohnte.

In dem Jahr, in dem ich zur Bischöfin gewählt wurde, bekam Rod eine Krebsdiagnose. Schon bald danach eröffneten ihm die Ärzte, dass es keine wirksame Behandlung gab; bestenfalls blieben ihm noch ein paar Monate. Kurz vor unserem Umzug nach Washington, D. C. machten Paul und ich einen Abschiedsbesuch bei Katie und Rod, und wir wussten, dass wir Rod nicht mehr lebend wiedersehen würden. Herzlich begrüßte er uns von seinem Pflegebett aus. Noch bevor wir ihn nach seinem Befinden fragen konnten, löcherte er uns mit Fragen; er wollte alles wissen über das Leben, das uns erwartete. »Ich bin schon so gespannt auf alle eure Abenteuer«, sagte er.

Wir unterhielten uns vielleicht 20 Minuten. Als Rod allmählich müde wurde, räusperte sich Paul und sagte ihm, wie sehr er seine Freundschaft und Unterstützung in all den Jahren geschätzt hatte. Einen Moment lang schwiegen wir alle. Dann sagte Rod: »Ich möchte, dass die Leute mich jetzt so sehen, denn ich werde so sterben, als ob alles, was wir sonntags in der Kirche sagen, wahr ist.« Er lächelte. »Geht nur. Ihr werdet euer neues Leben lieben.« Als ich ein paar Monate später zu Rods Beerdigung wiederkam, erzählte mir Katie, dass er seine letzten Tage genauso gelebt hatte, wie er es vorgehabt hatte, voller Gnade und Dankbarkeit.

Auch wenn es beim In-den-Ring-Steigen nicht um Leben und Tod geht, kann es uns ermutigen, einen Sprung im Glauben zu machen, die Gunst der Sichtbarkeit zu nutzen, uns selbst in den Dienst am anderen zu stellen. Wieder denke ich an Bischof Michael Curry. Seit seiner Wahl zum Primas der Episkopalkirche im Jahr 2015 hat er sich weltweit Sympathie und Respekt verschafft. Seine Predigt zur Hochzeit von Prinz Harry und Meghan Markle im Mai 2018 war eine Inspiration für die zwei *Milliarden* Menschen, die seine Botschaft über die Kraft der Liebe hörten. »Wir wurden durch die Kraft der Liebe erschaffen, und wir sollen unser Leben in dieser Liebe leben. Deshalb sind wir hier«, sagte er.[6] Und an die Adresse des jungen Paars, der Familie, die versammelt war, um diese Liebe zu feiern, und all derer, die rund um die Welt zusahen, lud Curry uns alle ein, uns eine Welt vorzustellen, die von selbstloser, opferbereiter Liebe regiert wird: »Dann muss kein Kind mehr hungrig schlafen gehen. Nirgendwo auf dieser Welt. Nie mehr. Wenn die Liebe regiert, werden wir Schwerter und Schilde niederlegen, um nie mehr Krieg zu führen.«[7] Und als er das sagte, wollten wir alle genau diese Welt, *und* wir wollten genau die Menschen sein, die diese Welt schufen. Das ist das Geschenk von Bischof Curry.

Wie er dazu kam, unser Primas zu werden und diese globale Bühne für die Botschaft der Liebe nutzen zu können, ist ein weiteres Beispiel für beherztes In-den-Ring-Steigen. Viele Jahre lang war Curry ein hochgeschätzter Amtsträger in der Episkopalkirche, erst als Gemeindepriester und dann als Bischof der Diözese North Carolina. Ich kannte ihn als Kollegen und Mentor, und wie so viele bewunderte ich seine dynamische Art zu predigen, seine Herzlichkeit und sein unerschütterliches Engagement für soziale Gerechtigkeit. In seiner ganzen Zeit als Priester schaffte er es, zu kontroversen Themen öffentlich klar Stellung zu beziehen und zugleich trotzdem freundlichen Umgang mit Andersdenkenden zu pflegen.

In meiner Anfangszeit als Bischöfin wurden Bischof Curry und ich von unserem gemeinsamen Freund, dem kalifornischen Bischof Marc Andrus eingeladen, ein Seminar für Geistliche zum Thema Predigt zu leiten. Vier Tage verbrachten wir gemeinsam in einem hübschen Konferenzzentrum im Weinbaugebiet Sonoma und sprachen über diesen Aspekt des Priestertums. Zusätzlich hatte ich die seltene Gelegenheit, so viel wie möglich von meinen älteren Kollegen zu lernen. Eines Abends fragte ich Bischof Curry, wie er es schaffte, mit so viel Freude bei der Arbeit zu sein. Er sagte, er versuche, seine Energie auf die Dinge zu konzentrieren, die er gut machte, nämlich Predigen, Unterrichten und den Austausch mit Geistlichen. »Sitzungen mag ich nicht besonders«, gestand er mir. »Deshalb versuche ich, Einladungen, bei denen viel herumgesessen wird, zu vermeiden.« Er wirkte ehrlich zufrieden.

Einige Jahre später ließ sich Bischof Curry zuversichtlich als Kandidat für die Wahl zum Primas-Bischof aufstellen. Seine Reden sprühten von Anmut, Humor und Wissen. Die anderen Kandidaten behandelte er wohlmeinend und freundlich. Er zeigte nicht eine Spur Arroganz, nur Stärke und ansteckende Fröhlichkeit. Es war, als wüsste er, dass er gewählt werden würde und dass er als erster Schwarzer eine überwiegend weiße Kirche leiten würde, die historisch mit der Sklaverei und dem Jim-Crow-System verstrickt war.

Ich musste ständig an unser Gespräch in Kalifornien denken, denn eines wusste ich über die Aufgabe des Primas: Sie beinhaltete viele Sitzungen und zahllose Verwaltungspflichten – nach seinen Worten nicht gerade seine Lieblingsarbeit. Es war ganz klar, dass nicht seine persönlichen Vorlieben Bischof Curry motivierten, sich als Primas zu bewerben, und übrigens auch nicht sein Ehrgeiz. Er hatte einfach den Ruf gehört. Er wusste, dass die Arbeit, die vor ihm lag, persönliche Opfer verlangen würde, und trotzdem stieg er in den Ring.

Wir wahlberechtigten Bischöfe tauschten uns nicht sehr intensiv darüber aus, für wen wir stimmen würden, und zwischen den vier Bewerbern gab es auch keinen offenen Wahlkampf. Auf dem Weg in die Kirche, in der die Wahl stattfinden sollte, hielten wir alle gemeinsam den Atem an. Ich ging zufällig eine Zeitlang neben Bischof Curry, und er nahm meine Hand. »Genau um dieser Gelegenheit willen, Michael«, murmelte ich mit Bezug auf die biblische Heldin Esther kurz vor dem Moment, in dem sie selbst in den Ring stieg. Er blieb stehen, sah mir in die Augen und sagte: »Bete für mich, Schwester. Bete, dass ich nie Jesus aus den Augen verliere.« Er wusste es. Und er war bereit.

Eine sehr viel häufigere Reaktion auf den Ruf, in den Ring zu steigen, liegt allerdings am entgegengesetzten Ende des empirischen Spektrums, da, wo wir uns alles andere als bereit fühlen. Es sind die Momente, in denen wir wissen, dass wir das Nötige nicht leisten können, aber gebeten werden, es dennoch zu tun. Mut macht hier die Lektüre der Bibel, denn es gibt in den jüdischen wie in den christlichen Schriften zahllose Beispiele dafür, wie ganz gewöhnliche Menschen von Gott dazu aufgerufen werden, genau das zu tun, was völlig unmöglich erscheint.

Einige meiner Lieblingsfiguren in der Bibel setzen Gott in aller Höflichkeit auseinander, weshalb sie für diese Aufgabe ungeeignet sind. Moses zum Beispiel verweist darauf, dass er unmöglich der sein kann, der den ägyptischen Pharao auffordert, die Israeliten aus der Sklaverei zu entlassen, weil er stottert. Jeremia weist Gott darauf hin, dass ja doch niemand auf ihn hören würde, weil er noch ein Knabe ist. Als Jesaja den Ruf Gottes hört, versinkt er in Scham und ruft: »Ich bin verloren! Ich bin unwürdig, den HERRN zu preisen.«[8] Bei allen lautet Gottes Antwort: »Ich weiß, wer du bist. Ich weiß um deine Schwächen. Geh trotzdem.« Ganz ähnlich ergeht es den Jüngern Jesu, an erster Stelle Simon Petrus, dessen Antwort auf Jesu Ruf lautet: »Herr, geh fort von mir! Ich bin ein sündiger Mensch!«[9] Doch Jesus weiß alles über Simon Petrus, und genau ihn will er an seiner Seite haben.

Die Botschaft quer durch die Heilige Schrift lautet: Wann immer Gott oder das Leben selbst seinen Ruf aussendet, ist es ganz normal, sich unwürdig und unvorbereitet zu fühlen – aber das macht nichts. Wir befinden uns genau in dem Zwischenraum zwischen unseren aktuellen Fähigkeiten und dem, was nötig ist. Und wenn am Ende etwas Gutes entsteht, wissen wir im Grunde unseres Herzens, »dass das Übermaß an Kraft, mit dem ich wirke, von Gott kommt und nicht aus mir selbst«.[10]

Ein weiteres überzeugendes Beispiel kennen wir als die Wundersame Brotvermehrung, eine der wenigen Begebenheiten, die in allen vier Evangelien erzählt werden. Sie berichtet, wie Jesus und seine Jünger sich einmal eine Ruhezeit abseits der Menge nehmen wollen; doch Tausende Menschen folgen ihnen an diesen ruhigen Ort. Voller Mitleid stellt Jesus seine Müdigkeit hintan, spricht zu ihnen und weist seine Jünger an, es ihm nachzutun. Am Ende dieses langen Tages raten die Jünger Jesus, die Menschen nach Hause zu schicken. »Es ist schon spät und die Gegend hier ist einsam. Schick doch die Leute weg! Sie sollen in die Höfe und Dörfer ringsum gehen und sich etwas zu essen kaufen!«[11]

Von dem, was dann passiert, existieren zwei Versionen. In der einen fordert Jesus die Jünger auf, den Menschen zu essen zu geben. Doch sie haben nur fünf Laibe Brot und zwei Fische. In der zweiten Version bietet ein Knabe seine mitgebrachte Mahlzeit an: ebenfalls fünf Laibe Brot und ein paar Fische. In beiden Fällen nimmt Jesus, was ihm gegeben wird, bittet um Gottes Segen und reicht das Essen den Jüngern, damit sie es an die Menge verteilen. Es ist genug da, damit Tausende satt werden, und es bleiben noch zwölf Körbe voll übrig. »Sammelt die Brotreste auf, damit nichts verdirbt«, sagt Jesus zu seinen Jüngern.[12]

Ich lebe mein ganzes Leben in dieser Wundersamen Brotvermehrung. Fast jede Predigt, die ich halte, ist für mein Gefühl unvollständig und unangemessen, aber ich halte sie trotzdem und bitte Jesus, er möge die Lücken füllen. Meine Führung ist oft unvollkommen und unzureichend, aber ich führe, so gut ich kann, und warte, dass Jesus in die Bresche springt. Das Geld, das ich spende, besonders bei akutem menschlichem Leid, reicht nie aus, aber ich spende trotzdem und hoffe, dass ich gemeinsam mit anderen manchen Schmerz lindern kann. Das Bild von ein paar Laiben Brot und ein paar Fischen, die eine Menge satt machen, soll uns alle ermuntern, zu geben, was wir haben, obwohl wir wissen, dass es nicht ausreicht. Aus Gründen, die unser Verständnis übersteigen, entscheidet sich Gott wieder und wieder, mit unseren unvollkommenen, unangemessenen Gaben zurechtzukommen.

Als unsere Söhne in der Grundschule waren, kamen wir eines Sommers aus einer langen Ferienzeit nach Hause – gerade rechtzeitig zum Gottesdienst am Sonntagmorgen. Meine Predigt bestand aus wenigen Gedanken, die ich in letzter Minute zusammengestrickt hatte, und einer Geschichte über ein russisches Waisenkind, dem ich kürzlich bei meinen Großeltern in Schweden begegnet war. Es war der erste Sommer nach dem Zusammenbruch der Sowjetunion, und die Kleine verbrachte die Ferien bei den Nachbarn meiner Großeltern. Ich konnte sie nicht vergessen, denn als wir dort waren, hing sie an mir, als wäre ich ihre verlorene Mutter. Der Abschied von ihr war mir schwergefallen. Es war keine besonders geistreiche Predigt, aber mehr hatte ich nicht zu bieten.

In der letzten Reihe saß ein Ehepaar, das erst vor wenigen Monaten in die Gemeinde gekommen war. Nach dem Gottesdienst erzählten sie mir, meine Worte hätten sie ermutigt, sich weiter durch eine anstrengende internationale Adoptionsprozedur zu kämpfen. »Wir waren gerade so weit, dass wir es aufgeben wollten, zwei Schwestern aus der ehemaligen Sowjetunion zu adoptieren. Aber als Sie über dieses Mädchen sprachen, war es, als würde Gott uns sagen, wir sollen dranbleiben«, sagten sie mir.

Was für das Predigen gilt, gilt auch für andere Kontexte, denn was wir sagen, und sei es in scheinbar lockeren Gesprächen, kann sehr viel mehr bewirken, als wir meinen. Vielleicht erfahren wir nie, wenn unsere Worte, so zerstreut oder unbedeutend wir sie auch fanden, genau das waren, was jemand hören musste und was ihm gefehlt hätte, wenn wir es nicht gesagt hätten.

Doch die Erfahrung der Unangemessenheit hat noch eine andere Seite, und die ist viel schmerzlicher und demütigender. Wenn wir in den Ring steigen, geschieht in der Regel kein Wunder, und die unschönen Folgen unserer schlechten Vorbereitung und unserer Inkompetenz werden für alle Welt sichtbar. Wie wir im Anblick des Scheiterns reagieren, ist eine unserer maßgeblichsten Entscheidungen. Wenn wir lernen können, das Scheitern als Teil des Wachsens zu begreifen, und darauf vertrauen, dass solche Erfahrungen zu einer längeren Erzählung von Mut und Zielstrebigkeit dazugehören, können wir die schmerzliche Lektion schlucken und weitermachen. Wenn wir das nächste Mal aufgerufen sind, in den Ring zu steigen, sind wir dann besser vorbereitet, und im Rückblick erkennen wir, wie wichtig das Scheitern ist, wenn wir lernen wollen, mutig zu sein.

Vor einigen Jahren begegnete mir ein kurzer, an junge Künstlerinnen und Künstler gerichteter Essay, in dem Ira Glass, der Moderator und Produzent der beliebten Radiosendung und des Podcasts *This American Life* ausführlich zitiert wurde. Zunächst konstatiert er das anfängliche Auseinanderklaffen von künstlerischem Ehrgeiz und unseren ersten tastenden Versuchen, ihn auszudrücken. »In den ersten Jahren machst du was, aber richtig gut ist es nicht«, erklärt er. »Du findest es irgendwie enttäuschend.«[13] Entscheidend aber ist, was die Künstlerin oder der Künstler *danach* macht:

> Wenn du gerade erst anfängst oder immer noch in dieser Phase steckst, musst du wissen: Das ist ganz normal, am wichtigsten ist, dass du viel arbeitest. [...] Nur mit viel Arbeit kannst du diese Lücke schließen. Und dann entspricht die Arbeit auch deinem Ehrgeiz.[14]

In den Ring zu steigen, wenn wir noch nicht bereit sind, ist der Preis des Anfangens. Du musst es tun, wieder und wieder, wenn du auf dem Weg hin zu dem Menschen bist, der tun oder leisten kann, was dich im Moment noch überfordert. Um noch einmal das Bild vom Baseballspieler zu bemühen: Du gehst hin, stellst dich aufs Spielfeld, betrittst die Homeplate, schwingst den Schläger und schlägst daneben, schlägst daneben, schlägst daneben … bis du eines Tages triffst.

Meine öffentlichen Fehler gehörten zu den lehrreichsten, wenn auch schmerzlichen Lektionen auf dem Weg zur Führungskompetenz. Sie haben mich Demut gelehrt. Seither weiß ich: Mich meinen Kritikern zu stellen, ihnen zuzuhören und meine Fehler einzugestehen, ist nicht nur der beste Weg, um Stürme zu überstehen, sondern auch um Reife zu gewinnen.

Als ich seit drei Jahren Bischöfin war, hielt ich in der Washington National Cathedral eine Weihnachtspredigt, die, um es milde zu sagen, nicht gut ankam. Die Weihnachtszeit ist so aufgeladen mit Emotionen, und es sind dann meist so viel mehr Menschen in der Kirche, dass das Fest für die meisten Prediger großen Stress bedeutet. Ich spüre diesen Druck jedes Jahr, und in der Cathedral noch stärker, weil dort sehr viele Menschen zum Weihnachtsgottesdienst kommen, von denen viele seit Jahren keine Kirche betreten haben. Der Heilige Abend ist für mich eine alljährliche Gelegenheit, mit einer großen Zuhörerschaft die lebensbejahendste Botschaft des christlichen Glaubens zu teilen: Gott ist Liebe, und aus Liebe zu den Menschen kommt Gott zu uns, wo immer und wie auch immer wir sind. Wegen der Lage und dem Hintergrund der Gemeinde gibt es auch immer die Erwartung, das aktuelle Geschehen zu kommentieren. Das ist Jahr für Jahr eine große Herausforderung.

In diesem Jahr also hatte ich mich, so gut ich konnte, vorbereitet, aber was ich dann sagte, war, wie Ira Glass sagen würde, nicht richtig gut. Ich konnte aber nur predigen, was ich hatte, und beten, dass wieder einmal der Heilige Geist meine fehlende Inspiration ausgleichen würde. Doch das tat er nicht. Schlimmer noch, ich brachte es fertig, mit einem Beispiel, das ich benutzte, mehrere jüdische Gottesdienstbesucher und ihre christlichen Freunde zu verletzen. Unbeabsichtigt traf ich einen Nerv, der großen Teilen der jüdischen Gemeinschaft, die eine Partnerschaft mit der Cathedral pflegt, einen heftigen Schmerz zufügte. Manche von ihnen waren betroffen, andere waren wütend.

Die Sache sprach sich herum, und am Weihnachtstag war meine Mailbox voll mit enttäuschten und empörten Nachrichten. Eine Person ging sogar so weit, die *Washington Post* zu kontaktieren und sich über meine Worte zu beschweren. Ich war zutiefst beschämt.

Mehrere Freunde versuchten mich aufzumuntern, indem sie die Predigt lobten und die negativen Reaktionen als belanglos abtaten. Andere kritisierten meine Kritiker und rieten mir, sie zu ignorieren. Es war verlockend, die Schuld denen zuzuschieben, die mich so heftig attackierten. Schließlich soll ein Prediger auch das Risiko eingehen, dass die Zuhörer sich unwohl fühlen, wenn er schmerzliche, aber notwendige Wahrheiten ausspricht. Das aber wollte ich ja gar nicht. Nein, hier hatte ein Bild, über das ich ehrlich gesagt nicht besonders viel nachgedacht hatte, einige Menschen verletzt, die an jenem Abend gekommen waren, um sich Zuspruch schenken zu lassen. Ich fühlte mich entsetzlich.

Im Grunde war dies ein relativ kleiner öffentlicher Fehler, und ich habe seitdem sehr viel spektakulärere gemacht. Damals aber war ich fix und fertig. Das Predigen ist mir wichtig, und ich hatte nicht nur die enttäuscht, die so nett waren, nichts zu sagen, sondern ich hatte anderen echten Kummer bereitet. Die Welle der Kritik überwältigte mich, und ich versank in den nächsten Tagen in einer emotionalen Abwärtsspirale.

Wie durch Vorsehung fiel mir in diesen stürmischen Tagen das Buch *Laufen lernt man nur durch Hinfallen* von Brené Brown in die Hand. Für mich war es ein Rettungsring – sieben Kapitel über den Schmerz und die Demütigung des Scheiterns in allen möglichen Lebensbereichen, und Wege, damit umzugehen. Brown bezieht sich da auf ein Bild, das sie bereits in früheren Büchern verwendet hat, nämlich eine Arena, in der jemand das Scheitern in Kauf nimmt, nachdem er etwas Großes gewagt hat. In diesem Buch aber konzentriert die Autorin sich auf den Moment, in dem dieser mutige Mensch mit dem Gesicht am Boden liegt. »Unsere ›schwarzen Augenblicke‹ können großes Gewicht haben – wenn wir beispielsweise gekündigt werden oder herausfinden, dass unser Partner uns betrügt. Sie können relativ unbedeutend sein – etwa wenn unser Kind uns die Unwahrheit über sein Zeugnis sagt oder wir eine Enttäuschung am Arbeitsplatz erleben.«[15] Ich konnte das Buch nicht aus der Hand legen.

Wie so vielen anderen erlaubte Brown auch mir, mich dem Schmerz der öffentlichen Kritik und der persönlichen Enttäuschung zu stellen und daraus meine Lehren zu ziehen. Mit ihren Worten forderte sie mich auf, die Arbeit zu erledigen: »So zu tun, als könnten wir Eigenschaften wie Hilfsbereitschaft, Großzügigkeit und Mut erwerben, ohne zuvor durch so schwierige Emotionen wie Verzweiflung, Scham und Panik zu steuern, ist eine zutiefst gefährliche und fehlgeleitete Annahme.«[16] Die Lektüre dieser Worte fühlte sich an wie eine Feuerprobe: Was für eine Führungsfigur werde ich?

Brown schildert einen einfachen, aber fordernden Prozess, nach einem Sturz wieder aufzustehen oder, so meine Erfahrung, erneut in den Ring zu steigen, und zwar nachdem wir es zuvor schon einmal getan haben und damit gescheitert sind. Zuerst kommt die »Bestandsaufnahme«, wenn wir feststellen, wo wir stehen, den Schmerz und den Orientierungsverlust durch den Sturz anerkennen und uns von Verurteilung zur Neugier umorientieren.[17] Als Nächstes kommt die »Neubewertung«, in der wir uns ganz zu eigen machen, was passiert ist, und die Fragen stellen, die unser Verständnis erweitern. Und schließlich spricht Brown von der »Revolution« – der vollständigen Transformation, die bei einzelnen Menschen oder der Gesellschaft erfolgen kann, wenn wir zu Menschen werden, die für wirklich wichtige Dinge das Scheitern in Kauf nehmen, und zwar gerade *weil* wir wissen, dass wir wieder aufstehen können.[18]

Ich beschloss, all denen, die mir von ihrer Verletzung und Wut geschrieben hatten, eine persönliche Entschuldigung zu schicken und ihnen ein Treffen anzubieten. Fast alle antworteten mir und äußerten ihre Überraschung und ihre Dankbarkeit, dass ich sie kontaktiert hatte. Vier von ihnen nahmen meine Einladung an, und im neuen Jahr trafen wir uns in meinem Büro. Ich hörte mir ihre Geschichten an und konnte so besser verstehen, warum meine Worte sie so verletzt hatten. Nicht mit allem, was sie vorbrachten, war ich einverstanden, aber es erinnerte mich daran, wie sehr Sprache verletzen kann. Unsere Meinungsverschiedenheiten fielen weniger ins Gewicht als die Tatsache, dass wir uns nunmehr offen über so heikle Fragen von Glauben und Identität austauschten.

Außerdem entdeckte ich, dass ich auch in dem Tumult, den ich selbst ausgelöst hatte, in den Ring steigen und damit eine explosive Situation entschärfen konnte. In *Love Is the Way* schreibt Bischof Curry vom »Lernen, gleichzeitig zu stehen und zu knien«, also bei seinen Überzeugungen zu bleiben, aber gleichzeitig die Wut eines anderen voller Mitgefühl und Respekt entgegenzunehmen.[19] Für mich war entscheidend, dass ich denen, die ich verletzt hatte, erlaubte, ihre Wut zu benennen, dass ich sie aufnahm und dabei trotzdem stehen blieb. Diese Lektion muss ich bei jedem Scheitern neu lernen, sei es im Öffentlichen oder im Privaten.

Nur allzu gern würde ich sagen, dass das Scheitern mit der Zeit einfacher wird, aber es tut jedes Mal genauso weh. Trotzdem will ich nicht anders leben oder führen. Genau darin liegt die Revolution, schreibt Brown: »Wenn [der Prozess] zur *Praxis* wird – zu unserem Weg, wie wir mit anderen in Beziehung treten –, setzt er ohne Zweifel eine revolutionäre Veränderung in Gang. Er verändert uns, und er verändert die Menschen in unserem Umfeld.«[20]

Eine dritte Variante des Rufs, in den Ring zu steigen – und vielleicht die, die vom stärksten Glauben zeugt –, begegnet uns in Situationen, in denen wir tief in der Komplexität und den Widersprüchen unseres Lebens verstrickt sind. Aus dem Morast der Ichbezogenheit heraus aufgefordert zu werden, in einer völlig anderen Sphäre etwas Mutiges, etwas Gutes zu tun, ist reine Gnade. Es ist eine Erleichterung, auf neue

Gedanken zu kommen und wieder Zugang zu dem zu erhalten, was dem Leben Bedeutung gibt, wenn wir uns gerade am wenigsten dafür geeignet fühlen.

Das klassische Beispiel dafür liefert der Erzvater Jakob, von dem im 1. Buch Mose erzählt wird. Zunächst sei kurz gewarnt, wer die frühen biblischen Texte nicht kennt: Vieles von dem, was wir dort lesen, geht uns modernen Menschen gegen den Strich. In der Antike waren Sklaverei, Polygamie, Patriarchat und Gewalt gang und gäbe, und viele Menschen, darunter auch die Verfasser dieser Schriften, hielten diese Gräuel für gottgewollt – manch einer denkt das gar noch heute.

Zum Glück kennt die Heilige Schrift ein stetiges Korrektiv und eine bewundernswerte Bereitschaft, die Schwächen und Sünden unserer geistigen Vorfahren einzuräumen. Das heißt, die Bibel erzählt von unvollkommenen Menschen und ihren Begegnungen mit Gott in Geschichten, die genauso unerfreulich sind wie unsere eigene Zeit. Da jede Generation die alten Texte mit frischem Blick liest, gibt es immer neue Einsichten, die Sinn, Herausforderung, Trost und Führung stiften. Ich gehöre zu denen, die glauben, dass Gott in der Bibel zu denen spricht, die sich entscheiden, zuzuhören.

Doch zurück zu Jakob, der eigentlich nichts anderes ist als ein Betrüger und ein Dieb. Als junger Mann stiehlt er das Erstgeburtsrecht seines Bruders Esau und erschleicht sich selbst den Segen des Vaters; dieses uralte Ritual konnte damals nur ein einziges Mal vollzogen werden. Auf Drängen seiner Mutter verlässt Jakob die Heimat, angeblich, um bei Verwandten in einer anderen Gegend eine Frau zu finden, genauso aber, um Esaus Wut zu entkommen.

Jakob trifft auf einen gleichgesinnten Opportunisten, seinen künftigen Schwiegervater Laban. Nach einer Begegnung mit Labans jüngster Tochter Rachel, in die er sich auf den ersten Blick verliebt, hält Jakob bei Laban um ihre Hand an. Laban ist einverstanden, unter der Bedingung, dass Jakob sieben Jahre lang für ihn arbeitet. Doch als Jakob seinen Teil der Abmachung erfüllt hat, überlistet ihn Laban: Er soll zunächst Rachels ältere Schwester Lea heiraten, und nach weiteren sieben Jahren Arbeit kann er auch Rachel zur Frau nehmen. Jakob willigt ein und ist am Ende mit beiden Töchtern verheiratet. Im Haushalt seines Schwiegervaters kommt Jakob zu solchem Reichtum, dass Laban und seine Söhne misstrauisch werden und ihr Verhältnis sich abkühlt.

Mitten in diesem Familiendrama wendet sich Gott an Jakob: »Kehre in das Land deiner Vorfahren und zu deinen Verwandten zurück! Ich werde dir beistehen.«[21] Der Ruf ist genauso deutlich wie der, den einst Abraham gehört hat, und auch Jakob reagiert, ohne zu zögern. Mit seinen beiden Frauen plant er heimlich die Flucht. Eines frühen Morgens stehlen sie sich davon und nehmen mit, was sie tragen können, darunter auch die heiligen Geräte aus Labans Haushalt.

Auf dem Rückweg in die Heimat überfallen Jakob die vergangenen Ereignisse; ganz zu Recht macht er sich Sorgen, wie Esau ihn wohl empfangen wird. Er schickt ihm eine Friedensbotschaft und erfährt, dass sein Bruder ihm in Begleitung von 400 Männern entgegenkommt. Jakob erschrickt gewaltig.

Daraufhin schickt er zu ihrer Sicherheit seine Familie voraus und erwartet alleine seinen Bruder. Hier gleitet die Geschichte ins Mystische ab: In der Dunkelheit erscheint ein Fremder und greift Jakob an, die ganze Nacht hindurch ringen sie miteinander. Jakob wirkt resigniert, doch er kämpft weiter. Da schlägt der Mann Jakob auf die Hüfte und verwundet ihn schwer, doch Jakob gibt nicht auf. Im Morgengrauen bittet der Fremde Jakob, ihn gehen zu lassen. Aber Jakob erwidert: »Ich lasse dich nicht los, bevor du mich segnest!« »Du sollst von nun an nicht mehr Jakob heißen«, sagt der Fremde. »Denn du hast mit Gott und mit Menschen gekämpft und hast gesiegt.«[22]

Gemeinsam mit Jakob begreifen wir, dass er die ganze Nacht mit Gott gerungen hat. »Ich habe Gott von Angesicht gesehen, und ich lebe noch!«, staunt er da. Der Segen, um den er gebeten und den er erhalten hat, gehört ihm allein und ersetzt den Segen, den er seinem Bruder gestohlen hat. Am nächsten Tag treffen Jakob und Esau aufeinander und versöhnen sich. Als Zeichen für den Preis des Segens wird Jakob für den Rest seines Lebens hinken.

Frappierend ist für mich hier nicht Jakobs bleibende Hinterhältigkeit, sondern die Tatsache, dass Gott wieder und wieder über seine egoistischen Täuschungsmanöver hinwegsieht und ihn dazu aufruft, seinen Platz in der Ahnenreihe des Volks Gottes einzunehmen. In einer packenden Predigt in der Washington National Cathedral beschäftigte sich am 27. September 2020 der Erzbischof von Canterbury, Justin Welby, mit der Geschichte Jakobs und beschreibt ihn als »einsames Opfer eines selbst auferlegten Familientraumas« und »narzisstischen Heiratsschwindler.«

> Er hat Vater und Bruder betrogen, doch Gottes Gnade und Liebe sind größer als seine Sünden und sein Vergehen. Er wird massiv bedroht, mit Waffen verfolgt, seine Heimat ist fern, er ist umringt von wilden Tieren. Doch Gott, der Gott seiner Vorfahren, ist bei ihm. Mitten in Jakobs Igno-

ranz und Sünde nähert sich Gott. Er rettet, segnet, stellt ihn auf einen neuen Weg. Seine Zukunft ist ein Segen, der empfangen und gegeben wird. Es gibt keine einfache Lösung; Tugend wird nicht belohnt, und Sünde nicht bestraft. Es gibt nicht die bequeme Erklärung, dass er, weil er gesegnet war, eben doch recht hatte. Gottes Gnade ist groß, aber sie verlangt auch, dass wir uns voll und ganz hingeben. Vor Jakob liegt seine Zukunft, wie ein Segen aus 14 Jahren zermürbender, schlecht bezahlter Arbeit wird er sich durchschlagen, und er wird sie erneut betrügen. Doch Gottes Gnade bleibt groß.[23]

Der Erzbischof hört hier die Botschaft heraus, wie Gott uns aus uns selbst herausruft: »Gott reagiert auf Jakobs komplexes Tun und Streben nicht etwa mit Vereinfachung oder stillschweigender Duldung, sondern mit einem Ruf.«[24] Gott entschuldigt Jakobs Vergangenheit nicht, er duldet sie nicht, aber offenbar verstört sie ihn auch nicht. Gott hebt ihn einfach heraus aus seinem Morast und stellt ihn auf einen anderen Weg, setzt ihm ein Ziel, das zu erreichen sich lohnt.

Ich kann gar nicht zählen, wie oft ich aus der Abwärtsspirale meiner Gedanken, Ängste oder eines sinnlosen Aktionismus gerettet wurde durch den Ruf, für ein anderes Ziel in den Ring zu steigen. So eine Wendung löscht oder löst nicht die Zweideutigkeiten und Widersprüche meines Lebens, aber eine Zeitlang werde ich aus ihnen herausgehoben und bin frei, meine Aufmerksamkeit auf etwas Wichtiges zu richten, etwas für jemand anderen zu tun.

Anfang September 2021 war ich unendlich traurig, versank geradezu in Verzweiflung. Das Ende des Sommers macht mich oft melancholisch, und in diesem Jahr war es besonders schlimm. Wir hatten unsere erwachsenen Kinder und die Enkel verabschiedet, ohne zu wissen, wann wir sie in Zeiten der Pandemie wieder würden sehen können. Vor mir lag nach mehreren Wochen Auszeit wieder die Arbeit, die verschiedensten Aufgaben erwarteten mich, und keine davon lachte mich an. Es war eine depressive Phase, wie ich sie schon erlebt hatte, und ich war drauf und dran, mich weiter herabziehen zu lassen.

Dann fiel mir ein, dass eine Nachbarin an diesem Wochenende einen »Trödel-Giveaway« veranstaltete (nicht etwa einen Trödelmarkt!), und zwar zugunsten von Einwanderer-Familien, die unter der Pandemie und deren wirtschaftlichen Folgen besonders gelitten hatten. Ich war so erschöpft, dass ich die Gelegenheit zum Helfen fast verstreichen ließ, aber abends packte ich doch unser Auto voll mit Geschirr, Töpfen, Decken, Kleidung und Möbelstücken. Am nächsten Morgen fuhr ich zum Trödelplatz, einem Basketballplatz vor einem Wohnblock in einem Stadtteil, in dem ich noch nie gewesen war.

Auf dem Basketballplatz waren etwa ein Dutzend Freiwillige dabei, einen Berg von Spenden so aufzubauen, dass es aussah wie in der Haushaltsabteilung eines Kaufhauses; gleichzeitig bildete sich davor eine Schlange. Aufgeregte Kinder rannten umher und zeigten auf die Fahrräder und Spielsachen. Als das Tor aufging, fühlte es sich an wie Weihnachten.

Meine Aufgabe war es, Senioren bei ihrer Runde zu begleiten. Eine Frau, die, wie ich erfuhr, krebskrank war, bat mich, ihre Tasche zu tragen. Während wir durch die Reihen gingen, sah ich junge Mädchen, die Jacken anprobierten und einander auf der Suche nach der richtigen Größe Jeans in die

Hand drückten. Kleinere Kinder hielten Plüschtiere im Arm. Paare trugen Möbel in ihre Wohnungen. Als der Sportplatz sich leerte, sprach ich mit den Frauen, die das Ereignis organisiert hatten. Sie waren müde und beglückt und planten bereits ihren nächsten Einsatz.

Was ich an diesem Tag aus meinem Haus und mit meiner Gegenwart beitrug, war nur bescheiden, aber was ich mitnahm, war ein unbezahlbares Geschenk. Dass ich in einer Gemeinschaft sein durfte, die Nächstenliebe praktizierte, hob mich aus meiner lähmenden Traurigkeit empor in einen Raum der Dankbarkeit. Nach diesem Trödelmarkt war ich dieselbe Person mit denselben Sorgen. Aber dass ich bei dieser Nachbarschaftshilfe mitwirken durfte, half mir, für eine Zeitlang auszubrechen. Es war ein gnädiger Fingerzeig Gottes, der meine Mühsal sieht und reagiert, indem er sie nicht etwa vereinfacht oder duldet, sondern indem er mich auffordert, mich aus mir selbst zu erheben und etwas Wertvolles zu tun. Und immer, wenn das passiert, bin ich wie Jakob dankbar für Gottes Bereitschaft, trotz meiner Unvollkommenheit mit mir zurechtzukommen. Die Frage ist nicht, ob ich für Gott oder irgendjemanden gut genug bin, sondern ob ich auf den Ruf, der an mich gerichtet wird, reagiere.

Die Menschen, deren Geschichten ich in diesem Buch erzählen durfte, haben alle Momente erlebt, in denen sie »in den Ring stiegen«; bei manchen ging es um eine persönliche Herausforderung, bei manchen um gesellschaftliche Fragen mit historischer Tragweite. Meine Faszination für den Kampf gegen Rassismus und für Bürgerrechte in diesem Land rührt unter anderem daher, dass die Geschichte so voll von diesen mutigen Momenten ist, in denen einzelne Menschen möglich machen, was lange unerreichbar schien, und künftige Generationen motivieren, den Traum weiterzutragen. Ich habe bisher vor allem persönliche Erlebnisse geschildert, aber für die Gesellschaft gilt dasselbe. Wenn nämlich mutige Menschen sich mit einem gemeinsamen Ziel zusammentun und denen folgen, die ihnen klargemacht haben, dass ihr Beitrag von Belang ist, dann verändert sich die Welt hin zum Besseren.

Kommen wir noch einmal zurück zu dem Moment des Triumphs, als Martin Luther King 1965 auf den Stufen des Kapitols in Montgomery, Alabama sprach, denn das war das mühsam errungene Ergebnis unzähliger mutiger Taten. Der Widerstand gegen das Wahlrecht (wie gegen alle Bürgerrechte) für Schwarze in Alabama war erbittert und hässlich gewesen. Der Marsch nach Montgomery begann mit einem Blutbad, als am 7. März die Bürgerrechtler auf der Edmund Pettus Bridge in Selma brutal gestoppt wurden. Dank der anwesenden Kamerateams wurde das Land zum Zeugen des Blutvergießens, und diesen Moment nutzte King. Er war an diesem sogenannten *Bloody Sunday* nicht in Montgomery, aber er führte zwei Tage später einen erneuten Anlauf zur Überquerung der Brücke an und widersetzte sich damit der Anordnung der Stadt, die den Marsch verboten hatte. Außerdem rief er weiße Pfarrer und Mitstreiter aus dem ganzen Land dazu auf, sich seinem friedlichen Protest anzuschließen. Hunderte brachen auf in den Süden, auch der Dekan der Washington National Cathedral, Francis B. Sayre Jr.

Nach tagelangen Verhandlungen und Demonstrationen sagte ein Bundesrichter Polizeischutz für eine begrenzte Anzahl von Marschteilnehmern zu, und der 54 Meilen lange Marsch nach Montgomery startete. An jeder Straßenbiegung drohten Ortspolizisten und weiße Bürgerwehren den Marschierenden mit Gewalt. Fernsehkameras und Journalisten begleiteten den fünftägigen Fußmarsch, und Truppen der Nationalgarde schützten ihn. Tausende Schwarze Männer und Frauen aus ganz Alabama riskierten ihr Leben und ihren Lebensunterhalt, um sich auf der Straße King anzuschließen. Dass der Marsch eine solche Wirkmacht erhielt, lag daran, dass so viele Menschen bereit waren, mit Leib und Leben dabei zu sein.

Einer dieser Menschen war der Schwarze Eisenbahner Henry Caffey aus der Kleinstadt Trickem, Alabama. Caffey hatte sein Leben lang als »Gandy Dancer«, also als Streckenarbeiter, in Handarbeit Gleise gelegt, gewartet und repariert. 1965 war er zum Vorarbeiter aufgestiegen, in die höchste Position, die ein Schwarzer auf diesem Gebiet erreichen konnte. Er war ein respektierter Mitarbeiter und verstand sich gut mit den meisten Weißen, für die er arbeitete. Als der Marsch Trickem passierte, wollte Henrys jugendliche Tochter sich ihm anschließen.

Die Geschichte von Henry Caffey und seiner Tochter hörte ich von meinem Kollegen Andrew Waldo, der in den 1960er Jahren als Sohn eines episkopalen Priesters in Montgomery aufwuchs. Als Junge hatte Andrew mit den Kindern von führenden Bürgerrechtlern verschiedener Hautfarbe gespielt, und außerdem interessierte er sich schon immer für die Eisenbahn und ihre Rolle in der Geschichte der USA. In einem Sabbatjahr ging Andrew zurück nach Montgomery und interviewte alle auffindbaren ehemaligen Arbeiter der Western Railway of Alabama. Eines Nachmittags saß er auf Caffeys Veranda und hörte zu, wie der alte Mann von diesen turbulenten Jahren erzählte.

Die Selma-nach-Montgomery-Märsche als Momente des In-den-Ring-Steigens hatten immense Folgen: natürlich für das junge Mädchen, aber auch für ihren Vater. Andrew erklärte: »In einer Kleinstadt in Alabama kennt jeder jeden. Wenn sie an dem Marsch teilnahm, würden das alle erfahren, und irgendjemand würde dafür bezahlen.« Ich kann mir vorstellen, wie Vater und Tochter diskutierten, aber wie bei so vielen, deren mutiges Handeln wir bezeugen können, weiß ich nur, dass Caffey sich am Ende bereit erklärte, sie zum Marsch zu fahren. Auf den drei Meilen zwischen ihrer Wohnung und dem Highway erkannte ein State Trooper Caffeys Auto und winkte ihn heraus. Der Beamte schrieb einen Strafzettel und sagte: »Henry, bring deine Tochter nach Hause, dann zerreiße ich diesen Strafzettel.« Caffey entgegnete: »Du kannst so viele Strafzettel schreiben, wie du willst. Meine Tochter wird an diesem Marsch teilnehmen.«[25]

Unter den weißen Pfarrern, die in den Süden reisten, war auch der Student Jonathan Daniels, der in Cambridge, Massachusetts episkopale Theologie studierte. Wie viele junge Nordstaatler war Daniels Idealist und hatte bei einem Praktikum in einer Kirchengemeinde in Providence, Rhode Island das bittere Rassismusproblem kennengelernt. Seine Entscheidung, nach Selma zu reisen, war trotzdem überraschend, weil er früher im selben Jahr öffentlich den Episkopalbischof von Alabama verteidigt hatte, der Episkopale aus dem Norden explizit aufgerufen hatte, sich aus seinem Bezirk fernzuhalten.[26]

Zusammen mit anderen Seminaristen hatte Daniels das Blutbad auf der Edmund Pettus Bridge am 7. März live im Fernsehen verfolgt. Als er Martin Luther Kings Bitte hörte,

Kirchenvertreter sollten in den Süden kommen, beschloss Daniels, Spendengelder zu sammeln, damit Kommilitonen sich auf den Weg machen konnten; er selbst hatte das nicht vor. Doch als Daniels an diesem Abend beim Abendgebet in den Lobgesang der Maria, das *Magnificat,* einstimmte, hatte er ein Bekehrungserlebnis – anders lässt es sich nicht beschreiben –, bei dem die Mutter Jesu ihm auftrug, nach Selma zu gehen.[27]

Daniels und seine Begleiter gehörten zu den 2000 friedlichen Protestlern, die gemeinsam mit Martin Luther King durch die Innenstadt von Selma marschierten; doch kurz bevor sie die Edmund Pettus Bridge überquert hatten, wurden sie plötzlich durch die Anordnung eines Bundesrichters gestoppt. King als Anführer der Bürgerrechtsbewegung wollte in diesem Moment die Bundesregierung nicht herausfordern, denn sie war die einzige wirksame Schutzmacht gegenüber dem Extremismus in den Südstaaten. Viele Teilnehmer, die eigens für den Marsch angereist waren, kehrten enttäuscht um.

Daniels und seine Seminar-Kommilitonin Judy Upham fanden einen so kurzen und fruchtlosen Auftritt unbefriedigend und entschieden, in Selma zu bleiben. Bei ihnen war außerdem Reverend James Reeb, ein unitarischer Priester aus Boston, der mit demselben Flug angereist war wie Daniels. Am selben Abend wurde Reeb von einer weißen Bürgerwehr angegriffen und getötet, als er ein Schwarzes Restaurant verließ. Sein Tod war eine grausige Botschaft an alle, die blieben: Auch sie riskierten ihr Leben.

Nach einer Rede, mit der Präsident Johnson sich vor dem Kongress für das neue Wahlrechtsgesetz aussprach, konnte King sich schließlich vom Bund die Genehmigung und Geleitschutz für einen Marsch sichern. Daniels und Upham gehörten zu den über 3000 Menschen, die am ersten Tag zu Fuß Selma verließen. Von dort aus durften nur 300 Personen auf dem schmalen Highway nach Montgomery weitergehen. Daniels half, Teilnehmer zurück nach Selma zu fahren, und kam jeden Abend, um beim Aufbau des Lagers zu helfen und Wache zu halten. Für die Schlussstrecke fünf Tage später war die Menge wieder zur Stelle. Daniels und Upham waren am 25. März dabei und hörten Martin Luther Kings Triumphrede vor 25 000 Zuschauern vor dem Kapitol von Alabama.

Als die Demonstranten sich beeilten, Montgomery vor Einbruch der Dunkelheit zu verlassen, brachte Viola Liuzzo, eine neununddreißigjährige weiße Frau, die eigens aus Detroit in den Süden gefahren war, eine Gruppe Schüler zurück nach Selma. Auf einem verlassenen Abschnitt des Highway 80 überholte sie ein Wagen. Einer der Insassen, alles Mitglieder des Ku-Klux-Klans, kurbelte sein Fenster herunter, legte eine Waffe an und erschoss sie.[28] Ernüchtert von Viola Liuzzos Tod, angeregt vom mutigen Auftritt so vieler Teilnehmer, und frisch verliebt in die Schwarze Familie, die sie bei sich zu Hause aufnahm, blieben Daniels und Upham das ganze Frühjahr über in Selma, registrierten Wahlberechtigte und engagierten sich als Tutoren für Grundschüler. Außerdem beteiligte sich Daniels in einem Dialogforum mit prominenten Weißen aus Selma, darunter auch Mitglieder der dortigen Episkopalkirche, von denen sich viele gegen das Ende der Segregation in ihrer Gemeinde sträubten.

Mittlerweile stand Selma nicht mehr im Zentrum der bundesweiten Aufmerksamkeit; Martin Luther King engagierte sich jetzt anderswo, und in Städten im Norden kam es zu Unruhen. Doch Daniels' Berufung stand seit dem Abend, an dem er in der Kapelle das *Magnificat* gesungen hatte, fest. Stephanie Spellers schreibt in ihrem Buch über die Kirche in diesen Jahren: »Marias revolutionärer Ruf trug dazu bei, dass Daniels den Blick nach Selma richtete.«[29] Und da sollte er bleiben.

Daniels und Upham legten noch im Seminar ihre Abschlussprüfungen ab, und im Juli war Daniels wieder in Alabama, um den ganzen Sommer als Aktivist und mit der Registrierung von Wählern zu verbringen; er war einer von nur einer Handvoll weißer Bürgerrechtsaktivisten im ganzen Staat. Mit Fotoapparat und Notizbuch dokumentierte er entschlossen die unsägliche Armut und die Ausbeutung der Schwarzen Einwohner und wollte ihre Lebensbedingungen auf jede ihm mögliche Weise verbessern. Schon in Selma herrschte Armut, aber im benachbarten County Lowndes, dem ärmsten in ganz Alabama, war es noch schlimmer. Dort lebten 80 Prozent Schwarze, die meisten als Sharecropper in ehemaligen Plantagen, wo die Bedingungen kaum besser waren als zu Zeiten der Sklaverei. Die Segregation war kompromisslos und grausam. Schwarze Einwohner, die zu wählen versuchten, wurden abgelehnt oder Alphabetisierungstests unterzogen und verloren obendrein später ihre Jobs.

Fernab der nationalen Öffentlichkeit leisteten Stokely Carmichael und das Student Nonviolent Coordinating Committe (SNCC) mühselige Aufbauarbeit im County Lowndes, und Daniels wollte dort mithelfen. John Lewis, damals Vorsitzender des SNCC, sollte später über Daniels sagen, er sei für die Schwarzen Bauern im County wie ein Bruder gewesen und eine Führungsfigur in eigener Sache.[30]

Am 6. August 1965 unterzeichnete Präsident Johnson das historische neue Wahlrechtsgesetz. Kurz darauf trafen die ersten Bundesbeamten im County ein, um Wähler zu registrieren. Unterdessen waren die Augen der Nation auf das kalifornische Los Angeles gerichtet, wo im Stadtteil Watts die größten Unruhen seit dem Zweiten Weltkrieg wüteten. Bei den weißen Einwohnern im County Lowndes wuchs das Unbehagen, denn sie fürchteten einen ähnlichen Aufstand. »Weiße, die seit Generationen ungestraft Gewalt gegen Schwarze eingesetzt hatten, erwarteten nichts anderes, als dass die Schwarzen jetzt mit Gewalt zurückschlagen würden«, schreibt Charles Eagles in seiner Biographie über Jonathan Daniels. »Gleichzeitig zeigte die landesweite Reaktion auf die Watts-Unruhen den White Supremacists von Lowndes, dass sie für die Bekämpfung eines Schwarzen Aufstands auf weitreichende öffentliche Unterstützung zählen konnten.«[31] In einem so explosiven, paranoiden Umfeld galt schon der einfache Akt, sich als Wähler registrieren zu lassen, als Bedrohung der weißen Vorherrschaft.

Viele Schwarze Schüler, die zu jung waren, um selbst zu wählen, aber entschlossen, sich Gehör zu verschaffen, stiegen in den Ring. In Zusammenarbeit mit den Organisatoren des SNCC plante eine Schülergruppe Anfang August einen Protest in der überwiegend von Weißen bewohnten Stadt Fort Deposit, Alabama, wo Schwarze Kunden in Läden häufig nicht bedient wurden oder deutlich höhere Preise bezahlen mussten. Verantwortliche des SNCC äußerten Befürchtungen, Angehörige des Ku-Klux-Klans könnten Vergeltungsschläge gegen ihre Zentrale in Atlanta führen, und beantragten Polizeischutz und mediale Berichterstattung. John Lewis schickte ein Telegramm an Gouverneur George Wallace und forderte – vergeblich – den Schutz der Demonstranten.[32]

Als die Weißen in Fort Deposit von dem geplanten Protest erfuhren, bewaffneten sie sich, als müssten sie sich zum Krieg rüsten. »Unter völlig verängstigten weißen Einwohnern zirkulierten Gerüchte, in Fort Deposit seien Freedom Rider eingetroffen«, schreibt Eagles. »Bewaffnete Weiße patrouillierten in aufgebrachter Erwartung durch die Stadt. Alles war voller Waffen und Knüppel.«[33] Gegen zehn Uhr morgens fuhren einige erwachsene Schwarze in die Stadt und standen vor dem Postamt, um sich für die Wahl registrieren zu lassen. Gleichzeitig wollten die jungen Leute vor der methodistischen Kirche ihren Demonstrationszug beginnen.

Daniels beschloss gemeinsam mit dem katholischen Priester Richard Morrisroe, die Jugendlichen bei ihrem ersten Protestmarsch zu unterstützen. In dieser Form in den Ring zu steigen, war für Daniels inzwischen zur zweiten Natur geworden. Die, die an diesem Tag in Fort Deposit dabei waren, erinnern sich, wie entspannt und sichtlich zufrieden er durch die Stadt marschierte. In Gruppen von acht bis zehn Personen gingen die Jugendlichen und jungen Erwachsenen mit Plakaten in der Hand zu drei Geschäften, die Stein des Anstoßes waren. Sie verhielten sich friedlich und gesittet, doch als eine Gruppe bewaffneter weißer Männer sich näherte, verhaftete die Ortspolizei von Fort Deposit alle Demonstranten einschließlich Daniels und Morrisroe.

Wer über 18 war, verbrachte sechs elende Tage im Gefängnis der nahe gelegenen Stadt Hayneville, während Anwälte und Aktivisten aus ganz Alabama versuchten, ihre Freilassung zu erwirken. Am 20. August hieß es ohne weitere Erklärung, sie hätten die Stadt umgehend zu verlassen. Daniels, Morrisroe und zwei weitere Demonstranten, Ruby Sales und Joyce Bailey, hielten bei einem Laden in Hayneville, wo Schwarze ungehindert einkaufen konnten, um sich Softdrinks zu kaufen. Sie ahnten nicht, dass ein Weißer namens Tom Coleman aus dem Büro des Sheriffs von der Freilassung der Bürgerrechtler erfahren hatte und bereits vor ihnen in den Laden gefahren war. Als Daniels für Sales die Eingangstür aufhielt, erschien Coleman mit der Waffe im Anschlag und brüllte, sie sollten verschwinden. Ein letztes Mal stieg Daniels in den Ring und stieß Sales aus der Schusslinie. Coleman tötete ihn aus nächster Nähe mit einem Schuss in die Brust.

Auf dem Kaminsims in meinem Büro steht eine Replik der Steinskulptur aus dem Bogen der Menschenrechte in der Washington National Cathedral, die Jonathan Daniels zeigt. Ich werde oft gefragt, wer er ist, und dann erzähle ich gerne von einem jungen Mann, der lernte, mutig zu sein. Sein Mut kostete ihn das Leben, aber er lehrte ihn auch zu leben.

Unsere Momente des In-den-Ring-Steigens wirken daneben vergleichsweise winzig, aber auch sie kumulieren sich, und es kann sein, dass jedes Mal, wenn wir uns entschließen, in den Ring zu steigen, sehr viel mehr auf dem Spiel steht, als wir denken. Nie sind wir lebendiger, als wenn wir unter drängendsten Umständen Stellung beziehen, das tiefere Ziel unseres Lebens erfüllen und wissen, dass wir trotz unserer Schwächen angenommen und aufgerufen sind, etwas Mutiges zu tun.

KAPITEL 6

Die unvermeidliche Enttäuschung

Keine gute Tat bleibt ungestraft.

Oscar Wilde[1]

Die christliche Fastenzeit, die uns zur Selbstreflexion und zur Besinnung auf das Wesentliche aufruft, ist der Zeit unmittelbar nach Jesu Taufe durch Johannes im Jordan nachempfunden, als Gottes Sohn intensiv auf die Probe gestellt wurde. Der Kontrast der Ereignisse ist frappierend. Kaum spricht der Heilige Geist zu dem aus dem Wasser steigenden Jesus die Worte: »Du bist mein Sohn, dir gilt meine Liebe, dich habe ich erwählt«, da *treibt* ihn derselbe Geist in die Wüste, wo er von Satan in Versuchung geführt wird.[2] Gerade noch sonnte sich Jesus im göttlichen Wohlgefallen, doch nun ringt er mit seinen menschlichen Schwächen in einem gewaltigen Kampf gegen die Macht des Bösen. Sollte Jesus einen Anflug von Größenwahn gehabt haben, wurde er ihm in der Wüste gründlich ausgetrieben.

Eine solche emotionale Achterbahnfahrt folgt auf viele Entscheidungsmomente. Ich habe schon einige angehende Ehepaare durch eine intensive, wenn auch meistens kurze Krise begleitet, als einer oder beide der nach außen hin glücklich Verlobten Zweifel bekamen. Nach der Euphorie der Verlobung wuchs die Unsicherheit, als sie sich der Realität dessen, was sie vorhatten, bewusst wurden. Auch bei der Geburt eines Kindes, die für viele Menschen der bedeutendste spirituelle Moment ihres Lebens ist, schlagen die Emotionen häufig von intensiver Euphorie zu erschöpfungsbedingter Depression um. Werdende Eltern überwältigt das, und sie fühlen sich schuldig, da sie noch nicht gelernt haben, dass solche Gefühle normal sind. Die unvermeidliche emotionale Enttäuschung, die auf alle Arten von entscheidenden Lebensmomenten folgt, kann uns aus der Bahn werfen. Dann fragen wir uns, ob das, was wir für eine transformative Erfahrung gehalten hatten, überhaupt weiter Bestand haben kann.

Wenn ich mir wieder einmal in Erinnerung rufen muss, wie viel Standhaftigkeit nach mutigen Schritten nötig ist, kommt mir oft ein kleines Beispiel aus meinem Leben in den Sinn. Im letzten Jahr meines Priesterinnenseminars konnte ich mich nicht entscheiden, wie ich mein Studium ausrichten sollte. Ich stand vor der Wahl zwischen einem eher traditionellen Studiengang und einem, der größere Abenteuer versprach. Die traditionellen Kurse waren akademisch anspruchsvoller und hätten mich an den Campus gebunden. Die abenteuerlichere Option bedeutete, jede Woche nach Washington, D.C. zu pendeln und meinen Platz unter den anderen einzunehmen, die sich für die herausfordernde Welt des städtischen Pfarramtes berufen fühlten. Mir war bewusst, dass es bei dieser Entscheidung nicht um Leben und Tod ging, doch ich wusste einfach nicht, was ich machen sollte.

Mit dieser Frage im Hinterkopf besuchte ich das städtische Schwimmbad. Die Bahnen, die ich dort zog, brachten mir endlich die Klarheit, für die ich gebetet hatte. Ich wusste ohne jeden Zweifel, dass es die beste Entscheidung war, auf dem Campus zu bleiben, mich auf das Wesentliche zu konzentrieren und die letzten Wochen des Seminars zu genießen. Die Erleichterung gab mir einen Energieschub, und am Ende des Trainings fühlte ich mich stark und zuversichtlich. Kaum war ich jedoch aus dem Pool gestiegen und hatte mich abgetrocknet, kehrte die Unsicherheit zurück und verdrängte die Zuversicht, die ich noch kurz zuvor verspürt hatte. Die Enttäuschung setzte so schnell ein, dass ich lachen musste. Dann dämmerte mir, dass ich entweder auf die Erkenntnis vertrauen konnte, die mir im Schwimmbecken gekommen war, oder dass ich dem darauffolgenden Anflug von Zweifeln nachgeben konnte. Wie in einem Akt des Glaubens entschied ich mich für meine Erfahrung im Wasser. Die Entscheidung selbst hat längst an Bedeutung verloren, doch die Erinnerung an das Geschenk der Klarheit, unmittelbar gefolgt von dem Gefühl, dass es eine Illusion war, hat mir später geholfen, die gleichen Gefühlsschwankungen zu bewältigen, wenn viel mehr auf dem Spiel stand.

Enttäuschung kann viele Formen annehmen. Nachdem sich der Energieschub verflüchtigt hat, stellt sich oft ein Gefühl der *Leere* ein, da das Leben wieder in die gewohnten Bahnen zurückkehrt. Alte Routinen und ungelöste Probleme kommen wieder zum Vorschein. Zweifel drängen sich auf. Eine Zeitlang verlieren wir die Orientierung und sind versucht, vom Pfad des Mutes abzuweichen. Ebenso gefährlich ist es, in Selbstüberschätzung zu verfallen, wobei uns ein vorübergehendes Gefühl der Unbesiegbarkeit den Blick für das verstellt, was vor uns liegt.

Die Evangelien liefern in einem Gespräch zwischen Jesus und seinem Jünger Simon Petrus ein anschauliches Beispiel für diese Dynamik. Als Jesu Wirken Fahrt aufnimmt und seine Berühmtheit wächst, nimmt er seine engsten Vertrauten beiseite, um darüber zu sinnieren, was all das zu bedeuten hat. »Für wen halten die Leute den Menschensohn?«, fragt er sie. »Die einen halten dich für den wiederauferstandenen Täufer Johannes«, antworten sie – eine bemerkenswerte Aussage, wenn man bedenkt, dass Johannes, der Anführer der geistlichen Bewegung, aus der Jesus hervorging, vor kurzem von König Herodes hingerichtet worden war. »Andere halten dich für den wiedergekommenen Elija«, fahren sie fort, womit sie einen alten Propheten meinen, der nach jüdischer Überlieferung als Vorläufer des Messias wiederkehren sollte. »Und wieder andere meinen, du seist Jeremia oder sonst einer von den alten Propheten.«[3] Jesus weckt in der Bevölkerung offensichtlich Hoffnung auf eine Befreiung von der römischen Besatzung.

Dann fragt Jesus: »Für wen haltet *ihr* mich?« Ohne zu zögern und mit erstaunlicher Klarheit, antwortet Simon Petrus: »Du bist Christus, der versprochene Retter, der Sohn des lebendigen Gottes!« Tief bewegt verkündet Jesus: »Du darfst dich freuen, Simon, Sohn von Johannes, denn diese Erkenntnis hast du nicht aus dir selbst; mein Vater im Himmel hat sie dir gegeben. [...] Du bist Petrus [dieser Name ist vom griechischen *petra* abgeleitet, was »Stein« bedeutet]; und auf diesem Felsen werde ich meine Gemeinde bauen!«[4] Zu Simon Petrus' (und sicherlich auch zum allgemeinen) Erstaunen befördert Jesus ihn in eine Führungsposition.

Wäre das Gespräch nur damit zu Ende gewesen. Jesus beschwört jedoch die Jünger zu schweigen und sagt ihnen, er sei dazu bestimmt, zu leiden und zu sterben, wenn sie in Jerusalem einzögen. Simon Petrus protestiert: »Das möge Gott verhüten, Herr; nie darf dir so etwas zustoßen!« Jesus rügt ihn sofort: »Geh weg! Hinter mich, an deinen Platz, du Satan! Du willst mich von meinem Weg abbringen! Deine Gedanken stammen nicht von Gott, sie sind typisch menschlich.« Kurz nachdem er Jesu höchstes Lob bekommen hat, wird Simon Petrus vor seinen Gefährten gedemütigt.[5]

Wie Simon Petrus habe ich manchmal im Glanz des öffentlichen Lobes fälschlicherweise angenommen, dass eine Leistung oder eine Erkenntnis in einem Bereich meines Lebens auch in anderen Bereichen Wirkung entfalten würde. Als ich zum Beispiel Pfarrerin in Minneapolis war, engagierte ich mich in einer glaubensbasierten Organisation namens ISAIAH. Dieser überparteiliche Zusammenschluss setzt sich in Minnesota gegen Diskriminierung aufgrund rassistischer Vorurteile und für wirtschaftliche Gerechtigkeit ein.[6] Von Zeit zu Zeit baten mich die Verantwortlichen von ISAIAH, auf Gemeindeversammlungen Reden zu halten oder Treffen mit Lokalpolitikerinnen und -politikern zu organisieren. Dafür waren viel Vorbereitung und Erfahrung nötig, und die Veranstaltungen selbst waren oft aufregend. Ich liebte es, vor einer Menschenmenge zu sprechen oder gegenüber mächtigen Politikern nachdrücklich meine Standpunkte zu vertreten. Gelegentlich war ich dabei erfolgreich und erlangte Aufmerksamkeit und öffentliche Anerkennung.

Wenn ich bei Treffen oder Veranstaltungen gesprochen hatte, baten mich danach oft Gruppen oder Community-Organizer, mich zu anderen Themen zu äußern oder mich anderen Aktionen anzuschließen, auf die ich nicht vorbereitet war. Von meinem erfolgreichen Auftritt berauscht, sagte ich stets zu, doch die Resultate waren blamabel. Ich wurde auf den Boden der Tatsachen zurückgeholt und meine politische Unerfahrenheit bloßgestellt. »Lassen Sie sich niemals von Fehlern entmutigen«, riet mir einmal ein Community-

Organizer, nachdem er gesehen hatte, wie ich nach einem desaströsen Treffen mit einem Lokalpolitiker den Rückzug antrat. »Ziehen Sie alle nötigen Lehren und machen Sie weiter.«

Im Gespräch zwischen Jesus und Simon Petrus ist bemerkenswert, dass Jesu Zurechtweisung nicht bedeutet, er würde seine Meinung über Simon Petrus' zukünftige Führungsposition ändern. Und obwohl die Worte Jesu geschmerzt haben müssen, bleibt Simon Petrus an seiner Seite. Es ist auch nicht das letzte Mal, dass er Jesus enttäuscht. Am schwersten wiegt, dass Simon Petrus nach der Verhaftung Jesu dreimal öffentlich leugnet, ihn zu kennen. Als Jesus gekreuzigt wird, fliehen Simon Petrus und die anderen männlichen Jünger aus Angst, während die Frauen aus ihrer Gruppe am Kreuz bleiben.

Im Evangelium wird berichtet, wie die Männer vor Kummer gelähmt in ihre Heimatdörfer und zu ihrem alten Beruf als Fischer zurückkehren. Dann erscheint ihnen eines Tages der auferstandene Jesus, der am Ufer auf sie wartet, als sie ihren nächtlichen Fang an Land bringen. Simon Petrus springt vor Freude ins Wasser und schwimmt ans Ufer.

»Kommt her und esst!«, sagt Jesus zu ihnen. Dann versichert er Simon Petrus, dass er ihm nicht nur vergibt, sondern dass er auch weiterhin seine Führungsposition innehaben wird. Simon Petrus rappelt sich auf und macht sich ans Werk.[7]

Es hätte mich eigentlich nicht überraschen sollen, dass ich in Ungnade fiel, während ich für meine Haltung gegenüber Donald Trump große öffentliche Bewunderung erfuhr. Die Wertschätzung wurde mir sicherlich nicht von allen Teilen der Gesellschaft entgegengebracht, aber unter den

Menschen, deren Meinung über meine Arbeit mir wichtig ist, war mein öffentliches Ansehen erheblich gestiegen. Das war sowohl bestärkend als auch verführerisch. Ich wurde zu Podcasts eingeladen und sollte Beiträge für überregionale Zeitungen schreiben. Die Organisatoren des Nationalkongresses der Demokraten im Jahr 2020 baten mich, dort den Segen zu sprechen. Organisationen im ganzen Land luden mich ein, zu predigen oder Seminare zu leiten. Ende Januar 2021 wurde ich in einer kirchlichen Publikation vorgestellt, in der meine Führungsfähigkeiten gepriesen wurden.[8]

Im Februar 2021 löste jedoch eine Entscheidung, die ich gemeinsam mit meinem Kollegen Randolph Marshall Hollerith, dem Dekan der Washington National Cathedral, getroffen hatte, so heftige und anhaltende öffentliche Kritik aus, dass ich mehrere Wochen lang fürchtete, mein Bischofsamt zu verlieren. Der pandemiebedingte Lockdown hatte gerade erst begonnen, und es sollte noch Monate dauern, bis Impfstoffe entwickelt wurden. Der Washington National Cathedral wurde eine landesweite Welle der öffentlichen Dankbarkeit für ihre qualitativ hochwertigen Online-Gottesdienste zuteil. Tausende von Menschen im ganzen Land durften ihre Wohnungen nicht verlassen, doch konnten sie so zumindest ihre spirituellen Bedürfnisse stillen. Der Dekan lud prominente Geistliche aus einer Vielzahl von Traditionen und theologischen Perspektiven ein, Predigten aufzuzeichnen, die später als Teil des virtuellen Sonntagsgottesdienstes der Kathedrale ausgestrahlt wurden. Die meisten der Gastredner wurden gut aufgenommen, doch am Freitagmorgen sollte der prominente evangelikale Prediger und Autor Max Lucado predigen. Bevor er begann, rief mich Randy an, und mir war direkt klar warum.

Ich wusste, dass die Nachricht über Lucados anstehende Predigt von der Kanzel der Kathedrale in den Sozialen Medien für Aufregung gesorgt hatte. Er hatte sich in der Vergangenheit negativ gegenüber LGBTQ+-Personen geäußert. Schon bald wurden Bemühungen unternommen, Randy und mich zur Rücknahme der Einladung zu bewegen. Wir betrachteten uns beide als starke Verbündete der LGBTQ+-Kirchenmitglieder und gingen davon aus, dass unsere Solidarität nicht in Frage gestellt wurde. Ich regte an, sich mit denjenigen, die andere Ansichten vertraten, »großzügig zu zeigen«, um zivilisiert über strittige Themen zu sprechen. »Wen bitten Sie, großzügig zu sein?«, schoss eine Person zurück. »Würden Sie Schwarze Christen bitten, großzügig einem White Supremacist zuzuhören?«

Der Dekan und ich sahen uns die aufgezeichnete Predigt von Lucado an. Er sprach über die Kraft des Heiligen Geistes in unserem Leben, ohne seine Ansichten über die menschliche Sexualität zu erwähnen. Wir dachten nicht, dass dies Anstoß erregen würde. Außerdem hatte Lucado gegenüber Dekan Hollerith persönlich sein Bedauern über die unsensiblen Äußerungen zum Ausdruck gebracht, die er Jahre zuvor gemacht hatte, als er gleichgeschlechtlichen Sex mit Sodomie verglich. Wir beschlossen daher, seine Predigt auszustrahlen.

Der öffentliche Aufschrei, der darauf folgte, war überwältigend. Mein Posteingang wurde tagelang mit Hunderten E-Mails überflutet, in denen Enttäuschung, Wut und Verständnislosigkeit geäußert wurden. Die Menschen fragten verzweifelt, warum wir die Kanzel der Kathedrale, unsere hochangesehene öffentliche Bühne, jemandem überlassen hatten, der sich weigerte, seine menschenverachtenden

Äußerungen zu widerrufen, und dessen Kirche LGBTQ+-Personen nicht willkommen hieß. Einige schilderten ausführlich ihre Kindheitserinnerungen. Eltern und Pfarrer hatten ihnen Max Lucados Worte vorgelesen; ihre Kirchengemeinden hatten sie abgelehnt, als sie sich als schwul oder lesbisch outeten. Heute hatten sie Angst um ihre transsexuellen Kinder und Enkelkinder. Die Briefe waren herzzerreißend. Als ich versuchte, meine Beweggründe in einem Social-Media-Post zum Ausdruck zu bringen, machte das die Sache nur noch schlimmer.

Die Intensität der Emotionen, die uns entgegenschlugen – Fassungslosigkeit, Enttäuschung, Trauer und Wut – erwischte mich kalt. LGBTQ+-Gemeindemitglieder und die Leitungsgremien der Diözese fragten ungläubig, warum wir sie nicht konsultiert hätten. Viele Geistliche fühlten sich persönlich verraten. Mir wurde auch gesagt, ich hätte in vielen Kirchengemeinden eine seelsorgerische Krise verursacht. Wieder einmal hätte ich diejenigen, die am meisten unter dem Fanatismus der Kirche litten, gebeten, den höheren Preis zu zahlen, um Beziehungen zu evangelikalen Christen aufzubauen. Im ganzen Land wollten die Menschen wissen, nach welchen Kriterien wir die Predigerinnen auswählten. Unsere schärfsten Kritiker stellten unseren Einsatz für Gerechtigkeit in Frage. Entscheidungen, die wir früher einmal getroffen hatten, wurden im Lichte dieser Entscheidung reinterpretiert.

Nicht alle Rückmeldungen waren negativ. Manche fanden es richtig, dass wir uns dem öffentlichen Druck nicht gebeugt hatten. Ihrer Meinung nach war die ganze Angelegenheit ein Beispiel für die toxische Polarität, die Intoleranz und die Cancel-Culture in unserer Gesellschaft. Ihre Worte sollten uns beruhigen, aber das taten sie nicht. Selbst wenn sie zutreffen sollten, habe ich Menschen, die ich liebe, verletzt und bei vielen die Frage aufgeworfen, ob ihnen die Episkopalkirche noch eine sichere spirituelle Heimat ist.

Nun blieb mir nichts anderes übrig, als mich mühselig zu entschuldigen und zu versuchen, es wiedergutzumachen. Frühere Fehler hatten mich die dafür nötigen Schritte gelehrt, doch dieses Wissen machte es nicht einfacher. Eine ganze Woche lang, während der ich mich in einem Airbnb in Minneapolis in Quarantäne begeben hatte (ich wartete auf einen negativen COVID-19-Test, damit ich unsere neugeborene Enkelin im Arm halten konnte), stand ich jeden Tag allein auf und beantwortete jede wütende und verletzte E-Mail.

So begannen zaghafte Dialoge mit denjenigen meiner Kritiker und Kritikerinnen, die bereit waren, sich darauf einzulassen. Viele waren das nicht, aber einige taten es gnädigerweise. Darunter waren die Mutter eines Transgender-Kindes, die mir sagte, sie bange täglich um dessen Leben, und LGBTQ+-Kolleginnen, die mich fragten, ob sie jemals in Max Lucados Kirche als Rednerinnen willkommen sein würden. Ich hatte demütigende Gespräche mit Freundinnen, die mir ihre Liebe versicherten, aber mich auch wissen ließen, wie sehr ich sie verletzt hatte. Der Vorsitzende Bischof unterstützte mich seelsorgerlich, stellte aber klar, dass Randy und ich uns öffentlich entschuldigen müssten. Das taten wir mehrfach. Auch Max Lucado entschuldigte sich schriftlich bei uns für seine früheren Aussagen, die so viel Schmerz verursacht hatten. Er rückte jedoch nicht von der Position seiner Kirche ab, LGBTQ+-Personen Akzeptanz und Inklusion zu verweigern.

Doch unsere Entschuldigung reichte nicht. Das zeigte sich bei einem Online-Dialog, den wir eines Abends einberufen hatten. Mehrere hundert Episkopale aus dem ganzen Land äußerten dabei ihre Meinung zu dem Vorfall. Dr. Kelly Brown Douglas, die Kanonikerin der Kathedrale, fungierte als Moderatorin – eine großzügige Geste, wenn man bedenkt, wie sehr unser Vorgehen sie enttäuscht hatte. Andere halfen uns, eine Strategie zu entwickeln, wie wir die Notwendigkeit des Zuhörens mit der Notwendigkeit, Fragen zu beantworten, in Einklang bringen konnten. Was wir hörten, machte deutlich, wie wenig ich über die Lebenserfahrungen von LGBTQ+-Personen und ihren Familien wusste. Der schlimmste Schmerz wird ihnen manchmal von denjenigen zugefügt, die wie ich davon ausgehen, dass wir so etwas nie tun würden. Nach 90 Minuten endete die Zoom-Konferenz ohne ein Gefühl der Klärung. In den Sozialen Medien wurde noch tagelang weiterdiskutiert. Ich beteiligte mich, so gut ich konnte, auch wenn es schwer war, Gegenstand von Kritik und Spekulationen zu sein.

Diese Tortur war mir eine ernüchternde Lektion, wie schnell ich das Vertrauen verlieren konnte, das ich über Jahre hinweg aufgebaut hatte, und wie viel Arbeit nötig sein würde, um es wieder zurückzuerlangen. Außerdem wurde mir schmerzlich bewusst, dass frühere mutige Schritte, mit denen ich Führungsstärke bewiesen hatte, mich nicht vor den Folgen eines öffentlichen Fehlverhaltens schützten. Aber ich musste wieder nach vorn schauen. Ein Kollege, dessen Bekanntheitsgrad meinen übersteigt, schrieb mir: »Kopf hoch!« Ich schrieb zurück: »Ich bin zwar nicht aus Stein, aber auch nicht aus Glas« und hoffte, dass das stimmte. Eine andere Kollegin riet Randy und mir, als wir beide erschöpft und am Ende waren: »Von Verbündeten kritisiert zu werden, ist am schwersten. Lasst euch davon aber nicht entmutigen. Steckt die Schläge ein und rappelt euch auf.«

Allmählich legte sich der Sturm, und mein Leben kehrte wieder in die gewohnten Bahnen zurück, so dass ich meiner Arbeit abseits der öffentlichen Aufmerksamkeit nachgehen konnte. Es fühlte sich jedoch noch monatelang so an, als wäre ich nur knapp einem Fahrradunfall entgangen (oder hätte tatsächlich einen gehabt). Unsere toten Winkel sind gerade deshalb gefährlich, weil wir nicht sehen können, was dort ist. Für mich ist auf dem Fahrrad und auch im Leben die Gefahr eines Sturzes dann am größten, wenn ich in Hochstimmung bin.

Enttäuschungen sind unvermeidlich, aber sie können uns nur unterkriegen, wenn wir es zulassen. Sie bedeuten auch nicht, dass unsere ursprünglichen Absichten falsch gewesen wären – selbst wenn sie in große Ferne gerückt sind, wenn wir, wie Brené Brown es ausdrückt, »in der Arena mit dem Gesicht am Boden [...] liegen«.[9] Dennoch braucht es Zeit, um sich von der Desorientierung zu erholen. Wir müssen ehrlich zu uns selbst und zu anderen sein, wenn wir Fehler machen oder in die Knie gezwungen werden. Es geht darum, mit ungeschütztem Herzen zu leben und andere anzuführen, ihnen echte Offenheit entgegenzubringen und das eigene Rückgrat zu stärken, damit es Rückschläge überstehen, daraus lernen und weitermachen kann.

Die Enttäuschung, die auf Momente des Mutes oder der Klarheit folgt, hat eine beziehungsbezogene und gesellschaftliche Dimension, die mehr mit den Menschen um uns herum zu tun hat als mit uns selbst. Die Dozentinnen, die mir die Bowen'sche Familiensystemtheorie näherbrachten, nannten dies scherzhaft *Vergeltung*. Ein Großteil davon ist schlicht der Preis dafür, in Beziehung zu anderen zu stehen. Als unsere Söhne noch klein waren, rächte es sich beispielsweise immer, wenn ich für eine Weile fort war. Bei meiner Rückkehr herrschte im Haus große Unordnung, die Jungen waren launisch, und Paul interessierte sich nicht sonderlich dafür, was ich erlebt hatte, während er sich zu Hause um alles hatte kümmern müssen. Das verletzte mich, aber sie waren diejenigen, die am meisten unter meiner Abwesenheit litten, also musste ich ihnen ihre Gefühle zugestehen. Ich beobachtete das gleiche Verhalten bei mir selbst, wenn sich Paul auf eine längere Vogelbeobachtungsexpedition begab oder aufgrund beruflicher Verpflichtungen weniger Zeit für uns hatte.

Der Umgang mit Vergeltung ist schwierig. Ihre Intensität hängt von der emotionalen Reife der Beteiligten ab und davon, wie sehr die negativen Erfahrungen eines Menschen die Beziehung beeinträchtigen. Ein sensibler Umgang miteinander trägt viel dazu bei, die Spannungen zu verringern, wenn man wieder miteinander in Kontakt tritt. Ebenso sollte man Dankbarkeit für die Opfer zeigen, die andere gebracht haben. Man sollte zuhören, wenn sie von ihren schwierigen Momenten berichten, bevor man von den eigenen Hochphasen erzählt.

Wenn eine ungleiche Machtdynamik im Spiel ist, kann Vergeltung jedoch auch problematischere Formen annehmen, die an psychische Gewalt grenzen: ein Elternteil, das ein Kind daran hindert, seinen Traum zu verfolgen, weil der es von der Familie wegführen würde; eine Trainerin, die einen begabten Sportler aufgrund seiner Ethnie ausbremst;

jemand, der aus Angst, zurückgelassen zu werden, die Entfaltung seiner Partnerin verhindert oder sabotiert; eine Lehrerin, die einen vielversprechenden Schüler unerklärlicherweise vor seinen Mitschülerinnen demütigt.

Nach dem Priesterinnenseminar bekam ich eine Stelle als Hilfspriesterin in der Trinity Episcopal Church in Toledo, Ohio, an der Seite eines Priesters namens Walter Sobol. Mein Bischof hatte mich gewarnt, Sobol hätte den Ruf, »Probleme mit Frauen zu haben«. Ich wusste nicht genau, was das bedeutete, aber war entschlossen, eine Ausnahme von dieser Regel zu sein. Ich rechne es Walter hoch an, dass er mich einstellte, obwohl ich im neunten Monat schwanger war, und mir einen Posten mit viel Verantwortung und Freiheit übertrug. Mein Erfolg und die wachsende Sympathie der Gemeinde für mich beunruhigten ihn jedoch stets. Wann immer ich etwas Bedeutendes geleistet hatte oder öffentlich gelobt wurde, musste ich mit Demütigungen rechnen. Die Vergeltung kam in Form von beleidigenden Äußerungen über mein Aussehen (oder eines übermäßig sexualisierten Lobes) und harscher Kritik an einer Predigt oder an etwas anderem, was ich getan hatte. Als er meine Schwachstellen kannte, platzierte er sorgfältige Bemerkungen, die mich verunsichern sollten.

Walter konnte auch ermutigend sein und mein Pfarramt unterstützen, daher waren diese Vergeltungsaktionen umso verletzender. Nachdem seine Ausbrüche verklungen waren, zeigte er mir gegenüber wieder öffentlich Zuneigung und lobte mich. Wenn ich den Mut aufbrachte, ihn auf seine verletzenden Aussagen oder Taten anzusprechen, tat er so, als wüsste er nichts davon, oder meinte, ich würde überreagieren. Es war zum Verrücktwerden. Ich zweifelte drei Jahre lang an meiner Wahrnehmung der Geschehnisse und versuchte, gut genug zu sein, um ihm zu gefallen, ohne jedoch so gut zu sein, dass ich sein aufgeblasenes Ego in den Schatten stellte.

Ich will damit sagen, dass das, was wir als Enttäuschung oder Vergeltung erleben (in meinem Fall das Wechselbad der Gefühle, das immer einsetzte, wenn ich meinen Chef mit meinen Leistungen unabsichtlich vor den Kopf stieß), beziehungsbezogene und persönliche Hintergründe hat. Mutige Schritte wirken sich auf das Beziehungsgleichgewicht und die Gemeinschaftsstrukturen aus, von denen die Beziehungen abhängen. Das Durchbrechen gewohnter Muster wirkt sich selbst auf unsere innigsten Beziehungen aus. Entscheidungssituationen können auch Abgründe im menschlichen Verhalten zum Vorschein bringen, wenn eine Person oder Gruppe oder sogar die ganze Gesellschaft versucht, andere an ihrer freien Entfaltung zu hindern.

Backlash ist der soziologische Begriff für harsche, oft gewalttätige Reaktionen auf tatsächliche oder vermeintliche Fortschritte bei der Ausweitung der politischen und bürgerlichen Rechte und Maßnahmen für soziale Gerechtigkeit. Der Ausdruck verbreitete sich in den frühen 1960er Jahren, als sich heftiger Widerstand der weißen Bevölkerung gegen die Errungenschaften der Bürgerrechtsbewegung für Schwarze Amerikanerinnen regte. Doch wie der Historiker Lawrence Glickman anmerkt, beschreibt Backlash »eines der ältesten und am tiefsten verankerten Muster in der amerikanischen Politik, das durch eine virulente Gegenreaktion auf alle Arten von sozialen Bewegungen und kulturellen Veränderungen gekennzeichnet ist«.[10]

Der Essayband *We Were Eight Years in Power: Eine amerikanische Tragödie* des Journalisten und Autors Ta-Nehisi Coates ist eine besonders fesselnde Studie über weißen Backlash. Darin werden eindrückliche Parallelen zwischen Barack Obamas beiden Amtsperioden und der Zeit nach dem Bürgerkrieg gezogen. Beides waren historische Momente, in denen Schwarze Menschen beispielhafte Führungsqualitäten bewiesen, was unter der weißen Bevölkerung erbitterten Widerstand hervorrief. Der Buchtitel bezieht sich auf eine Rede des Kongressabgeordneten Thomas Miller in South Carolina im Jahr 1885. Darin zählte er all die guten Dinge auf, die während der acht Jahre dauernden Reconstruction, als Schwarze Politiker in der Legislative vertreten waren, erreicht worden waren. Er appellierte an seine weißen Kollegen, Schwarze Bürgerinnen nicht zu entrechten, doch es war vergeblich. Die Diskriminierung aufgrund rassistischer Vorurteile wurde in der neuen Verfassung des Bundesstaates festgeschrieben, wie überall im Süden. Wo rechtliche Maßnahmen ausreichten, wurden gewaltsame Maßnahmen zur Aufrechterhaltung der White Supremacy ergriffen.[11] Coates interpretiert die Wahl von Donald Trump naheliegenderweise als Backlash-Reaktion auf die Obama-Jahre. Darüber hinaus zeichnet er das Erbe der White Supremacy seit dem Bürgerkrieg nach und attestiert unserem Land die Neigung, sich »wieder auf sein Schlechtestes [zu verlegen]«, nachdem es »das Beste aus sich [herausgeholt]« hat.[12]

Coates sagt über sich, er würde gern an Gott glauben, doch könne es nicht, da er bereits in jungen Jahren gelernt habe, dass kein Gott ihn vor der Brutalität dieser Welt retten könne.[13] Stattdessen habe er einen spirituellen Sinn in seiner Familie, seiner Arbeit und seinen Vorfahren gefunden, und darin, Schwarze Geschichte sichtbar zu machen, die »der amerikanischen Demokratie nicht [schmeichelt]; sie demütigt sie«.[14] Coates' geschichtliche Darstellung spricht mich nicht nur wegen ihrer poetischen Brillanz an, sondern auch, weil er durch den Atheismus zur selben Schlussfolgerung gelangt, zu der mich auch mein christlicher Glaube bringt: nach Wahrheit zu streben, egal, wohin das führt, und die eigenen Hoffnungen in der Wirklichkeit zu gründen. »Ich möchte niemals aus dem Blick verlieren, wie kurz meine Zeit hier ist«, schreibt er. »Und ich möchte niemals vergessen, dass Widerstand seinen Lohn in sich selbst tragen muss, da Widerstand, zumindest zu Lebzeiten der Widerständler, fast immer scheitert. [...] Und wenn sich die Tragödie als Irrtum herausstellt, wenn es wirklich Hoffnung gibt, dann können wir sie nur hervorlocken, wenn wir uns erinnern, was der Nachweis ihrer Berechtigung uns gekostet hat.«[15]

An so vielen Fronten mussten wir gesellschaftliche Rückschläge hinnehmen, doch wir können es uns schlicht nicht leisten, verzweifelt aufzugeben. Während sich die Episkopalkirche mit Reparationszahlungen für die Sklaverei und die White Supremacy auseinandersetzte, betonte mein Kollege Eugene T. Sutton, Bischof der Episkopaldiözese Maryland: »Wir alle tragen Verantwortung dafür.« Bei unserer Arbeit müssen wir mit Backlash rechnen und beharrlich bleiben. Wir können uns nicht aussuchen, in welchem Abschnitt der Menschheitsgeschichte wir leben, sondern nur, was wir mit der Zeit anfangen, die uns gegeben wurde.

Zwischen Enttäuschung, Vergeltung und Backlash gibt es spirituelle Parallelen. In jeder religiösen Strömung wird zu Recht großer Wert auf Gipfelerlebnisse gelegt, auf jene

Momente, die uns eine Perspektive auf und eine Vision für unser Leben eröffnen. In ihnen spüren wir etwas, das wir nur als die Gegenwart Gottes oder einer heiligen Entität beschreiben können, wie auch immer wir es nennen mögen.

Für manche Menschen beginnt das bewusste gläubige Leben mit einem solchen Augenblick, der oft als Bekehrungserlebnis bezeichnet wird. Es kann ein Weckruf epischen Ausmaßes sein, wenn man sich bedingungslos geliebt fühlt, vor einer Katastrophe gerettet wird, einem Fehler aus der Vergangenheit vergeben werden und ein Neuanfang ermöglicht wird. Andere finden auch ohne ein prägendes Erlebnis zur Spiritualität. Vielmehr stellt sich bei ihnen allmählich das Gefühl ein, zum Leben innerhalb einer bestimmten Glaubenstradition hingeführt oder inspiriert zu werden oder sich dem Geheimnis des Göttlichen öffnen zu wollen.

So oder so sind alle, die sich zum Glaubensleben berufen fühlen, auf jene spirituellen Erfahrungen und Momente der Klarheit angewiesen, die unserem Leben Sinn und Richtung geben. Ohne sie ist Glaube nichts als eine Reihe von Verpflichtungen und Regeln, die es zu erfüllen gilt, oder, schlimmer noch, ein theologischer Rahmen, der nur unsere eigenen Ansichten und Vorstellungen bekräftigt. Bei allen religiösen Strömungen ist daher die spirituelle Praxis zentral, regelmäßige Auszeiten zu nehmen. Das können Exerzitien, Pilgerreisen oder ein schöner Urlaub sein, damit wir die täglichen Sorgen ablegen und uns der Gegenwart Gottes besser öffnen können. Wir werden ermutigt, uns selbst durch die Augen Gottes zu sehen und darauf zu vertrauen, dass wir auf dieser Erde sind, um eine einzigartige Berufung oder Vorsehung zu erfüllen. Manchmal ist das Gefühl von Gottes Nähe und Liebe so stark, dass wir für eine Weile gänzlich aufhören zu zweifeln. Dann spüren wir in uns eine bleibende Verbindung zum heiligen Geheimnis. Wir freuen uns über das Geschenk unseres Lebens und sind uns über unseren Daseinszweck im Klaren.

Ein Großteil des geistlichen Lebens (wie auch des Lebens im Allgemeinen) spielt sich nicht auf dem Berg, sondern im Tal ab. Dort spüren wir Gottes Gegenwart, wenn überhaupt, weit weniger intensiv. Die Herausforderung besteht nun darin, darauf zu vertrauen, dass die Vision oder Gnade, die uns zuteilwurde, echt war, auch wenn ihre emotionale Intensität zusammen mit unserer Zuversicht schwindet. Die ersten Tage nach einer transformatorischen Begegnung oder Erfahrung sind besonders erschütternd. Es schien, als würde sich unser gesamtes Leben zum Besseren wenden, doch im Handumdrehen sind wir wieder am selben Punkt, an dem wir vor dem Ereignis waren, und verspüren den Druck, in vertraute Muster zurückzufallen.

Seit einigen Jahren suche ich immer dann den Rat des weisen Jesuitenpriesters Bill Kelly, wenn ich das Bedürfnis nach einem Gespräch mit jemandem verspüre, der den spirituellen Weg weiter gegangen ist als ich. Er hört mir freundlich und einfühlsam zu, wenn ich von meinen Schwierigkeiten erzähle, und vermittelt mir dann Weisheiten aus der ignatianischen Spiritualität, einer Tradition des römischen Katholizismus. Diese ist nach dem spanischen Gründer des Jesuitenordens, Ignatius von Loyola, aus dem 16. Jahrhundert benannt. Besonders inspirierte mich Sankt Ignatius' Auffassung vom Wechselspiel zwischen Erfahrungen des spirituellen Trostes und der spirituellen Verzweiflung, wie er es nannte.

Wie die Worte nahelegen, erleben wir spirituellen Trost in

Momenten großer Freude oder Schönheit, des Wohlbefindens und der Sinnhaftigkeit, der Liebe oder der Vergebung. All diese Dinge für sich genommen sind wundervoll, und durch sie können wir die Liebe Gottes erfahren. Spirituelle Verzweiflung ist das Gegenteil davon. Die Momente der Entmutigung, der Apathie, des Kummers und des Leidens sind nicht nur schwer zu ertragen, sondern verleiten uns auch dazu, die Echtheit unserer »spirituellen Erfahrungen« und die Gegenwart oder gar die Existenz Gottes anzuzweifeln.

Die Momente des Trostes machen das spirituelle Leben erst lebenswert, und der heilige Ignatius bestand darauf, dass alle Menschen sie erleben können, nicht nur die Priesterklasse oder andere geistliche Eliten. Der Jesuit Timothy Gallagher schreibt in *The Discernment of Spirits: An Ignatian Guide for Everyday Living*: »Trost ist kein weltfernes mystisches Phänomen, das sich dem Verständnis der meisten Menschen entzieht, sondern er ist die Art und Weise, wie Gott den Menschen *gewöhnlich* begegnet.«[16]

Auch die Zeiten der Trostlosigkeit sind universell, und dem heiligen Ignatius zufolge sollten Gläubige größere Anstrengungen unternehmen, um sie zu untersuchen und zu verstehen. Trostlosigkeit bedeutet nicht nur, eine schwere Zeit durchzumachen. Sie lässt uns glauben, die spirituellen Lichter unseres Lebens wären völlig erloschen. In einer Zeit der Verzweiflung bricht alles, was uns einst das Vertrauen in Gottes Liebe und Gegenwart gab, unter uns zusammen. Um es weniger dramatisch auszudrücken: Wir spüren überhaupt nichts mehr. Wie andere Formen der Enttäuschung lässt uns auch die Verzweiflung in Frage stellen, ob unsere erbaulichen und inspirierenden Momente des Trostes Gültigkeit besitzen.

Wir alle kennen die Ressourcen, die uns während Momenten der Verzweiflung zur Verfügung stehen: die Empathie und Solidarität guter Freundinnen, die kraftspendende Natur, die kleinen Wohltaten des Alltags und die Gnade des Schlafs. Die ignatianische Tradition rät davon ab, aus Verzweiflung heraus lebensverändernde Entscheidungen zu treffen. Auch wenn es schwer ist, sollten wir, wenn möglich, mit kleinen, lebensbejahenden Taten durchhalten und unserer Seele Sanftmut und Gnade entgegenbringen – oder einfach alles versuchen, um nicht aufzugeben. Der heilige Ignatius würde uns ermutigen, die Erinnerung an Zeiten des Trostes festzuhalten und so zu leben, als ob sie wahr wären, auch wenn wir das Vertrauen in sie verloren haben.

Eine wichtige Erkenntnis der ignatianischen Spiritualität ist, dass die Gefühle, die *sowohl* aus Trost als auch aus Verzweiflung erwachsen, lehrreich sind. Sie sind jedoch nicht konstant, und keines von beiden spiegelt die Realität zutreffender wider als das andere. Wenn wir dies anerkennen, fällt es uns leichter, unsere Emotionen als das zu erleben, was sie sind, uns von ihnen durchfluten zu lassen und sie dann loszulassen. So imponieren uns die durch Trost ausgelösten Gefühle weniger, und die Gefühle der Verzweiflung bringen uns nicht mehr so stark ins Schwanken, wenn sie uns überkommen. »Der ständige Wechsel dieser beiden Bewegungen ist ein normales Muster in jedem geistlichen Leben«, schreibt Gallagher.

> Weder spiritueller Trost noch spirituelle Verzweiflung halten ewig an; irgendwann wird das eine dem anderen weichen. Es sollte uns nicht überraschen, wenn auf den spirituellen Trost einmal mehr die spirituelle Verzweif-

> lung folgt; und im Zustand der spirituellen Verzweiflung sollten wir uns bewusst machen, dass die Rückkehr des spirituellen Trosts unvermeidlich ist. So können wir der gegenwärtigen Verzweiflung einen Großteil ihrer Macht entziehen.[17]

Wie es der Psalmist ausdrückt: »Am Abend mögen Tränen fließen – am Morgen jubeln wir vor Freude.«[18]

In ihrem Buch *Laufen lernt man nur durch Hinfallen* bezeichnet Brené Brown die unvermeidliche Enttäuschung und Desorientierung, die auf die spirituelle und schöpferische Energie zu Beginn eines kreativen Prozesses folgt, als »Tag zwei«. Jedes Mal, wenn ihr Team ein dreitägiges Intensivtraining für Sozialarbeiter und andere Fachkräfte gibt, sagt sie: »Ganz gleich, wie oft wir das Programm durchgeführt und wie viele Leute wir ausgebildet haben, Tag zwei dieses dreitägigen Modells hakt immer noch.«[19] Am zweiten Tag sind die Teilnehmerinnen müde, ihnen ist unklar, wie es weitergehen soll, und sie haben das Vertrauen in die Inspiration verloren, die sie anfangs verspürt haben.

In kreativen Prozessen ist das, was der Autor und Unternehmer Scott Belsky als »The Messy Middle« (auf Deutsch etwa: die wirre Mitte) bezeichnet hat, die schwierigste Phase. Wir sind jetzt müde, und der Weg, der vor uns liegt, ist alles andere als klar. Das Chaos ist allgegenwärtig, und wir sind stark versucht aufzugeben. Als Belsky sich daran machte, ein Buch über diese Phase zu schreiben, ging er davon aus, dass er viel über seine Erfahrungen mit Unternehmensgründungen zu berichten hätte. »Aber ich konnte mich an nichts erinnern«, gesteht er. »Es war kein Gedächtnisverlust – es war alles wie im Nebel.«[20] Er musste seine Schritte zurückverfolgen, indem er alte E-Mails durchging und sich Screenshots auf seinem Handy ansah, die Aufschluss über Fehler und Fehltritte in der Vergangenheit gaben. Wir müssten uns die Zeit nehmen, diese Stolpersteine und Fehlstarts zu würdigen und zu verstehen, warnt er. Sonst liefen wir Gefahr, die Erfolge anderer zu feiern, ohne die Aspekte ihrer Lebensgeschichte zu beachten, die herausgeschnitten oder übergangen wurden. »Was ist in der Mitte?«, fragt er. »Nichts, was Schlagzeilen macht, aber alles das, was wichtig ist.«

> Das Ringen mit Selbstzweifeln, eine Achterbahnfahrt der kleinen Erfolge und Rückschläge, Perioden der Banalität und schierer Anonymität. Von der Mitte wird nur selten erzählt, und zurück bleiben nur ein vages Gefühl der Erschöpfung und oberflächliche Versionen der Wahrheit, die für das eigene Ego und ein paar markige Sprüche aufbereitet wurden. Der Erfolg wird fälschlicherweise den Momenten zugeschrieben, an die wir uns erinnern wollen, und nicht denen, die wir vergessen wollen. Und wenn unser Umfeld den Mythos eines geradlinigen Fortschritts von Anfang bis Ende aufrechterhält, erwarten wir, unsere Reise werde genauso aussehen. Das hat gravierende Folgen. Bei uns entsteht der falsche Eindruck, unsere Reise müsse logischerweise erfolgreich sein. Aber das ist sie nie.[21]

Ein letztes Beispiel für Enttäuschung: Wie in Kapitel 3 erwähnt, arbeitete ich zehn Jahre lang in der Organisation CREDO als Konferenzleiterin für episkopale Geistliche. Das Ziel jeder Konferenz war, dass die Teilnehmerinnen neue Visionen entwickelten und sich über die Ziele ihres Pfarramtes klarer wurden. Unsere Aufgabe im Leitungsteam bestand darin, optimale Bedingungen für die Teilnehmenden zu schaffen. Unsere weltmüden Kolleginnen sollten bleibende Gipfelerfahrungen machen und sich ausruhen, Bilanz ziehen und wieder kühn träumen können.

In den ersten fünf Tagen hielten Gesundheitsexperten, Finanz- und Berufsberaterinnen und Seelsorger Vorträge. Die Teilnehmenden brachten die Bereitschaft mit, einen kritischen, aber liebevollen Blick auf ihr allgemeines Wohlbefinden zu werfen, sich ihrer Stärken zu vergewissern, ihre Schwächen zu identifizieren und positive Zukunftsvisionen zu entwickeln. Die letzten drei Tage glichen eher einer Klausur, bei der alle tief in sich gehen und sich an die mutigen Bestrebungen erinnern sollten, die sie zur Entscheidung für den ordinierten Dienst inspiriert hatten. Am Ende verfassten sie einen sogenannten CREDO-Plan, in dem sie all ihre Erkenntnisse und die daraus gewonnenen Zukunftsvorsätze festhielten.

Eine Pflichtlektüre für die Konferenz war ein Artikel über Mitarbeiterführung von Jim Collins und Jerry Porras mit dem Titel »Building Your Company's Vision«. Darin beschreiben die Autoren die Beziehung zwischen Kernwerten, Zweck und Kompetenzen, dem dauerhaften Charakter der eigenen Identität und der katalytischen Kraft eines »großen, herausfordernden, kühnen Ziels«.[22] Die Verwirklichung eines solchen Ziels erfordert die Zusammenarbeit mit anderen und mindestens zehn Jahre harter und ununterbrochener Arbeit. Erfolg ist nicht garantiert, doch schon die Vergegenwärtigung einer solchen Zukunftsvision hatte eine große Wirkung. Wir konnten es in den Augen der Teilnehmerinnen und Teilnehmer sehen, als sie das, was ihnen gegeben wurde, in Worte fassten. Aber dann gingen wir alle wieder nach Hause, zurück in unser echtes Leben mit den vielen Stressfaktoren und konkurrierenden Verpflichtungen.

Manchmal traf ich den einen oder anderen Teilnehmer bei kirchlichen Versammlungen wieder, was mir wie eine Fallstudie über Enttäuschung vorkam. Fast alle gestanden, von sich selbst enttäuscht zu sein, weil sie ihre selbst gesteckten Ziele nicht erreicht hatten. Ich wusste genau, wie sie sich fühlten, denn ich hatte genau dasselbe erlebt. Nur wenige Monate nachdem ich zum ersten Mal an einer CREDO-Konferenz teilgenommen hatte, wurden meine eigenen Hoffnungen auf eine Führungsposition zunichtegemacht.

Ich tat mein Bestes, um die Geistlichen, die ich traf, zu ermutigen. Wir sprachen über die Schwierigkeiten, auf die Gültigkeit unserer Träume zu vertrauen, wenn die Realität des Lebens uns einholt. »Gebt nicht auf«, sagte ich zu ihnen, aber auch zu mir selbst. »Was ihr erlebt und in Worte gefasst habt, als wir zusammen waren, war echt. Seid mutig, darauf zu vertrauen, auch wenn ihr es nicht mehr spüren könnt.«

Mir wurde klar, dass ich unsere Konferenzen mit einem ehrlichen Gespräch über die Rückkehr ins echte Leben und die Unvermeidlichkeit von Enttäuschungen beenden musste. Wir müssen mit Enttäuschungen rechnen, wenn wir noch auf dem Gipfel stehen und in Richtung der Zukunft blicken, die wir uns wünschen. Mittlerweile verweise ich meist auf das Ende des Artikels von Collins und Porras über Visionen. Dort schreiben sie, in Anlehnung an Einsteins Definition von Genie (ein Prozent Talent und 99 Prozent Arbeit), dass der Erfolg jedes Unterfangens zu einem Prozent von der Vision und zu 99 Prozent von der richtigen *Orientierung* abhängt.[23]

Die richtige Orientierung zu finden, ist nie einfach, fast immer chaotisch und kann durchaus Widerstand in unserem Umfeld und sogar gesellschaftlichen Backlash hervorrufen. Es wird dabei mit Sicherheit lange Phasen geben, in denen nicht viel zu geschehen scheint. Es wird Zeiten der Trostlosigkeit geben, die alles in Frage stellen, was wir auf unserem sprichwörtlichen Berg erlebt haben. Aber wie Brené Brown, Scott Belsky und Ignatius von Loyola uns lehren, kann sich niemand vor dem mittleren Teil des Wegs drücken. Er wird auch nicht leichter, egal, wie oft man ihn durchläuft. »Erfahrung und Erfolg garantieren nicht, dass wir durch die mittlere Phase der Turbulenz leicht hindurchkommen«, schreibt Brown. »Sie garantieren uns nur eine kleine Verschnaufpause, eine gnädige Stimme, die uns zuflüstert: ›Das gehört zum Prozess. Bleib dran.‹ […] Die Mitte ist chaotisch, aber das ist auch der Ort, an dem die Transformation stattfindet.«[24]

Als ich wegen des bevorstehenden Umzugs nach Washington, D.C. meinen Schreibtisch in Minnesota leerräumte, fand ich in einer Schublade den CREDO-Plan, den ich 13 Jahre zuvor selbst geschrieben hatte. Damals hätte ich nie geahnt, wie sich mein Leben entwickeln und wie ich ein neues Verständnis dafür erlangen würde, was ich einst über meine Zukunft geglaubt und dann angezweifelt hatte. »Traue dich zu glauben, dass du zu Führungsaufgaben berufen bist«, hatte ich geschrieben. Die darauffolgende Phase der Enttäuschung hatte mich nicht nur entmutigt, sondern auch beschämt. Wie hatte ich es wagen können, mir so etwas auszumalen? Schließlich öffnete sich mir eine Tür, und ich begab mich auf den langen und mühseligen Weg zur Aneignung der nötigen Fähigkeiten. Das Tal ist – in Form der

Verzweiflung, des zweiten Tags, der chaotischen Mitte, der Vergeltung oder des gesellschaftlichen Backlash – der Ort, an dem wir unter anderem die Tugend der Beharrlichkeit erlernen.

KAPITEL 7

Die verborgene Tugend der Beharrlichkeit

Denn im Grunde genommen […]
ist die Liebe das Einzige, das bedeutend genug ist,
unserem Leben einen Sinn zu geben.

Sue Monk Kidd[1]

Madeleine Korbel Albright war von 1997 bis 2001 die erste weibliche Außenministerin der USA. Selbst eine knappe Zusammenfassung ihrer beruflichen Leistungen würde Seiten füllen, doch sie beginnt ihre Memoiren *Madam Secretary* mit der Feststellung, wie unwahrscheinlich ihre Karriere war. Als tschechoslowakische Immigrantin und Mutter von drei Kindern übernahm sie mit fast 40 Jahren ihr erstes Regierungsamt. »Bis weit in mein Erwachsenenalter hinein war im Grunde nicht vorgesehen, dass ich wurde, was ich wurde«, schreibt sie. »Ich kam spät aus den Startlöchern, aber ich beeilte mich, das Versäumte aufzuholen.«[2]

Und sie holte auf. Durch ihre Erziehung und Bildung war sie für das Diplomatinnenamt prädestiniert. Sie war das älteste Kind eines Diplomaten, der zweimal mit seiner Familie die Tschechoslowakei verlassen musste. Als 1939 die Nazis einmarschierten, flohen sie nach England, und als 1948 mit der Sowjetunion verbündete Kommunisten die Macht im Land übernahmen, flohen sie abermals in die Vereinigten Staaten. Schon als Jugendliche sprach Albright fließend Tschechisch, Französisch und Englisch, und während ihrer

Zeit am Wellesley College träumte sie davon, Journalistin zu werden. In den darauffolgenden Jahren, die sie der Karriere ihres Ehemannes und der Kindererziehung widmete, studierte sie gleichzeitig Russisch und begann, eine Doktorarbeit zu schreiben.

Neben ihrem Studium war sie ehrenamtlich tätig, wie es von Frauen in Washington, D.C. erwartet wurde: Sie sammelte Geld für soziale Zwecke, saß in Gremien, beteiligte sich als Wahlhelferin in Wahllokalen und beherbergte internationale Gäste. Gleichzeitig ging sie ganz in ihrer Mutterrolle auf, nähte Kostüme, fuhr Kinder zu ihren Aktivitäten und half ihren Töchtern beim Keksverkauf für die Pfadfinderinnen. Rückblickend mag es so scheinen, als hätte sie immer schon die höchsten Ebenen in der Diplomatie und Politik angestrebt, doch sie hatte es ganz anders erlebt. »Mein Leben kam mir vor wie ein Puzzle«, gibt sie zu, »nur dass ich mit Teilen aus verschiedenen Puzzles gleichzeitig arbeitete und keine Vorlage hatte, die mir sagte, wie das fertige Bild aussehen sollte.«[3]

Albright starb am 23. März 2022, und ich sollte bei ihrer Beerdigung in der Washington National Cathedral die Trauerandacht halten. Zur Vorbereitung las ich ihre Memoiren. Es war wie eine Lehrstunde über das Leben und über Führungskompetenz. Bei der Beerdigung sprachen der damalige Präsident Joseph R. Biden und der ehemalige Präsident Bill Clinton in höchsten Tönen über ihre Karriere. Die frühere Außenministerin Hillary Clinton erzählte von ihrer Brillanz, ihrem Scharfsinn und ihrem Modebewusstsein. Ihre drei Töchter bezeugten die glühende Liebe, die sie von ihrer Mutter erfahren hatten. Albrights Autobiographie kam auf all diese Aspekte ihres Lebens zu sprechen, aber am meisten beeindruckte mich ihre Beharrlichkeit. Sie verharmloste die Schwierigkeiten nicht, die sie gehabt hatte, war sich ihrer Stärken, aber auch ihrer Schwächen bewusst und gab bereitwillig ihre Fehler zu. »Das Leben der Menschen hat notwendigerweise etwas Unübersichtliches, Ungleichmäßiges«, schreibt sie. »Wichtig ist jedoch dabei, einen Leitstern zu haben. Für mich war dieser Leitstern zu allen Zeiten der Glaube an die demokratische Verheißung, dass jeder Mensch imstande sein soll, es so weit zu bringen, wie seine Begabungen es zulassen.«[4]

Sie hatte hart gearbeitet, um – wie Senatorin Barbara Mikulski es 1992 beschrieb – nach 25 Jahren »über Nacht Karriere zu machen«.[5] Wie bei allen, deren Leben wir bewundern, blieb der größte Teil ihrer Leistungen unsichtbar. Sie stand jeden Morgen um halb fünf auf, um an ihrer Dissertation zu arbeiten, half wochenlang bei Vorbereitungen für Veranstaltungen, lernte Sprachen und arbeitete sich in die komplexe Weltpolitik ein. Dabei musste sie viele Rückschläge verkraften: schwerwiegende Fehler, verlorene politische Kämpfe und die Einreichung der Scheidung durch ihren Ehemann, was sie am schwersten traf.

In einem weiteren autobiographischen Buch, *Winter in Prag: Erinnerung an meine Kindheit im Krieg*, erforscht Albright ihre jüdische Abstammung, die ihre Eltern vor ihr verheimlicht hatten, und die verheerenden Ereignisse in ihrer Kindheit. Drei ihrer Großeltern waren in den Konzentrationslagern der Nazis gestorben. Ohne Umschweife beschreibt sie Erfahrungen von Grausamkeit und Verrat und aus Verzweiflung getroffene Entscheidungen, aber sie erklärt auch:

> […] das ist nicht das Vermächtnis, das ich mitnehme, wenn ich in das nächste Kapitel meines Lebens wechsle. In der Welt, die ich mir zu meiner Heimat auserwählt habe, muss sich selbst der kälteste Winter unweigerlich den Kräften des Frühjahrs beugen und die düsterste Sichtweise der menschlichen Natur macht früher oder später Sonnenstrahlen Platz.[6]

Sie schließt mit einem Loblied auf die Beharrlichkeit:

> Mein Leben lang habe ich nach Arzneien für alle Arten von Problemen gesucht, persönliche, soziale, politische, globale. […] Ich bin überzeugt, dass wir die Wahrheit erkennen, wenn wir sie sehen, allerdings nicht sofort und nur wenn wir niemals in unseren Bemühungen, Neues zu lernen, nachlassen. Das liegt daran, dass wir das Ziel, das wir anstreben, und das Gute, auf das wir hoffen, nicht als eine Art letzter Belohnung erreichen werden, sondern als der heimliche Begleiter unseres Strebens. Nicht das, was wir finden, sondern der Grund, weshalb wir nicht aufhören können zu suchen und zu streben, sagt uns, warum wir hier sind.[7]

Beharrlichkeit ist die verborgene Tugend in jedem mutigen Leben. Wir erkennen selten, welchen Preis andere für das zahlen, was sie scheinbar mühelos tun. Wir können uns nicht vorstellen, was es für sie bedeutet hat, unbeirrt weiterzumachen, wenn sie ausgelaugt oder entmutigt waren, oder nach Niederlagen oder Enttäuschungen von vorne zu beginnen. In den entscheidenden Momenten, in denen die Weichen für unseren Lebensweg gestellt werden, ist es die

Beharrlichkeit, die uns weitermachen lässt, auch wenn wir nicht mehr wissen, wie es weitergehen soll.

Manche Menschen haben eine natürliche Veranlagung für Beharrlichkeit. Ich weiß genau, dass das bei mir nicht der Fall war, denn ich musste sie erst erlernen. Als Kind sah ich, wozu die anderen scheinbar mühelos in der Lage waren, und wenn es bei mir nicht klappte, dann gab ich auf. In Musik und Sport hatte ich ein gewisses Talent, aber ich konnte nie etwas wirklich gut, weil ich es nicht schaffte, so lange zu üben und immer wieder zu scheitern, bis ich die Schwelle zu einem neuen Niveau überschritt. Irgendwie hangelte ich mich durch die High School und wurde von einem guten College angenommen, indem ich jedes Unterrichtsfach abwählte, das mich einschüchterte. Im College geriet ich in Panik, weil es mir an vielen Kenntnissen mangelte. Zum ersten Mal in meinem Leben arbeitete ich hart daran, mit meinen fähigen Klassenkameradinnen mitzuhalten, und begriff, was Beharrlichkeit war. Meine akademischen Grundlagen waren jedoch dürftig, und so mühte ich mich lange ab, ohne dass viel dabei herauskam. Ich brauchte ein ganzes Semester, um eine zehnseitige Hausarbeit zu verfassen.

Wenn man Beharrlichkeit lediglich als Anstrengung definiert, könnte man sagen, dass ich es nur damit durch das College schaffte. Doch diese Definition ist zu eng. Erst in meinem Aufbaustudium im Priesterinnenseminar lernte ich die Grundlagen des Schreibens. In meinem ersten Jahr brachte mir eine Studienkollegin bei, was meine Kinder später in der achten Klasse lernten. Sie hieß Linda Kaufman, und wir wurden lebenslange Freundinnen. Durch sie lernte ich, wie man eine Fülle von Informationen aufbereitet, seine Gedanken organisiert und einen ersten Entwurf anfertigt, den man dann verbessert und ergänzt. Dank ihrer Hilfe schrieb ich schließlich vier zehnseitige Hausarbeiten in einem Semester. Es war wie ein Wunder.

Doch der achtlose Start meiner Bildungskarriere hatte die Weichen schon gestellt. Bis heute plagen mich Bildungslücken und Schwächen in meiner Herangehensweise an akademische oder auch andere Aufgaben. Ich habe Beharrlichkeit und gezieltes Handeln erlernt, aber meistens verlasse ich mich auf meine Intuition, wie schon mein ganzes Leben lang. Dadurch gehe ich ungeordnet vor und brauche viel länger, als das Endergebnis vermuten lässt. Anders als in meiner Kindheit und Jugend kann ich jetzt jedoch auch beharrlich sein, wenn es darauf ankommt.

Als ich Rektorin von St. John's in Minneapolis wurde, lernte ich auch, in einer Führungsrolle beharrlich zu bleiben. Ich war 33 Jahre alt und konnte mein Glück kaum fassen. Die Kirche in Toledo hatte ich ohnehin verlassen wollen, und gleichzeitig war St. John's die Kirche meiner Träume. Die dortige Gemeinde war voller Energie, Freude und Leidenschaft für Gerechtigkeit. Nach Minneapolis umzuziehen, war für unsere Familie ein großer Schritt, besonders für Paul, der dafür seine geliebte Lehrtätigkeit aufgeben musste. »Eine Kirche wie St. John's, so ein Angebot kriegst du nicht alle Tage«, sagte er und opferte dadurch seine Karriere für meine. »Du musst zusagen.«

Die Kirche meiner Träume sollte mir jedoch große Schwierigkeiten bereiten. Ihre Mitglieder waren beherzt, willensstark und stolz auf ihre weltliche Orientierung. Sie hatten eine drohende Schließung abgewendet und waren zu einer beliebten Gemeinde für junge Erwachsene und Familien mit Kindern geworden. Bald musste ich jedoch erkennen, dass die Infrastruktur, auf der das Gemeindeleben basierte, viel fragiler war, als den meisten bewusst war. Die Initiativen, auf die St. John's so stolz war, wurden nur von einer Handvoll Leuten getragen. Es gab Konflikte innerhalb der Leitung, über die niemand reden wollte, und ein Generationenwechsel stand bevor. Wegen einer drastischen Neuausrichtung vor 20 Jahren fehlte jedoch eine wichtige Altersgruppe. Das Gebäude war heruntergekommen, vor allem die Räumlichkeiten für die Arbeit mit Kindern, und die von der Gemeinde vor einigen Jahren teuer erworbene Orgel pfiff aus dem letzten Loch. Auch andere große Wartungsarbeiten standen an, und das Jahresbudget war knapp.

Und so bestand meine Arbeit nicht aus kühnen, prophetischen Predigten, wie ich es mir ausgemalt hatte, sondern aus der größtenteils unsichtbaren Aufgabe, mich um die vielen Probleme einer kleinen Institution zu kümmern. Noch dazu begegnete mir die Gemeinde nicht so, wie ich erwartet hatte. Man war stolz auf die Entscheidung, eine Frau mit zwei kleinen Kindern zur Priesterin berufen zu haben, doch nur wenige Amtsträger waren bereit, mir die Führung zu überlassen. Die meisten meiner Vorschläge wurden anfangs ignoriert.

In diesen Jahren erlebte ich einige Schlüsselmomente bei St. John's, aber sie waren selten. Den größten Teil meiner Energie verwendete ich darauf, langsam und stetig Vertrauen aufzubauen, die Gottesdienste einladend zu gestalten, das undichte Dach reparieren zu lassen, Freiwillige zu finden, jede Woche auf der Kanzel mein Bestes zu geben, um die Gläubigen zu inspirieren, Fehler zu machen und aus ihnen zu lernen, und all das immer wieder aufs Neue. Anfangs kostete es mich meine ganze Kraft, ruhig und fokussiert zu bleiben, wenn alles nicht wie erhofft lief. Zu allem Überfluss hatte Paul Probleme, eine feste Stelle zu finden. Angesichts seiner Bemühungen fragte ich mich, ob der Preis, den er für meine Träume bezahlen musste, nicht zu hoch war. Oft fühlte ich mich von den Problemen überwältigt, und nur die Berufung, die ich spürte, und Pauls ungebrochene Zuversicht, dass alles ins Lot kommen würde, hielten mich aufrecht.

Vier Monate nach meiner Einstellung wurden die jährlichen Spendenzusagen gesammelt, mit denen der Kirchenhaushalt für das kommende Jahr aufgestellt werden sollte. Die Unterstützung aus der Gemeinde war sehr sparsam ausgefallen, und wir waren weit entfernt von den Summen, die wir benötigten, um die Ausgaben – einschließlich meines Gehalts – zu decken. Wenn das ein Referendum über meine Rektorentätigkeit war, dann war ich gescheitert.

Ich versuchte, nicht in Panik zu verfallen, und wandte mich an Howard Anderson, den für Fundraising zuständigen Mitarbeiter des Bischofs. »Kommen Sie in mein Büro, und bringen Sie alle wichtigen Unterlagen mit«, sagte er. Dann saßen wir stundenlang beisammen, und er half mir, ein maßgeschneidertes Vorgehen auszuarbeiten. Howard lehrte mich, dass es für das Gedeihen der Gemeinde essenziell war, genug Geld zu beschaffen, auch wenn es unangenehm war, darum zu bitten. »Geld löst alle möglichen Ängste aus«, meinte er und beruhigte mich: »Nehmen Sie es nicht persönlich, wenn Mitglieder nicht auf ihre Bitten um finanzielle Unterstützung reagieren. Über Geld zu sprechen und es zu sammeln, gehört zu Ihrer Arbeit. Wenn Sie das transparent, verantwortungsvoll und mit einer Vision für das Pfarramt tun, müssen Sie sich keine Sorgen machen.«

In dieser und in ähnlichen Situationen lernte ich, dass man in einer leitenden Position beharrlich die Ärmel hochkrempeln und genau das tun musste, was man nicht wollte. Auch weiterhin graute mir jedes Jahr vor der Sammlung der Spendenzusagen, aber ich gab mein Bestes, damit genügend Ressourcen zur Verfügung standen, um mein Priesterinnenamt gut zu machen. Noch schwerer war es, die große Kapitalsumme zur Sanierung unseres hundert Jahre alten Gebäudes aufzubringen.

Wie in der akademischen Tätigkeit reicht Beharrlichkeit allein als Führungskompetenz nicht aus. Man muss verschiedene Fachdisziplinen, theoretische Konzepte und Inhalte beherrschen. Das war mir bereits im Ansatz klar, bevor ich Toledo verließ. In jenen Jahren musste ich mit den unangemessenen und teils böswilligen Kommentaren meines ehemaligen Vorgesetzten Walter Sobol zurechtkommen. Dabei bemerkte ich, dass sich seine toxische Art und sein unberechenbares Verhalten auf die gesamte Gemeinde auswirkten. Mir dämmerte, dass er durch sein Verhalten nicht nur mir schadete, sondern noch viel mehr der ganzen Gemeinde. Sie war seinen schlechten Führungsqualitäten gänzlich ausgeliefert. Wie in einer Familie mit einem suchtkranken Elternteil hatte er eine übermäßige Kontrolle über ihr seelisches Wohlbefinden.

Ein Freund empfahl mir deshalb das Buch *Generation to Generation: Family Process in Church and Synagogue* von Rabbi Edwin Friedman. Seine Gedanken zur Leitung einer Kirchengemeinde waren sehr erhellend. Eine Passage im zweiten Kapitel verschlug mir den Atem. Sie beschrieb den negativen Effekt von Geheimhaltung:

> Familiengeheimnisse sind wie Plaque in den Arterien der Kommunikation. […] Sie führen zu unnötiger Entfremdung wie auch zu falscher Kameradschaft. Geheimnisse verzerren die Wahrnehmung; die Mitglieder werden durch die Informationen, die sie bekommen, verwirrt oder in die Irre geführt, weil sie nur einen Teil des Gesamtbildes sehen können. Der gravierendste Effekt von Geheimnissen ist, dass sie andere, vom Geheimnis unabhängige Probleme verschlimmern, da sie für eine allgemeine Anspannung sorgen.[8]

Friedman bezog sich in seinem Buch auf die Trinity Church. Ich wusste nicht, was unsere Geheimnisse waren, aber Beweise für ihre Existenz ließen sich überall finden. Mir wurde klar, dass ich Hilfe brauchte. Ich nahm allen Mut zusammen, rief Friedman an und fragte ihn, ob ich eines seiner Seminare für Geistliche besuchen könne. Leider waren die Gruppen schon ausgebucht, und er schlug vor, ich solle mich für das folgende Jahr anmelden. Ich gab aber nicht auf: »Gibt es irgendeine Möglichkeit, früher anzufangen?« Er war einen Moment still und fragte dann leicht verärgert: »Haben Sie mein Buch gelesen?« »Ich lese es gerade«, antwortete ich. »Verstehen Sie es?« »Ja«, log ich. Einen Monat später reiste ich nach Bethesda, was ich von da an die nächsten zehn Jahre lang zweimal jährlich tat.

Rabbi Friedman lehrte mich und eine ganze Generation von Geistlichen ein theoretisches Konzept für eine gesunde, fruchtbare und ganzheitliche Führung. Für ihn ging es dabei nicht nur um eine positive Lebensweise, sondern er sah es als wesentlich für das Wohlergehen der ganzen Gemeinde an, da eine Organisation nur so gesund und reif sein könne wie die Menschen, die sie führten. Dafür sollte man fortwährend an seiner Selbstdefinition und Selbstregulation arbeiten, um drei verschiedene Arten von Beziehungen zu pflegen: in der Familie, aus der man stammt, in der gegenwärtigen Familie und innerhalb der Dynamik der Glaubensgemeinschaft, der man dient. Diese drei sind miteinander verwoben, was bedeutet, dass ungelöste Probleme in einem Bereich Symptome in einem anderen hervorrufen können. Diese Erkenntnis brachte mich dazu, den Kontakt mit meinem Vater und meinen zwei Stiefmüttern aufrechtzuerhalten, obwohl es einfacher gewesen wäre, meiner Wege zu gehen und mich ausschließlich Paul und den Kindern zu widmen.

Bezüglich meiner Misere als Walter Sobols Assistentin sagte Friedman ganz offen: »Gehen Sie so schnell wie möglich von dort weg. In Ihrer Position können Sie nur dem im Weg stehen, was zwischen der Gemeinde und ihrem Leiter geschehen muss.« Ich wollte ihm nicht glauben, doch bald zeigte sich, dass er recht hatte. Sobald ich ankündigte, dass ich die Trinity Church verlassen würde, begann ein klärender Konflikt zwischen der Gemeinde und ihrem Priester.

Später in Minneapolis gab ich mein Bestes, nach den von Friedman gelehrten Prinzipien zu leben und zu führen. Er und seine Kollegen ermutigten mich, ein Repertoire an Fachkenntnissen aufzubauen, damit ich zum Beispiel einen Konflikt je nach Situation direkt oder indirekt austragen konnte. Sie bestärkten mich darin, transparent zu führen und zuzugeben, wenn ich etwas nicht wusste, ohne je Schwäche vorzutäuschen, damit sich andere stark fühlen konnten. Außerdem lehrten sie mich praktische Methoden, um Angst zu reduzieren, mit Widerstand umzugehen und von denen zu lernen, die nicht einer Meinung mit mir waren. Manchmal war ich damit erfolgreich, manchmal nicht, aber in jedem Fall lernte ich, beharrlich zu sein.

Friedman glaubte auch, dass Abenteuerlust ein wesentliches Merkmal von Führung sein sollte. Der sicherste Ort für ein Schiff sei der Hafen, meinte er, aber dafür würden Schiffe nicht gebaut. Genauso wichtig war ihm die Ausdauer. Er erinnerte uns gern daran, dass noch niemand durch einen 40-Stunden-Job etwas Wesentliches zur Evolution unserer Spezies beigetragen habe. Und er maß der Resilienz große Bedeutung bei. Lächelnd mahnte er, keine gute Tat bleibe ungestraft.[9]

Als ich 1996 von Friedmans vorzeitigem Tod erfuhr, weinte ich in Pauls Armen. Er war mir eine große Stütze in meinem Leben gewesen. Schon bald stieg jedoch ein Gefühl in mir auf, das ich nur als einen Segen beschreiben kann. Es war, als würde mir Friedmans Geist versichern, ich müsse in meiner leitenden Rolle nur eine lernende Haltung beibehalten, dann werde ich auch alleine zurechtkommen.

In dem posthum publizierten Buch *A Failure of Nerve: Leadership in the Age of the Quick Fix* schreibt Friedman:

> Eine Führungspersönlichkeit ist sich über die eigenen Lebensziele im Klaren und lässt sich deshalb nicht so leicht von Ängsten oder Emotionen überwältigen. Sie kann unabhängig und doch mit anderen verbunden sein und auf diese Weise eine verändernde, angstfreie und manchmal herausfordernde Präsenz aufrechterhalten. Während andere impulsiv reagieren, kann sie die eigenen Reaktionen kontrollieren und dadurch einen Standpunkt vertreten, auch wenn es anderen nicht gefällt. Es ist nicht so, dass manche das können und andere nicht. Niemandem fällt

> das leicht, und ich habe die Erfahrung gemacht, dass die meisten ihre diesbezüglichen Fähigkeiten verbessern können.[10]

Friedman betonte immer wieder, dass alle, von Eltern bis zum Präsidenten, von Führungsqualitäten profitieren. Wir lernen, mit der uns übertragenen Verantwortung umzugehen und ein Umfeld zu erschaffen, in dem andere wachsen können. Das ist das Fundament gesunder Beziehungen und einer demokratischen Gesellschaft. Unsere Führungsqualitäten zu verbessern, wo immer wir tätig sind, ist eine lebenslange Aufgabe. Mit offenem Herz und Geist können wir von jedem Menschen etwas lernen, und alle um uns herum profitieren davon, wenn wir die uns anvertraute Führungsaufgabe erfüllen.

Ich studierte noch einige Jahre an Friedmans Center for Family Process, bis mir klar wurde, dass ich das, was ich dort gelernt hatte, mit anderen Führungskompetenzen erweitern musste. Ich hatte mich einer Gruppe von Führungspersönlichkeiten in der Diözese von Minnesota angeschlossen, die sich mit dem Problem der rasch abnehmenden Mitgliederzahl und der schwachen Beteiligung in allen unseren Gemeinden befassen wollten. Gemeinsam untersuchten wir die Leitungsmodelle in den schnell wachsenden evangelikalen Kirchen in Minnesota und im ganzen Land. Zudem besuchte ich Seminare von prominenten evangelikalen Vertretern und lernte dort überzeugende Strategien, die ich in meiner eigenen Kirche anwenden konnte. Man empfing mich herzlich, obwohl ich als Leiterin einer kleinen konfessionellen Mainline Church angenommen hatte, dass mir angesichts unserer gegensätzlichen Haltung im amerikanischen Kulturkampf nur Verachtung entgegengebracht werden würde. Meine neuen Erkenntnisse führten mich zu anderen – religiösen wie säkularen – Informationsquellen, und ich begann einen Studiengang zur Leitung von Glaubensgemeinschaften, den ich 2008 mit dem Doctor of Ministry abschloss.

Besonders ein theoretisches Konzept hat mein Verständnis davon geprägt, wie man eine Gemeinde durch systemischen Wandel begleitet – der ultimative Test der Beharrlichkeit. Die soziologische »Diffusionstheorie« basiert auf dem bahnbrechenden Werk »Diffusion of Innovations« von Everett M. Rogers, das 1961 erschien. Diese Theorie will erklären, wie, warum und wie schnell große Gruppen von Menschen neue Vorstellungen übernehmen. Sie beschreibt sowohl Handlungsstrategien als auch Maßnahmen, um die natürliche Abneigung des Menschen gegen Veränderung zu überwinden.

Rogers studierte die Verbreitung oder Diffusion von Innovationen in verschiedenen Bereichen, darunter die Einführung von Hybridmais bei Landwirten in Iowa, grundlegende Hygienemaßnahmen in ländlichen Dörfern in Peru, die Nutzung des Sicherheitsgurts im Auto und die Verabschiedung von Gesetzen gegen das Rauchen in den Vereinigten Staaten. Er sah Diffusion als komplexen Prozess, in dem eine Neuerung mit der Zeit unter Mitgliedern einer Gruppe oder Organisation kommuniziert und schrittweise angenommen wird.[11] »Eine individuelle Entscheidung vollzieht sich nicht augenblicklich«, schreibt er. »Vielmehr ist sie ein Entwicklungsprozess und besteht aus einer Reihe verschiedener Handlungen.«[12] Rogers umreißt die für die Entscheidungsfindung und die Übernahme von Veränderungen notwendigen Schritte ab dem Zeitpunkt, wenn ein Individuum oder eine Gruppe zum ersten Mal von einer Idee erfährt, bis zu ihrer allgemeinen Akzeptanz. Der Prozess ist in der Theorie zwar unkompliziert, aber er verläuft selten reibungslos, und anfangs gibt es heftigen Widerstand. Doch später, wenn sich die Neuerung verbreitet hat, setzt eine kollektive Amnesie über diese ursprüngliche Ablehnung ein, besonders unter denen, die am vehementesten gegen die Einführung gekämpft hatten! Der Ausgang ist nie gewiss, aber ein systemischer Wandel erfolgt nur, wenn alle Schritte des Veränderungsprozesses durchlaufen wurden.[13] Rogers beschreibt die verschiedenen Reaktionen der Menschen auf eine Neuerung, die durch ihre Position innerhalb des sozialen Systems beeinflusst werden und dadurch, wie wohl sie sich mit der vorgeschlagenen Veränderung fühlen. Er unterscheidet folgende Gruppen:

1. *Die Vorkämpfer,* die Innovation und Veränderung lieben. Sie spielen eine entscheidende Rolle dabei, die neue Idee in das System einzubringen.
2. *Die frühzeitigen Anwender,* die besser in das lokale System integriert sind als die Vorkämpfer und die die Meinung anderer beeinflussen können. Sie erfahren Wertschätzung und lindern gesellschaftliche Unsicherheit über neue Ideen, indem sie diese anwenden.
3. *Die frühe Mehrheit,* die sich einer neuen Idee erst nach den frühzeitigen Anwendern anschließt. Ihre Stellung zwischen den ganz frühen und den relativ späten Anwendern macht sie zu einem wichtigen Bindeglied in diesem Prozess.
4. *Die späte Mehrheit,* die neue Ideen nur zögerlich übernimmt und allen Neuerungen gegenüber skeptisch ist.

Sie lässt sich durch Konformitätsdruck und wachsende Dynamik beeinflussen.

5. *Die Nachzügler,* die als Letzte mitmachen, wenn überhaupt. Ihr Widerstand ist vehement und lautstark, aber am Ende gelingt es ihnen nicht mehr, die anderen von der Ablehnung der Erneuerung zu überzeugen. Manche Nachzügler ziehen es vor, die Gemeinschaft oder Gruppe zu verlassen, anstatt die neue Realität zu akzeptieren.

Um in einer Führungsposition erfolgreich zu sein, ist eine genaue Einschätzung nötig, wo die Menschen in diesem Kontinuum stehen. Durch Beziehungen und Vertrauen muss langsam eine Dynamik aufgebaut werden, denn jede Gruppe spielt im Diffusionsprozess eine Schlüsselrolle. Die Vorkämpfer sind natürlich wichtig, aber ohne die Unterstützung durch einflussreiche Kräfte wird ihre Vision keine Wurzeln schlagen können. Vorkämpfer verlassen oft die Gruppe, wenn ihre Ideen nicht schnell genug übernommen werden, weil sie sich ihrer Vision mehr verpflichtet fühlen als der Gruppe. Die Aufgabe der einflussreichen Kräfte ist es, die Vorschläge der Vorkämpfer akribisch zu prüfen, denn nur wenn sie diese als vertrauenswürdig ansehen, werden sie andere überzeugen, sich ihnen anzuschließen.[14]

Wenn die frühe Mehrheit überzeugt ist, verlagert sich die Dynamik zugunsten der Erneuerung. Mit seinem Bestseller *Tipping Point: Wie kleine Dinge Großes bewirken können* brachte der Autor Malcolm Gladwell die Konzepte der kritischen Masse und der Schwelle in den öffentlichen Diskurs ein.[15] Beim Erreichen eines Kipppunktes können schon einige zusätzliche Menschen plötzlich einen enormen Unterschied machen, so dass die Menge der Anwenderinnen rapide zunimmt.[16] Der Wirtschaftsautor Jim Collins beschreibt dasselbe Phänomen in seinem Buch *Der Weg zu den Besten* im Abschnitt »Anschub und Umschwung«.[17] In einem scheinbar magischen Augenblick überschreitet der unermüdliche Einsatz für ein gewünschtes Ergebnis eine Schwelle, und die gleichen Bemühungen, die vorher verpufften, erzielen plötzlich phantastische Ergebnisse.

In dieser mystischen, spirituellen Dimension des Überschreitens der Schwelle zur Veränderung erkennen Glaubensführerinnen wie ich die Macht des Heiligen Geistes. Denn wenn wir das erreichen, was der Apostel Paulus »willkommene Zeit« nannte[18] oder was griechische Philosophen als *kairos* oder »die gute Gelegenheit« bezeichneten, geschehen die Dinge mit Leichtigkeit und Dynamik und scheinen im Rückblick unausweichlich. Solche Augenblicke beruhen jedoch auf zahllosen unsichtbaren Momenten, in denen große Mühe aufgewendet wurde.

Die Diffusionstheorie bestätigte nicht nur meine neusten Erkenntnisse, sondern war auch ein Wendepunkt in meiner Auseinandersetzung mit dem Thema Führung. Sie erhellte mir vieles und bietet mir einen Leitfaden dafür, eine Gemeinschaft durch Veränderungsprozesse zu begleiten, ob das eine kleine Glaubensgemeinschaft ist, die Geld sammeln will; die Diözese von Washington, die sich mit ihrer rassistischen Vergangenheit auseinandersetzt; oder die Gesellschaft insgesamt, wenn wir mit der erdrückenden Realität ringen, zu der ausufernde Waffengewalt und der Klimawandel zählen. Es reicht nicht, recht zu haben oder auch immer wieder das Gleiche zu tun und sich davon Veränderungen zu erhoffen. Man sagt, Hoffnung sei keine Strategie. Führungskompetenz erfordert, mittels Beziehungen langsam und stetig Macht aufzubauen und sich richtig zu positionieren, um dann am effektivsten zu sein, wenn die Kipppunkte erreicht werden. Der erste Satz in Rogers' Buch lautet: »Eine neue Idee durchzusetzen, ist schwierig, auch wenn sie offensichtliche Vorteile hat.«[19]

Beharrlichkeit hat auch eine emotionale Komponente, die Jesus betonte, wenn er seine Jünger das Beten lehrte. Dazu erzählte er Geschichten. Eine handelte von einem Mann, der mitten in der Nacht bei einem Freund an die Tür klopfte und um Brot bat. In einer anderen bedrängte eine Witwe unablässig einen Richter, um Gerechtigkeit zu erfahren. Diese Charaktere waren keine Heiligen, sie legen nur Mut und hartnäckige Bemühungen an den Tag. Laut Lukasevangelium erzählte Jesus diese Parabeln, um seine Jünger zu ermutigen, kontinuierlich zu beten und nicht *nachzulassen.*[20] Er wusste, dass das Leben hart sein kann und Enttäuschungen nicht ausbleiben. Wie Jesu erste Jünger werden wir unweigerlich einmal den Mut verlieren, doch die Beharrlichkeit erlaubt uns weiterzumachen, bis wir wieder Halt finden. Dann können wir vielleicht wieder eine Verbindung zu unserer emotionalen Energie finden und Stärke daraus ziehen, auch wenn unsere Bemühungen kaum Erfolge hervorbringen.

Große Anstrengungen allein helfen uns beim Beten nicht mehr als im übrigen Leben, wenn sie nicht mit der Verpflichtung zur Achtsamkeit und der Bereitschaft, einige Grundfertigkeiten zu lernen, verbunden sind. Ohne das kann die Beharrlichkeit im Gebet Amok laufen. Dann verleitet sie uns zu magischem Denken, und wir laufen Gefahr, unsere Wünsche mit denen Gottes zu verwechseln. In den Worten des seligen Harvard-Kaplans Peter Gomes fallen wir »einer falschen und unaufrichtigen Version des christlichen Glaubens« zum Opfer, »die uns einredet, wir würden durch unseren Glauben oder unsere Gebete von den Bürden des Lebens verschont bleiben«.[21] Bei der Beharrlichkeit im Gebet geht es also nicht einfach darum, noch mehr zu beten, sondern unserem Herz zu erlauben, durch die Prüfungen und Kämpfe des Lebens zu wachsen. Dann wächst unsere Fähigkeit zu lieben und zu vergeben, sowie unsere Bereitschaft, um der Liebe willen zu leiden.

In einer Predigt an der Harvard University mit dem Titel »Outer Turmoil, Inner Strength« (auf Deutsch etwa »Äußerer Aufruhr, innere Stärke«), erzählte Gomes die Geschichte von Ernest Gordon, der viele Jahre lang der Kaplan der Princeton University gewesen war. Berühmt war dieser allerdings vor allem durch sein Buch über seinen dreijährigen Aufenthalt in einem japanischen Kriegsgefangenenlager, das zweimal verfilmt wurde: *Die Brücke am Kwai* und *To End All Wars – Die wahre Hölle.* Gomes schilderte, wie Gordon und seine Mitgefangenen ursprünglich sehr religiös gewesen waren, »in der Bibel lasen, beteten, Kirchenlieder sangen, sich gegenseitig ihren Glauben bezeugten und hofften und erwarteten, dass Gott sie für ihren Glauben belohnen und stärken würde, indem er sie befreite oder zumindest ihre Gefangenschaft erleichterte«.[22] Ihr Leiden zog sich endlos hin, immer mehr von ihnen starben, und Gott gab ihnen nicht das, wofür sie gebetet hatten. Die Männer waren verständlicherweise zunehmend desillusioniert und wütend. Sie gaben alle ihre äußerlichen Formen der Frömmigkeit auf und erwarteten nicht länger, dass Gott sie retten würde.

In einigen der Männer fand jedoch eine weitere Veränderung statt, als sie die Not ihrer Mitgefangenen linderten, als sie für sie sorgten, sie beschützten und Zeugen wurden, wie andere in Liebe ihr Leben opferten. In aller Stille begannen sie, über die Anwesenheit Gottes in ihrer Mitte zu sprechen. »Das war keine Wiederbelebung der Religion im herkömmlichen Sinn«, bemerkte Gomes, »sondern vielmehr die Erkenntnis, dass das Zentrale des Glaubens nicht das ist, was man glaubt, sondern das, was man für andere tut, wenn es so schien, als könne man gar nichts tun.«[23] Durch ihr Mitgefühl fanden sie wieder zum Glauben zurück, und je mehr sie darauf vertrauten, dass Gott im Leid bei ihnen war, wuchs ihre Fähigkeit zum Mitgefühl.

Ich frage mich, ob Gott einfach deshalb unsere Beharrlichkeit im Gebet braucht, weil die Verwirklichung der meisten Dinge, für die wir beten, lange dauert. Wir beten für unsere Heilung und die Heilung derer, die wir lieben, in dem Wissen, dass das in den meisten Fällen ein langsamer Prozess ist. Wir beten für Frieden in unseren Familien oder in der Weltgemeinschaft, in dem Wissen, dass dieser Frieden nicht so einfach zu bewerkstelligen ist und oft einen schrecklich hohen Preis hat. Wir beten für Gerechtigkeit in dem Wissen, dass sie immer hart erkämpft ist und Generationen bis zur Verwirklichung braucht.

Der amerikanische Theologe Reinhold Niebuhr schrieb die Worte nieder, die heute als Gelassenheitsgebet bekannt sind: »Gott, gib mir die Gelassenheit, Dinge hinzunehmen, die ich nicht ändern kann, den Mut, Dinge zu ändern, die ich ändern kann, und die Weisheit, das eine vom anderen zu unterscheiden.« Niebuhr selbst war ein außerordentlich beharrlicher Mann. Die Geistlichen seiner Generation begannen ihr Amt in den turbulenten 1920er Jahren. Sie kämpften für Arbeiterrechte und gegen die Missachtung der Armen. Niebuhr erlebte die Weltwirtschaftskrise, und er prangerte die Gleichgültigkeit der Welt angesichts der Machtergreifung Hitlers an. Bis in die 1960er Jahre schrieb, lehrte und predigte er beharrlich weiter, doch dann schwächte ihn eine Reihe von Schlaganfällen. Mitte des 20. Jahrhunderts war er wohl einer der einflussreichsten Theologen, wobei er im höheren Alter an Einfluss verlor.

Seine Tochter Elisabeth Sifton schreibt in einem Buch zur Ehrung ihres Vaters und seiner Mitstreiter:

> Sie beide waren lebensfroh und hatten gleichzeitig ernste, engagierte Herzen. Sie arbeiteten sehr hart. Sie waren äußerst liebevoll. Und ihr Wirken war letzten Endes von der bescheidenen Erkenntnis geprägt, dass es nicht in unserer menschlichen Macht steht, Gottes letztes Urteil zu begreifen.[24]

Sie schließt mit meinem Lieblingszitat von Niebuhr, einem Aufruf zur Beharrlichkeit:

> Nichts, was sich zu tun lohnt, kann in einem Leben erreicht werden; deshalb müssen wir durch die Hoffnung gerettet werden. Nichts, was wahr oder schön oder gut ist, ergibt in einem unmittelbaren geschichtlichen Zusammenhang vollständig Sinn; deshalb müssen wir durch den Glauben gerettet werden. Nichts, was wir tun, wie tugendhaft es auch sein mag, kann allein vollbracht werden; deshalb müssen wir durch die Liebe gerettet werden.[25]

Verstandesmäßig wissen wir vermutlich, dass unseren wichtigen Lebensmomenten zahllose kleine, für andere unsichtbare Entscheidungen vorausgehen. Das gerät jedoch leicht in Vergessenheit, während wir uns mit den Phasen der Vorbereitung, des Versuchs und Irrtums, des Aufbaus von Kompetenzen und der Charakterbildung abplagen. In den scheinbar ereignislosen Tagen lässt uns die Beharrlichkeit trotzdem weitermachen. Im letzten Buch vor ihrem frühen Tod argumentierte die christliche Schriftstellerin Rachel Held Evans gegen die Tendenz in der christlichen Theologie, sich auf den Opfertod Jesu zu konzentrieren, als wäre es sein einziger Lebenszweck gewesen. Ihr zufolge werde damit das Evangelium auf einen Handel mit den Sünden der Welt reduziert:

> Jesus kam nicht nur, »um zu sterben«. Jesus kam, um zu leben – zu predigen, zu heilen, Geschichten zu erzählen, die Gesellschaftsordnung anzufechten, Menschen zu berühren, die man nicht berühren sollte, und mit Menschen zu essen, mit denen man nicht essen sollte. Brot zu brechen, Wein einzugießen, Füße zu waschen, der Versuchung zu widerstehen, den Behörden auf die Nerven zu gehen, die Heilige Schrift zu erfüllen, den Beginn eines neuen Königreiches zu verkünden, uns zu zeigen, wie dieses Königreich aussieht, uns zu zeigen, wie Gott ist, seine Feinde zu lieben bis zum Tod durch ihre Hand, und mit der Wiederauferstehung aus dem Grab den Tod zu besiegen.[26]

Jesus nahm sein Kreuz täglich auf sich, und das müssen auch wir tun. Unser tägliches, von Gottvertrauen und Beharrlichkeit erfülltes Handeln ist Teil eines größeren Bogens aus Mut und Resilienz, durch den die Kraft und die Gnade Gottes wirken. Die Geschichten, die wir erzählen, und die Erlebnisse, an die wir uns erinnern, handeln vielleicht von unseren entscheidenden Lebensmomenten, aber das Wichtigste ist, wie diese Momente zu jeder Zeit unser Leben prägen.

Ich möchte mit einer letzten Geschichte von Rachel Naomi Remen schließen. Als Fünfjährige lebte sie mit ihren Eltern in einer kleinen Wohnung in New York City. Ihr Großvater kam oft zu Besuch und brachte Geschenke mit.

Eines Tages brachte er ihr einen kleinen Pappbecher. In der Hoffnung auf Süßigkeiten sah sie hinein, aber im Becher war nur Erde. Ihr Großvater lächelte über ihr enttäuschtes Gesicht, ging mit ihr in die Küche und stellte den Pappbecher auf das Fensterbrett. »Wenn du versprichst, jeden Tag ein wenig Wasser in den Becher zu gießen, passiert vielleicht etwas ganz Besonderes«, sagte er. Sie sah keinen Sinn darin, aber versprach ihrem Großvater, es zu tun.

Anfangs, schrieb sie, war es einfach, diese tägliche Aufgabe zu erfüllen, weil sie neugierig war, was passieren würde. Doch nachdem einige Zeit verging und nichts zu sehen war, fiel es ihr immer schwerer, daran zu denken. Beim nächsten Besuch des Großvaters eine Woche später fragte sie, ob sie damit aufhören könne. Er verneinte. In der zweiten Woche begann sie sich zu ärgern. Als ihr Großvater wieder kam, wollte sie ihm den Becher zurückgeben, aber er wollte ihn nicht nehmen: »Jeden Tag, Rachel, ein wenig Wasser.« In der dritten Woche dachte sie oft erst an den Becher, als sie abends schon im Bett lag. Aus Respekt für ihren Großvater stand sie wieder auf und verrichtete ihre Aufgabe.

Eines Morgens sprossen zwei kleine grüne Blätter aus der Erde, die am Tag zuvor noch nicht da gewesen waren. Sie war überrascht. Die Pflanze wurde jeden Tag ein bisschen größer. Sie konnte es nicht erwarten, sie ihrem Großvater zu zeigen, und dachte, dass er ebenso überrascht wäre wie sie selbst. Stattdessen erklärte er ihr, dass das Leben überall ist, so wie der Segen allgegenwärtig ist, versteckt an den ganz gewöhnlichen und unwahrscheinlichsten Orten. »Und es braucht nur ein bisschen Wasser, Großvater?«, fragte Rachel. »Nein«, antwortete er. »Alles, was es braucht, ist deine Zuverlässigkeit.«[27]

Beharrliche Zuverlässigkeit ist unser größtes Geschenk an diese Welt. Die wichtigsten Momente in unserem Leben und auch in der Menschheitsgeschichte hängen weit mehr von unserer Zuverlässigkeit gegenüber den kleinen Dingen ab, als uns bewusst ist. Zum Beispiel, wenn wir wie Rachel jeden Tag aufstehen und ein wenig Wasser in unseren Becher gießen.

Epilog

Der tapfere Mensch ist nicht der, der keine Angst verspürt, sondern der, der diese Angst überwindet.

Nelson Mandela[1]

Auch heute noch werde ich im Supermarkt, auf Kirchenkonferenzen oder bei einem Spaziergang im Viertel auf den Tag angesprochen, an dem Donald Trump eine Bibel vor der St. John's Church in die Höhe hielt. Jedes Mal, wenn ich bei einer öffentlichen Veranstaltung vorgestellt werde, kommt meine Reaktion auf sein Auftreten zur Sprache, als wäre sie das herausragendste Ereignis meiner Amtszeit. Auf diesen Seiten habe ich versucht, die Ereignisse des 1. Juni 2020 in einen größeren Zusammenhang einzuordnen und zu ergründen, wie wir im Laufe unseres Lebens und in allen Lebensbereichen lernen, mutig zu sein, vor allem, wenn nur Gott von unseren mutigen Entscheidungen weiß.

Inzwischen im siebten Lebensjahrzehnt denke ich viel darüber nach, wie es uns gelingen kann, ehrlich, aber nicht verzweifelt über die Herausforderungen unserer Zeit zu sprechen, mit einer nüchternen Einschätzung der aktuellen Probleme und dennoch mit echter Hoffnung für unsere Zukunft als Land und als Menschheit. Einfach ist das nicht, denn die Spaltungen in unserem Land haben sich nur noch vertieft, seit Donald Trump im Januar 2021 sein Amt niedergelegt hat. Gleichzeitig gibt es in vielen Ländern Kriege, auf fast allen Kontinenten gewaltige Flüchtlingsströme und eine ökologische Krise, durch die die Zukunft der gesamten Menschheit gefährdet ist.

Was mir immer wieder Hoffnung und Kraft gibt, sind die historischen Berichte von Männern und Frauen, die sich den Herausforderungen ihrer Zeit mit Entschlossenheit und Gnade gestellt haben, die zeitlosen Geschichten unserer spirituellen und literarischen Traditionen, die Mut für uns alle verkörpern, die Menschen in meinem Leben, deren Tapferkeit und Nächstenliebe ich bewundere, und die Momente, in denen ich mich berufen fühlte, etwas zu tun, was mir zu dem Zeitpunkt unmöglich erschien. Manchmal war ich erfolgreich, oft bin ich gescheitert. Aber das Wichtigste in solchen Momenten ist wohl, dass wir einfach da sind, uns zeigen und anbieten, was wir zu geben haben – auch wenn das vielleicht nicht viel ist und wir an unsere Grenzen stoßen.

Ebenso inspiriert mich die neue Generation von Menschen in Führungsverantwortung, denen die Zukunft gehört. Auf dem Weg zur Kirche hörte ich eines Sonntagmorgens ein Podcast-Gespräch zwischen Krista Tippett, der Moderatorin von *On Being*, und Ayana Elizabeth Johnson, einer Meeresbiologin, die sich mit der globalen Klimakrise beschäftigt. Johnson ist die Herausgeberin eines Sammelbandes mit dem Titel *All We Can Save: Truth, Courage, and Solutions for the Climate Crisis*, Mitbegründerin des Podcasts *How to Save a Planet* und Mitbegründerin des All We Can Save Project.

Diese Titel lassen vermuten, dass Johnson von Natur aus ein hoffnungsvoller Mensch ist, aber sie beschreibt sich selbst eher als eine lösungsorientierte Person, die gern Dinge anpackt. »Ich bin kein Fan von Hoffnung als Leitprinzip, weil dabei quasi ein gutes Ergebnis vorausgesetzt wird, und das ist ja keine Selbstverständlichkeit«, sagt sie. »Aber mich begeistern die vielen Möglichkeiten, die uns zur Verfügung stehen.«[2]

Mir ging das Herz auf, als Johnson von der Möglichkeit sprach, die Dinge zum Guten zu wenden, und davon, dass uns bereits vieles zur Verfügung steht, was wir brauchen, um den Klimawandel und andere Umweltprobleme anzugehen. »Wir brauchen es nur zu tun«, sagte sie. Ich habe mich gefragt, in wie vielen anderen Lebensbereichen wir die nötigen Mittel eigentlich auch schon parat haben.

Johnsons Ablehnung einer vereinfachten, auf Wunschdenken beruhenden Hoffnung ist eigentlich sehr nah am christlichen Verständnis von Hoffnung – der Fähigkeit, sich der Realität zu stellen, egal wie schwierig sie ist, und trotzdem nach möglichem Guten zu trachten. Als gläubiger Mensch vertraue ich darauf, dass Gott inmitten der herausforderndsten Gegebenheiten unseres Lebens handelt und wir uns durch Gnade und Akzeptanz dem heiligen Werk anschließen, die Welt zu verändern. Obwohl ich weiß, dass es nicht an Gott ist, uns die Folgen unseres Handelns zu ersparen, halte ich an der Verheißung fest, dass er immer bei uns sein wird, bis ans Ende der Zeit. Außerdem glaube ich, dass Gott uns dazu aufruft, wie Bischof Barber es ausdrückte, gemeinsam in einem Zusammenschluss der Gläubigen auf die Verheißung besserer Tage hinzuarbeiten. Allein erreichen wir nichts Nennenswertes. Dennoch ist es wichtig, dass wir unseren Teil dazu beitragen.

»Jetzt sind viele Führungspersönlichkeiten gefragt«, sagte Johnson, »denn wir brauchen einen Wandel in jeder Kommune, in jedem Wirtschaftszweig, in jedem Ökosystem, und zwar mit den Hunderten von Lösungen, die uns zur Verfügung stehen [...] Es geht immer um die Frage, wie wir eine Zukunft gestalten, in der wir leben wollen, in der es einen Platz für uns und die Menschen und das gibt, was wir lieben.«[3]

In jedem Lebensbereich, in jedem Land der Welt gibt es Menschen, die sich aktiv an der Gestaltung jener Zukunft beteiligen, von der Johnson glaubt, dass sie noch möglich ist. Ihre Gesellschaft ist inspirierend, weil sie selbst von der Liebe inspiriert und motiviert sind. Sie sind aber keine Klasse für sich – auch wir können uns ihnen anschließen, und tatsächlich tun wir das, viel mehr als uns bewusst ist.

Mit diesem Buch möchte ich die Höhe, Breite und Tiefe dessen würdigen, wie sich Mut in entscheidenden Momenten zeigt, egal, ob wir dazu berufen sind, einen Anfang zu machen, in die Öffentlichkeit zu treten oder an Ort und Stelle zu bleiben und durchzuhalten. All das erfordert großen Mut. Um es mit den Worten von David Whyte zu sagen:

> Mut ist das Maß dessen, inwiefern wir uns von ganzem Herzen auf das Leben einlassen, auf andere, auf eine Gemeinschaft, eine Arbeit, eine Zukunft. Mutig zu sein bedeutet nicht unbedingt, irgendwohin zu gehen oder etwas zu tun, sondern sich bewusst zu machen, was wir bereits zutiefst empfinden, und dann mit der unendlichen Verletzlichkeit dieser Konsequenzen zu leben. Mutig zu sein bedeutet, so zu bleiben, wie wir geschaffen sind.[4]

Ich bete deshalb, dass wir, durch Gottes Gnade, alle ermutigt werden, uns von der Weisheit, der Stärke, der Kraft und der Gnade leiten zu lassen, die uns in einem entscheidenden Moment zur Seite stehen. Mögen wir, Sie und ich, den Mut haben, daran zu glauben, dass wir genau dort sind, wo wir sein sollen, wenn dieser Moment kommt, und dass wir die uns zugedachte Arbeit tun, indem wir voll und ganz in unserem Leben präsent sind. Denn gerade dabei lernen wir, mutig zu sein.

Dank

Wenn Jennifer Gates und Catharine Strong von Aevitas Creative Management mich im Sommer 2020 nicht kontaktiert und zum Schreiben ermutigt hätten, wäre dieses Buch nie entstanden. Die beiden haben mich mit viel Herzlichkeit und Geduld durch den mühsamen Prozess geführt, meine Ideen in eine Skizze und schließlich in einen Entwurf zu verwandeln.

Ich möchte meiner Lektorin bei Avery, Nina Shield, für ihre Weisheit, ihre umsichtigen Vorschläge und ihre Freundlichkeit danken. Mein Dank geht auch an Hannah Steigmeyer, die während Ninas Elternzeit eingesprungen ist und mich bei der Stange gehalten hat. Es war mir eine Ehre, mit den beiden und dem ganzen Team von Avery zusammenzuarbeiten. Zwei weitere Engel auf dem Weg waren Kem Meyer und Beth Graybill, beides tolle kreative Mitstreiterinnen und Frauen mit einem tiefen Glauben. Gegen Ende kam Margaret Shannon hinzu, um Zitate zu recherchieren und Genehmigungen einzuholen. Auch sie war ein Geschenk des Himmels.

Ein besonderer Dank geht an meine Freundin und Kollegin Kelly Brown Douglas, die mir vorschlug, Pauli Murray und Howard Thurman in das Buch aufzunehmen. Als wir uns einmal abends beim Essen über Pauli austauschten, bat ich Kelly, über ihr Leben zu erzählen. Schon nach wenigen Minuten wusste ich, dass auch ihre Geschichte erzählt werden muss.

So geht es mir auch mit den Menschen, deren Mut ich hier beschrieben habe. Manche habe ich neu kennengelernt und erst beim Schreiben entdeckt. Andere trage ich schon seit Jahren mit mir herum. All ihre Geschichten sind heilig, und ich bete, dass ich ihnen gerecht geworden bin.

Ein herzliches Dankeschön an meine Familie, meinen Freundeskreis und meine Kolleginnen und Kollegen, die mir zugehört haben, während ich laut über jedes Kapitel nachdachte, und die mir die Zeit und den Raum zum Schreiben gaben. Ihr seid meine Inspiration und meine Freude.

Seit ich erwachsen bin, stelle ich mich fast jeden Sonntag vor eine Gemeinschaft von Gläubigen, die sich versammelt haben, um zu beten, über heilige Geschichten nachzudenken und offen für den Geist Jesu in unserer Mitte zu sein. Das Predigen ist meine spirituelle Praxis. Außerdem ist es ein heiliges Gespräch, das weit über die Kanzel hinausgeht. Unzählige Menschen haben mich gelehrt und inspiriert. Das vorliegende Buch ist die Essenz dessen, was ich in der christlichen Gemeinschaft erfahren und zu glauben gelernt habe. Sämtliche Irrtümer in Bezug auf Fakten und Wahrnehmung sind meine eigenen. Alles andere ist unfassbare Gnade.

Anmerkungen

Alle Bibelzitate stammen, sofern nicht anders angemerkt, aus: Gute Nachricht Bibel, durchgesehene Neuausgabe, Deutsche Bibelgesellschaft, Stuttgart 2018.

1 Harry Emerson Fosdick (1878–1969) verfasste anlässlich der festlichen Weihung der New York City's Riverside Church 1930 den Text des Liedes »God of grace and God of glory«.

Vorwort

1 Vgl. die vorgegebenen Texte zur Taufe in der Agende der Episkopalkirche, dem *Book of Common Prayer*, New York: Church Hymnal Corporation 1979, S. 305.

2 https://baptistnews.com/article/franklin-graham-equates-trumps-inauguration-with-gods-blessing/, zuletzt abgerufen am 13. 2. 2025.

Predigt im Bittgottesdienst für die Nation

1 Matthäus 7,24–29.

2 Mein Dank gilt dem CEO und Gründer des Projekts UNITE, Timothy Shriver, der mir den Begriff »Kultur der Verachtung« nahegebracht und die positive Alternative, sich auf die Würde jedes Menschen zu konzentrieren, aufgezeigt hat – so können wir auch über Differenzen hinweg respektvoll miteinander umgehen.

3 https://law.stanford.edu/2019/12/20/the-outrage-industrial-complex/, zuletzt abgerufen am 6. 2. 2025.

4 Alexander Solschenizyn, *Der Archipel Gulag, Folgeband, Arbeit und Ausrottung. Seele und Stacheldraht,* dt. v. Ernst Walter, Bern 1974, S. 593.

Lafayette Square, 1. Juni 2020

1 Wiederholte Aussage des Präsidenten der Vereinigten Staaten im Rosengarten des Weißen Hauses, Büro der Pressesprecherin des Weißen Hauses.

2 Die Militärs begriffen, dass sie bei diesem inszenierten Fototermin als Statisten benutzt wurden, verließen den Schauplatz und entschuldigten sich kurz darauf öffentlich. »Ich hätte nicht dort sein sollen. Durch meine Anwesenheit zu diesem Zeitpunkt und in diesem Rahmen wurde gezielt der Eindruck erweckt, das Militär wäre in innenpolitische Angelegenheiten eingebunden«, erklärte General Mark Milley, Vorsitzender der Joint Chiefs of Staff, in einer Grundsatzrede vor der National Defense Academy.

3 Am 24. August 1814, der Krieg von 1812 war noch im Gange, marschierten britische Truppen in Washington ein und setzten das Kapitol, das Weiße Haus und andere Wahrzeichen in Brand.

4 St. John's Church wurde von Benjamin Henry Latrobe entworfen und am 27. Dezember 1816 eingeweiht.

5 Budde zu Anderson Cooper von CNN.

Einleitung

1 James Russell Lowell (1819–1891), »The Present Crisis«, erschienen in: *The Boston Courier* am 11. Dezember 1845. Auf Wunsch von John Greenleaf Whittier schrieb Lowell das Gedicht aus Protest gegen die Annexion von Texas als Sklavenstaat.

2 Aus der Rede von Reverend Dr. William J. Barber II., mit freundlicher Erlaubnis.

3 Prediger 3,1.

Die Entscheidung zu gehen

1 Grundlegend für unser Verständnis der Heldenreise in der antiken Mythologie, den Weltreligionen und der populären Kultur sind Leben und Werk von Joseph Campbell (1904–1987). Siehe *Der Heros in tausend Gestalten,* dt. v. Michael Bischoff, Berlin 2024.
2 Henri Nouwen, *Bread for the Journey: A Daybook of Wisdom and Faith,* New York 2006, Eintrag zum 23. Februar.
3 Bruce Feiler, *Life Is in the Transitions: Mastering Change at Any Age*, New York 2020.
4 Walter Brueggemann, *Genesis: Interpretation: A Biblical Commentary for Teaching and Preaching*, Atlanta 1982, S. 105.
5 1. Mose 12,1–4. Kursivierung MEB.
6 1. Mose 18,12.
7 Bruce Feiler, *Abraham: A Journey to the Heart of Three Faiths,* HarperCollins e-books 2002, S. 44.
8 Campbell, *Der Heros in tausend Gestalten.*
9 Joseph Campbell mit Bill Moyers, *Die Kraft der Mythen: Bilder der Seele im Leben des Menschen,* dt. v. Hans-Ulrich Möhring, Zürich 1994, S. 150.
10 Henri Nouwen, *Christi Weg nach unten: eine Spiritualität für unsere Zeit,* dt. v. Ulrich Sander, Freiburg 2009.
11 Peter Eisenstadt, *Against the Hounds of Hell: A Life of Howard Thurman,* Charlottesville 2021, S. 206.
12 Howard Thurman, *With Head and Heart: The Autobiography of Howard Thurman,* San Diego 1979), S. 20.
13 Ebenda, S. 10.
14 Eisenstadt, S. 46.
15 Howard Thurman schrieb oft vom Zusammenwirken zwischen Schicksal und Bestimmung und der mysteriösen Gegenwart Gottes, die ihn ermutigte, mutig zu leben. Ein Beispiel dafür findet sich in seiner Sammlung wöchentlicher Meditationen aus seinen Jahren in der Church of the Fellowship, *Deep Is the Hunger,* New York 1951, S. 42–43.

16 Eisenstadt, S. 7.
17 Zitiert nach Eisenstadt, S. 21.
18 Thurman, *With Head and Heart*, S. 140.
19 Eisenstadt, S. 207–208.
20 Ebenda, S. 208.

Die Entscheidung zu bleiben

1 Am 31. Oktober 1517 schlug Martin Luther seine 95 Thesen an die Tür der Allerheiligenkirche in Wittenberg (Sachsen) an. Als er im April 1521 wegen des Vorwurfs der Ketzerei vor den Reichstag zu Worms gezogen wurde, verteidigte er sein Handeln: »Ich kann und will nichts widerrufen, weil wider das Gewissen etwas zu tun weder sicher noch heilsam ist. Hier stehe ich; ich kann nicht anders handeln. Gott helfe mir.«
2 Anne Tyler, *Fast ein Heiliger*, dt. v. Ruth Frank-Strauss, Frankfurt am Main 1992, S. 222 f.
3 Antoine de Saint-Exupéry, *Der kleine Prinz*, dt. v. Grete und Josef Leitgeb, Düsseldorf 1978, S. 66–72.
4 Frederick Buechner, *Listening to Your Life: Daily Meditations with Frederick Buechner*, New York 1992, S. 1.
5 Psalm 1,3.
6 Joan Chittister, *Nimm diese Regel als Anfang. Die Benediktsregel als Leitfaden für das Leben*, dt. v. Marianne Steiger, Münsterschwarzach 2008, S. 16 f.
7 Ebenda, S. 31, leicht angepasst.
8 Johannes 6,60–68.
9 Eine tiefere Reflexion darüber, wie wichtig es ist, den eigenen Glauben zu pflegen, findet sich in Brian McLarens wunderbarem Buch *Finding Our Way Again: The Return of the Ancient Practices*, Nashville 2010.
10 Kelly Brown Douglas, *What's Faith Got to Do with It? Black Bodies / Christian Souls*, Maryknoll, NY, 2005, S. 53, Kindle.
11 Kelly Brown Douglas, »How Do We Know Black Lives

Matter to God?«, *The Christian Century,* 30. September 2020, https://www.christiancentury.org/article/how-my-mind-has-changed/how-do-we-know-black-lives-matter-god (zuletzt abgerufen am 3. 2. 2025).

12 Ebenda.

13 Kelly Brown Douglas, *Resurrection Hope: A Future Where Black Lives Matter,* Maryknoll, NY, 2021, S. xii.

14 Ebenda, S. 221.

15 Kati Marton, *Hidden Power: Presidential Marriages That Shaped Our Recent History,* New York 2001, Kap. 2, S. 74, Kindle.

16 Siehe vor allem Hazel Rowleys Beschreibung in: *Franklin and Eleanor: An Extraordinary Marriage,* New York 2010, S. 39–63.

17 David Michaelis, *Eleanor*, New York 2020, S. 96.

18 Ebenda, S. 141.

19 Doris Kearns Goodwin, *No Ordinary Time: Franklin and Eleanor Roosevelt: The Home Front in World War II,* New York 1994, S. 19.

20 Blanche Wiesen Cook, *Eleanor: Volume One, 1884–1933,* New York 1992, S. 250.

21 Marton, *Hidden Power,* S. 894.

22 Goodwin, *No Ordinary Time,* S. 11.

23 Howard Thurman, *With Head and Heart*, San Diego 1979, S. 141.

Die Entscheidung, etwas anzufangen

1 Chinesisches Sprichwort, Laozi zugeschrieben, *Daodejing*, Kap. 64.

2 Lukas 9,35.

3 Lukas 9,51.

4 »EL Doctorow in Quotes: 15 of His Best«, *The Guardian*, 22. Juli 2015, https://www.theguardian.com/books/2015/jul/22/el-doctorow-in-quotes-15-of-his-best (zuletzt abgerufen am 4. 2. 2015).

5 David Whyte, »Sweet Darkness«, aus *The House of Belonging* (1997) und *Essentials* (2020). Abgedruckt mit freundlicher Genehmigung der Many Rivers Press, Langley, Washington, https://davidwhyte.com (zuletzt abgerufen am 4. 2. 2025).
6 Juan Williams, *Thurgood Marshall: American Revolutionary*, New York 1998, S. 89, Kindle.
7 Oliver Allen, »Chief Counsel for Equality«, *Life*, 13. Juni 1955, S. 141, zitiert in: Williams, *Thurgood Marshall*, S. 1230.
8 Ebenda, S. 1307.
9 Ebenda.
10 Ebenda, S. 1311.
11 Gilbert King, *Devil in the Grove: Thurgood Marshall, the Groveland Boys, and the Dawn of a New America*, New York 2012, S. 2.
12 Ebenda, S. 360.
13 Pauli Murray, *Song in a Weary Throat: An American Pilgrimage*, New York 2012, S. 124.
14 Ebenda, S. 237.
15 Troy R. Saxby, *Pauli Murray: A Personal and Political Life*, Chapel Hill 2020, S. 110, Kindle.
16 Rosalind Rosenberg, *Jane Crow: The Life of Pauli Murray*, New York 2017, S. 116, Kindle.
17 Ebenda, S. 187.
18 *States' Laws on Race and Color*, Cincinnati 1952. Wiederaufgelegt Athens 1997.

Akzeptieren, was man nicht selbst gewählt hat

1 Es heißt, der amerikanische Theologe Reinhold Niebuhr habe dieses Gebet zwischen 1932/33 geschrieben. Vgl. Elisabeth Sifton, *Das Gelassenheitsgebet: Erinnerungen an Reinhold Niebuhr*, dt. von Hartmut von Hentig, München 2001.
2 »God of Grace and God of Glory«, Lied #584, *The Hymnal 1982*, New York 1982.

3 J. R. R. Tolkien, *Der Herr der Ringe: Die Gefährten*, dt. von Wolfgang Krege, München 1969, S. 91 ff.

4 Ronald A. Heifetz, Marty Linsky, *Leadership on the Line: Staying Alive through the Dangers of Leading*, Boston 2002.

5 Dietrich Bonhoeffer, *Gesammelte Schriften*, Hg. Eberhard Bethge, I:320, München 1958.

6 Original zitiert nach *Strange Glory: A Life of Dietrich Bonhoeffer* von Charles Marsh, New York 2014, 342, Kindle-Ausgabe, deutsch aus: Bonhoeffer, *Widerstand und Ergebung*, DBW Band 8, Seite 33 f., zitiert nach https://www.dietrich-bonhoeffer.net/zitat/439-man-muss-damit-rechnen-dass/

7 Römer 5,3–5.

8 Philipper 3,10.

9 Kolosser 1,24.

10 2. Korinther 12,8–10.

11 Rachel Naomi Remen, *Dem Leben vertrauen: Geschichten, die gut tun,* dt. von Lothar Schneider, Freiburg 2020. ePub, S. 12–14.

12 Ebenda, S. 43–44.

13 Ebenda, S. 45.

14 Ebenda, S. 45.

15 Ebenda, S. 32.

16 Rachel Naomi Remen, *Aus Liebe zum Leben: Geschichten, die der Seele gut tun,* dt. v. Stephan Schumacher, Freiburg 2020. ePub, S. 35.

17 Matthäus 26,39.

18 Jesaja 42,6+7.

19 Jesaja 53,4+5.

20 Jesaja 53,10–11.

21 Römer 3,23–25.

22 Rachel Held Evans, *Inspired: Slaying Dragons, Walking on Water, and Loving the Bible Again*, Nashville 2018, S. 155, Kindle.

23 Kolosser 1,19.

24 Johannes 1,5.

25 Kate Bowler, *Ich muss nur fest genug glauben … und andere Lügen, die ich geliebt habe,* dt. von von Anja Findeisen-MacKenzie, Gießen 2019.

26 Michael K. Honey, *Going Down Jericho Road: The Memphis Strike, Martin Luther King's Last Campaign,* New York 2007, S. 26–27.

27 Mika Edmondson, *The Power of Unearned Suffering: The Roots and Implications of Martin Luther King, Jr.'s Theodicy,* Lanham, Michigan 2007, S. xi.

28 Martin Luther King, *Stride Toward Freedom: The Montgomery Story,* New York 1987, S. 224, zitiert in Edmondson, S. 16.

29 Martin Luther King, »Pilgrimage to Nonviolence« in *The Christian Century* 13. April 1960, S. 439–41, enthalten in James M. Washington, Hg., *A Testament of Hope: The Essential Writings and Speeches of Martin Luther King, Jr.,* San Francisco 1986, S. 40.

30 Martin Luther King, »Suffering and Faith«, zitiert in Washington, S. 43.

31 King, »Suffering and Faith«, in Washington, S. 43.

32 Honey, *Going Down Jericho Road,* S. 97.

33 Joseph Rosenbloom, *Redemption: Martin Luther King's Last 31 Hours,* Boston 2018, S. 32.

34 Ebenda, S. 36.

35 Honey, *Going Down Jericho Road,* S. 428.

36 Ebenda, S. 452.

37 Ebenda, S. 381.

38 Ebenda, S. 381.

39 Taylor Branch, *At Canaan's Edge: America in the King Years, 1965–68,* New York 2006, S. 756.

40 Martin Luther King, »I See the Promised Land«, in Washington, S. 286. Deutsch zitiert aus: King, Martin Luther: *Testament der Hoffnung: letzte Reden, Aufsätze u. Predigten,* dt. v. Heinrich W. Grosse, Gütersloh 1981.

41 Ebenda.

42 Martin Luther King, »Remaining Awake through a Great Revolution«, in Washington, S. 272–73.
43 King, »I See the Promised Land«, in Washington, S. 286. Deutsch zitiert aus: King, Martin Luther: *Testament der Hoffnung: letzte Reden, Aufsätze u. Predigten,* dt. v. Heinrich W. Grosse, Gütersloh 1981.
44 James H. Cone, *The Cross and the Lynching Tree*, Maryknoll, New York 2011, S. 85, 87.
45 Michael Curry, *Love Is the Way: Holding on to Hope in Troubling Times,* New York 2020, S. 27.

In den Ring steigen

1 Gregory Boyle, *Barking to the Choir: The Power of Radical Kinship*, New York 2017, S. 29, Kindle.
2 Ich fing an, die Metapher vom »Betreten der Homeplate« in Predigten zu verwenden, um zu beschreiben, wozu wir alle in Zeiten großer Bedrängnis aufgerufen sind. Da ich manchmal auch auf Spanisch predige, suchte ich nach einer Übersetzung – aber vergeblich, denn es gibt keine. Allerdings existiert eine sehr ähnliche Redewendung, die aus dem kastilischen Nationalsport Stierkampf stammt: *coger el toro por los cuernos*, den Stier bei den Hörnern packen. Und ich fand ein anderes spanisches Sprichwort, das ebenfalls nicht haargenau passte, mich aber trotzdem amüsierte: *ponerle el cascabel al gato,* der Katze die Schelle umhängen – also den Mut haben, zu tun, was andere sich nicht trauen.
Anmerkung der Übersetzerin: Die Baseball-Metapher ist auch im Deutschen nicht gerade verbreitet, die spanischen Redewendungen existieren aber; noch treffender beschreibt aber der aus dem Boxsport stammende Ausdruck »in den Ring steigen« die Bereitschaft, sich ohne viel Federlesens einer Herausforderung zu stellen.
3 Lukas 4,18–19.
4 Lukas 4,21.
5 Johannes 18,28–38.

6 Michael Curry, *The power of love: Die Hochzeitspredigt von Bischof Michael B. Curry, die Millionen begeisterte,* dt. v. Ulrike Strerath-Bolz, München 2019, S. 8.

7 Ebenda, S. 11.

8 Jesaja 6,5.

9 Lukas 5,8.

10 2. Korinther 4,7.

11 Markus 6,36.

12 Johannes 6,12.

13 James Clear, »What Every Successful Person Knows, But Never Says«, James Clear, 14. Dezember 2015, https://jamesclear.com/ira-glass-failure (zuletzt abgerufen am 30.1.2025).

14 Clear, ebenda.

15 Brené Brown, *Laufen lernt man nur durch Hinfallen: wie wir zu echter innerer Stärke finden,* dt. v. Margarethe Randow-Tesch, München 2016, S. 20.

16 Ebenda, S. 26.

17 Ebenda, Kapitel 4.

18 Ebenda, Kapitel 11.

19 Curry, *Love Is the Way,* S. 181.

20 Brown, S. 311, Kursivierung MEB.

21 1. Mose 31,3.

22 1. Mose 32,26–28.

23 Justin Welby, Predigt in der Washington National Cathedral, 27. September 2020, https://cathedral.org/sermons/the-most-rev-justin-welby-archbishop-of-canterbury/ (zuletzt abgerufen am 30.1.2025).

24 Ebenda.

25 Ich erzähle Henri Caffeys Geschichte mit freundlicher Genehmigung von Andrew Waldo. Erstmals hörte ich sie in einer Predigt von Andrew am 23. April 2004.

26 Charles W. Eagles, *Outside Agitator: Jon Daniels and the Civil Rights Movement in Alabama,* Tuscaloosa 2000, S. 28.

27 Zitiert nach ebenda, S. 27.

28 Rich Wallace und Sandra Neil Wallace, *Blood Brother: Jonathan Daniels and His Sacrifice for Civil Rights,* Calkins Creek 2016, 137, Kindle.
29 Stephanie Spellers, *The Church Cracked Open: Disruption, Decline, and New Hope for Beloved Community,* New York 2022, S. 81.
30 Wallace und Wallace, 225.
31 Eagles, S. 184.
32 Ebenda, S. 168.
33 Ebenda, S. 169.

Die unvermeidliche Enttäuschung

1 Dieses Zitat wird Oscar Wilde zugeschrieben.
2 Markus 1,11–12.
3 Matthäus 16,13–14.
4 Matthäus 16,15–18.
5 Matthäus 16,21–23.
6 Unter https://isaiahmn.org/ gibt es weiterführende Informationen über die Arbeit von ISAIAH.
7 Johannes 21,15–19.
8 David Paulsen, »Q&A: Washington Bishop Mariann Budde says Church Should ›Lead with Jesus‹ in Its Nonpartisan Advocacy,« *Episcopal News Service*, 4. Februar 2021, https://www.episcopalnewsservice.org/2021/02/04/qa-washington-bishop-mariann-budde-says-churchs-nonpartisan-advocacy-should-lead-with-jesus/ (zuletzt abgerufen am 13. 2. 2025).
9 Brown, S. 184.
10 Lawrence B. Glickman, »How White Backlash Controls American Progress«, *The Atlantic*, 22. Mai 2020, https://www.theatlantic.com/ideas/archive/2020/05/white-backlash-nothing-new/611914/ (zuletzt abgerufen am 13. 2. 2025).
11 Ta-Nehisi Coates, *We Were Eight Years in Power: Eine amerikanische Tragödie*, dt. v. Britt Somann-Jung, Berlin 2018, S. 11 f.
12 Ebenda, S. 81.
13 Ebenda, S. 131.

14 Ebenda, S. 232.

15 Ebenda, S. 329 f.

16 Timothy M. Gallagher, OMV, *The Discernment of Spirits: An Ignatian Guide for Everyday Living*, New York 2005, S. 57.

17 Ebenda, S. 110.

18 Psalm 30,6.

19 Brown, S. 57.

20 Scott Belsky, *The Messy Middle: Finding Your Way Through the Hardest and Most Crucial Part of Any Bold Venture*, New York 2018, S. 3, Kindle.

21 Ebenda, S. 7, Kindle.

22 Jim Collins und Jerry I. Porras, »Building Your Company's Vision«, *Harvard Business Review*, https://hbr.org/1996/09/building-your-companys-vision (zuletzt abgerufen am 13. 2. 2025).

23 Ebenda.

24 Brown, S. 59.

Die verborgene Tugend der Beharrlichkeit

1 Sue Monk Kidd, *Die Bienenhüterin*, dt. v. Astrid Mania, München 2002, S. 319.

2 Madeleine Albright, *Madam Secretary: Die Autobiographie*, dt. v. Holger Fliessbach und Angela Schumitz, München 2003, S. 9.

3 Ebenda, S. 88.

4 Ebenda, S. 11 und S. 12 f.

5 Ebenda, S. 10.

6 Madeleine Albright, *Winter in Prag: Erinnerung an meine Kindheit im Krieg*, dt. v. Norbert Juraschitz, München 2013, S. 494.

7 Ebenda, S. 495.

8 Edwin H. Friedman, *Generation to Generation: Family Process in Church and Synagogue*, New York 1985, S. 52.

9 Ebenda, S. 188.

10 Edwin H. Friedman, *A Failure of Nerve: Leadership in the Age of the Quick Fix,* New York 2007, S. 14.
11 Everett M. Rogers, *Diffusion of Innovations,* New York 1995, S. 5.
12 Ebenda, S. 169.
13 Ebenda, S. 11.
14 Ebenda, S. 300.
15 Malcolm Gladwell, *Tipping Point: Wie kleine Dinge Großes bewirken können,* dt. v. Malte Friedrich, München 2016, S. 18.
16 Ebenda, S. 19.
17 Jim Collins, *Der Weg zu den Besten,* dt. v. Martin Baltes und Fritz Böhler, Frankfurt am Main 2011, S. 190.
18 2 Korinther 6,2 (Lutherbibel).
19 Rogers, ebenda, S. 1.
20 Lukas 18,1.
21 Peter J. Gomes, »Outer Turmoil, Inner Strength«, in: *Strength for the Journey: Biblical Wisdom for Daily Living,* San Francisco 2003, S. 140.
22 Ebenda, S. 148.
23 Ebenda, S. 149.
24 Elisabeth Sifton, *The Serenity Prayer: Faith and Politics in Times of Peace and War,* New York 2003, S. 348.
25 Ebenda, S. 349.
26 Rachel Held Evans, *Inspired: Slaying Giants, Walking on Water, and Loving the Bible Again,* Nashville 2018, S. 148, Kindle.
27 Rachel Naomi Remen, *Aus Liebe zum Leben: Geschichten, die der Seele gut tun,* dt. von Stephan Schumacher, Freiburg 2020, S. 35.

Epilog

1 Nelson Mandela, *Der lange Weg zur Freiheit,* dt. von Günter Panske, Frankfurt am Main 1994. S. 832.
2 Ayana Elizabeth Johnson, 9. Juni 2022, https://onbeing.org/

programs/ayana-elizabeth-johnson-what-if-we-get-this-right/. Letzter Zugriff am 13. 2. 2025.

3 Ebenda.

4 David Whyte, *Consolations: The Solace, Nourishment and Underlying Meaning of Everyday Words.* Langley, Washington 2015, S. 224, Kindle.

Bibliographie

Albright, Madeleine, *Madam Secretary: Die Autobiographie*, dt. v. Holger Fliessbach und Angela Schumitz, München 2003.

Albright, Madeleine, *Winter in Prag: Erinnerung an meine Kindheit im Krieg*, dt. v. Norbert Juraschitz, München 2013.

Belsky, Scott, *The Messy Middle: Finding Your Way Through the Hardest and Most Crucial Part of Any Bold Venture*. New York 2018.

Bonhoeffer, Dietrich, *Gesammelte Schriften*, Hg. Eberhard Bethge, I:320, München 1958.

Bowler, Kate, *Ich muss nur fest genug glauben … und andere Lügen, die ich geliebt habe*, dt. v. Anja Findeisen-MacKenzie, Gießen 2019.

Boyle, Gregory, *Barking to the Choir: The Power of Radical Kinship*. New York 2017.

Branch, Taylor, *At Canaan's Edge: America in the King Years, 1965–68*. New York 2006.

Brown, Brené, *Laufen lernt man nur durch Hinfallen: wie wir zu echter innerer Stärke finden*, dt. v. Margarethe Randow-Tesch, München 2016.

Brueggemann, Walter, *Genesis: Interpretation: A Biblical Commentary for Teaching and Preaching*. Atlanta 1982.

Buechner, Frederick, *Listening to Your Life: Daily Meditations with Frederick Buechner*. New York 1992.

Campbell, Joseph, *Der Heros in tausend Gestalten*, dt. v. Michael Bischoff, Berlin 2024.

Campbell, Joseph mit Bill Moyers, *Die Kraft der Mythen: Bilder der Seele im Leben des Menschen*, dt. v. Hans-Ulrich Möhring, Zürich 1994.

Chittister, Joan, *Nimm diese Regel als Anfang. Die Benediktsregel als Leitfaden für das Leben,* dt. v. Marianne Steiger, Münsterschwarzach 2008.

Coates, Ta-Nehisi, *We Were Eight Years in Power: Eine amerikanische Tragödie,* dt. v. Britt Somann-Jung, Frankfurt am Main 2019.

Collins, Jim, *Der Weg zu den Besten,* dt. v. Martin Baltes und Fritz Böhler, Frankfurt am Main 2011.

Cone, James H., *The Cross and the Lynching Tree*, Maryknoll, New York 2011, S. 85, 87.

Cook, Blanche Wiesen, *Eleanor: Volume One, 1884–1933.* New York 1992.

Curry, Michael, *Love Is the Way: Holding on to Hope in Troubling Times.* New York 2020.

Curry, Michael, *The Power of Love: Die Hochzeitspredigt von Bischof Michael B. Curry, die Millionen begeisterte,* dt. v. Ulrike Strerath-Bolz, München 2019.

Douglas, Kelly Brown, *Resurrection Hope: A Future Where Black Lives Matter.* Maryknoll, New York 2021.

Douglas, Kelly Brown, *What's Faith Got to Do with It? Black Bodies/Christian Souls.* Maryknoll, New York 2005.

Eagles, Charles W., *Outside Agitator: Jon Daniels and the Civil Rights Movement in Alabama.* Tuscaloosa 2000.

Edmundson, Mika, *The Power of Unearned Suffering: The Roots and Implications of Martin Luther King, Jr.'s Theodicy.* Lanham, Michigan 2007.

Eisenstadt, Peter, *Against the Hounds of Hell: A Life of Howard Thurman.* Charlottesville 2021.

The Episcopal Church, *The Hymnal 1982.* New York 1982.

Feiler, Bruce, *Abraham: A Journey to the Heart of Three Faiths.* New York 2002.

Feiler, Bruce, *Life Is in the Transitions: Mastering Change at Any Age.* New York 2020.

Friedman, Edwin H., *A Failure of Nerve: Leadership in the Age of the Quick Fix.* New York 2007.

Friedman, Edwin H., *Generation to Generation: Family Process in Church and Synagogue*. New York 1985.

Gallagher, Timothy M., *Die Unterscheidung der Geister: ein ignatianischer Wegweiser für den Alltag*, Heiligenkreuz im Wienerwald 2023.

Gladwell, Malcolm, *Tipping Point: Wie kleine Dinge Großes bewirken können*, dt. v. Malte Friedrich, München 2002.

Gomes, Peter J., *Strength for the Journey: Biblical Wisdom for Daily Living*. San Francisco 2003.

Goodwin, Doris Kearns, *No Ordinary Time: Franklin and Eleanor Roosevelt: The Home Front in World War II*. New York 1994.

Heifetz, Ronald A., und Linsky, Marty, *Leadership on the Line: Staying Alive through the Dangers of Leading*. Boston 2002.

Held Evans, Rachel, *Inspired: Slaying Giants, Walking on Water, and Loving the Bible Again*. Nashville 2018.

Honey, Michael K., *Going Down Jericho Road: The Memphis Strike, Martin Luther King's Last Campaign*. New York 2007.

King, Gilbert. *Devil in the Grove: Thurgood Marshall, the Groveland Boys, and the Dawn of a New America*. New York 2012.

King, Martin Luther, Jr., »Pilgrimage to Nonviolence«, in *The Christian Century* (April 13, 1960). https://www.christiancentury.org/article/pilgrimage-nonviolence.

King, Martin Luther, Jr., *Stride Toward Freedom: The Montgomery Story*. New York 1987.

Marsh, Charles, *Strange Glory: A Life of Dietrich Bonhoeffer*. New York 2014.

Marton, Kati, *Hidden Power: Presidential Marriages That Shaped Our Recent History*. New York 2001.

McLaren, Brian, *Dem Leben wieder Tiefe geben: Gott im Alltag entdecken*. dt. v. Ulrike Becker, Gießen / Basel 2009.

Michaelis, David, *Eleanor*. New York 2020.

Murray, Pauli, *Song in a Weary Throat: An American Pilgrimage*. New York 1987.

Nouwen, Henri, *Lebe hier und jetzt: Jahreslesebuch*, dt. v. Franz Johna, Freiburg 2012.

Nouwen, Henri, *Christi Weg nach unten: eine Spiritualität für unsere Zeit*, dt. v. Ulrich Sander, Freiburg, Br. / Basel / Wien 2009.

Remen, Rachel Naomi, *Dem Leben vertrauen: Geschichten, die gut tun*, dt. v. Lothar Schneider, Freiburg 2020.

Remen, Rachel Naomi, *Aus Liebe zum Leben: Geschichten, die der Seele gut tun*, dt. v. Stephan Schumacher, Freiburg 2020.

Rogers, Everett M., *Diffusion of Innovations*. New York 1995.

Roosevelt, Eleanor, *You Learn by Living: Eleven Keys for a More Fulfilling Life*. New York 1960.

Rosenberg, Rosalind, *Jane Crow: The Life of Pauli Murray*. New York 2017.

Rosenbloom, Joseph, *Redemption: Martin Luther King's Last 31 Hours*. Boston 2018.

Rowley, Hazel, *Franklin and Eleanor: An Extraordinary Marriage*. New York 2010.

Saint-Exupéry, Antoine de, *Der kleine Prinz*, dt. v. Grete und Josef Leitgeb, Düsseldorf 1978.

Saxby, Troy R., *Pauli Murray: A Personal and Political Life*. Chapel Hill 2020.

Sifton, Elisabeth, *Das Gelassenheitsgebet: Erinnerungen an Reinhold Niebuhr*, dt. von Hartmut von Hentig, München 2001.

Spellers, Stephanie, *The Church Cracked Open: Disruption, Decline, and New Hope for Beloved Community*. New York 2021.

Thurman, Howard, *Deep Is the Hunger*, New York 1951.

Thurman, Howard, *With Head and Heart: The Autobiography of Howard Thurman*. San Diego 1979.

Tolkien, J. R. R., *Der Herr der Ringe: Die Gefährten*, dt. v. Wolfgang Krege, München 1969.

Tyler, Anne, *Fast ein Heiliger*, dt. von Ruth Frank-Strauss, Frankfurt am Main 1992.

Wallace, Rich, und Neil Wallace, Sandra, *Blood Brother: Jonathan Daniels and His Sacrifice for Civil Rights*. Calkins Creek, 2016.

Washington, James M., Hg., *A Testament of Hope: The Essential Writings and Speeches of Martin Luther King, Jr.* San Francisco 1986.

Whyte, David. *Consolations: The Solace, Nourishment and Under-*

lying Meaning of Everyday Words. Langley, Washington: Many Rivers Press, 2015.
Whyte, David, *Consolations: The Solace, Nourishment and Underlying Meaning of Everyday Words* Langley, Washington 2015.
Williams, Juan, *Thurgood Marshall: American Revolutionary*. New York 1998

Websites

Clear, James: »What Every Successful Person Knows, But Never Says.« https://jamesclear.com/ira-glass-failure.

Collins, Jim, und Porras, Jerry I.: »Building Your Company's Vision.« *Harvard Business Review.* September–Oktober 1996. https://hbr.org/1996/09/building-your-companys-vision.

Douglas, Kelly Brown: »How Do We Know Black Lives Matter to God?« *The Christian Century*. 30. September 2020. https://www.christiancentury.org/article/how-my-mind-has-changed/how-do-we-know-black-lives-matter-god.

»EL Doctorow in Quotes: 15 of His Best.« *The Guardian*. 22. Juli 2015. https://www.theguardian.com/books/2015/jul/22/el-doctorow-in-quotes-15-of-his-best.

Glickman, Lawrence B.: »How White Backlash Controls American Progress.« *The Atlantic*. 22. Mai 2020. https://www.theatlantic.com/ideas/archive/2020/05/white-backlash-nothing-new/611914/.

Johnson, Ayana Elizabeth: »What If We Get This Right?« *On Being with Krista Tippett*. 9. June 2022. https://onbeing.org/programs/ayana-elizabeth-johnson-what-if-we-get-this-right/.

Paulsen, David: »Q&A: Washington Bishop Mariann Budde Says Church Should ›Lead with Jesus‹ in Its Nonpartisan Advocacy.« Episcopal News Service. 4. Februar 2021. https://www.episcopalnewsservice.org/2021/02/04/qa-washington-bishop-mariann-budde-says-churchs-nonpartisan-advocacy-should-lead-with-jesus/.

Welby, Justin: Predigt in der Washington National Cathedral, 27. September 2020, https://cathedral.org/sermons/the-most-rev-justin-welby-archbishop-of-canterbury/